중등교원 임용시험 대비

클리닉
전공수학

9

일반통계학 편

꼭 필요한 내용만 담은 이론서
필수예제, 연습문제와 해설
2025학년도 이전의 모든 기출문제와 해설수록

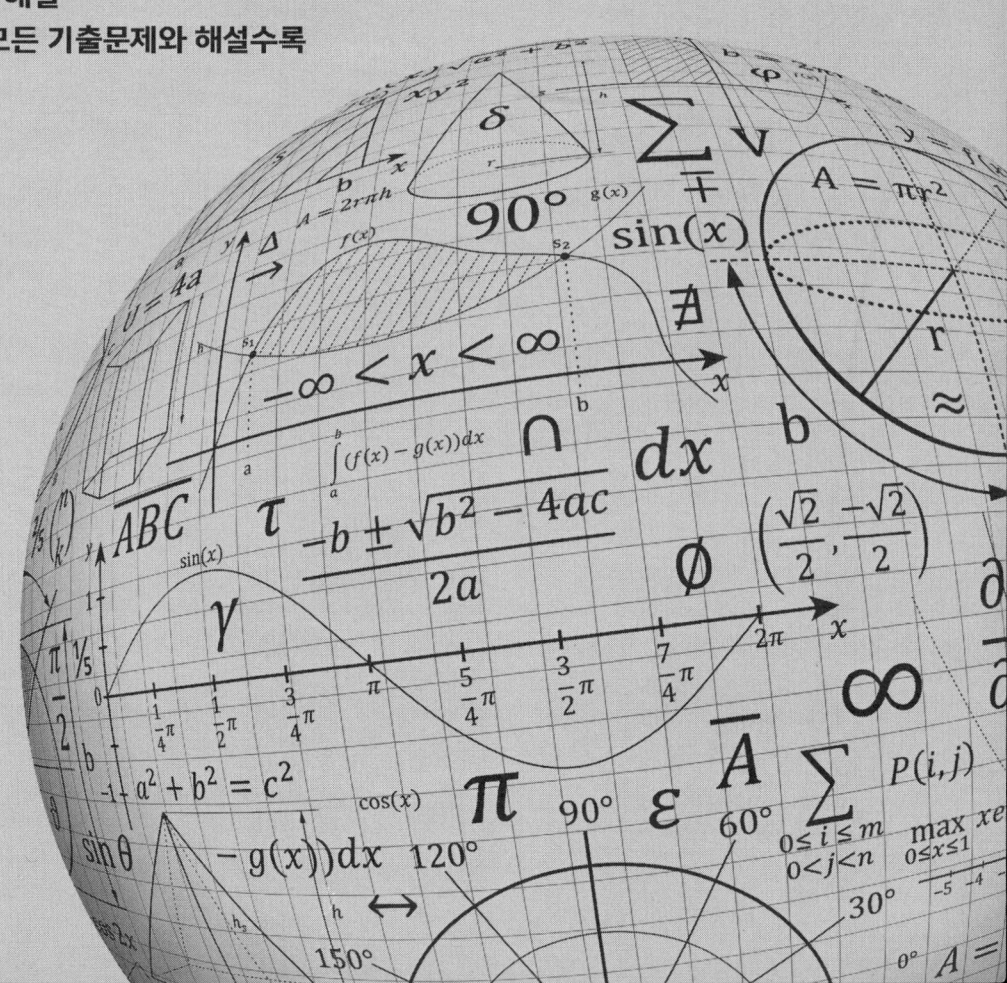

제 9 장 일반통계학(Statistics)
- Contents -

I. 확률(probability) ································· 3
  1.1. 표본공간과 사건 ································· 3
  1.2. 확률의 정의와 성질 ······························· 5
    1.2.1. 수학적 확률 ································· 5
    1.2.2. 공리적 확률 ································· 9

2. 조건부확률과 독립성 ······························ 16
  2.1. 조건부확률 ······································ 16
  2.2. 사건의 독립성 ·································· 22

3. 확률변수와 확률분포 ······························ 25
  3.1. 확률변수와 확률분포 ···························· 25
  3.2. 확률변수의 기댓값과 분산 ······················ 32
  3.3. 확률변수의 예 ·································· 38
    3.3.1. 이산확률변수의 예 ······················ 38
    3.3.2. 연속확률변수의 예 ······················ 46

4. 결합확률분포 ······································ 53
  4.1. 결합확률분포 ···································· 53
  4.2. 기댓값과 공분산 ································ 59
  4.3. 확률변수의 독립성 ······························ 64
    4.3.1. 확률변수의 독립성 ······················ 64
    4.3.2. 독립인 확률변수의 합 ·················· 71

5. 조건부분포와 조건부기댓값 ······················ 74
  5.1. 조건부분포 ······································ 74
  5.2. 조건부기댓값 ···································· 77

6. 극한정리 ·· 86
  6.1. 기본적인 부등식 ································ 86
  6.2. 수렴성 ·· 88
  6.3. 대수의 법칙과 중심극한정리 ···················· 89

7. 추정과 가설검정 ·································· 91
  7.1. 구간추정 ·· 91
    7.1.1. 모평균의 구간추정 ······················ 91

7.1.2. 모비율의 구간추정 ································· 99
7.2. 가설검정 ··· 104
 7.2.1. 가설검정의 원리 ································ 104
 7.2.2. 가설검정의 순서 ································ 107
기출문제 및 해설 ··· 111
연습문제 ·· 138
연습문제 해설 ·· 150
표준정규분포표 ·· 168
t-분포표 ··· 169
찾아보기 ·· 170

1. 확률(probability)

1.1. 표본공간과 사건

정 의 1
(1) 확률실험(random experiment)
: 우연성에 의하여 그 결과를 정확하게 예측할 수 없는 실험
(2) 표본공간(sample space)
: 확률실험의 가능한 결과 전체의 집합
(3) 근원사건(elementary event)(혹은 표본점(sample point))
: 표본공간의 원소
(4) 표본공간 S에 대하여
$\mathcal{F}$: S 상의 사건공간(event space)
 (혹은 S위의 σ-대수(algebra), S위의 σ-체(field))
$\overset{\text{정의}}{\Leftrightarrow} \mathcal{F} \subset 2^S$ s.t. (i) $S \in \mathcal{F}$
  (ii) $E \in \mathcal{F}$ 이면 $E^c \in \mathcal{F}$
  (iii) $E_i \in \mathcal{F}\,(i=1,2,\cdots)$이면 $\cup_{i=1}^{\infty} E_i \in \mathcal{F}$.
(5) 표본공간 S 상의 사건공간 $\mathcal{F}$에 대하여
① E : 사건(event)(혹은 사상) $\overset{\text{정의}}{\Leftrightarrow}\; E \in \mathcal{F}$
② E : 공사건 $\overset{\text{정의}}{\Leftrightarrow}\; E = \varnothing$
③ E : 전사건 $\overset{\text{정의}}{\Leftrightarrow}\; E = S$
(6) 사건공간 S 상의 사건공간 $\mathcal{F}$와 $E, F \in \mathcal{F}$에 대하여
① $E \cap F$: E와 F의 곱사건
② $E \cup F$: E와 F의 합사건
③ E^c : E의 여사건
④ E와 F는 서로 배반 $\Leftrightarrow E \cap F = \varnothing$.

NOTE
(1) 실수의 집합 $\mathbb{R}$위의 보통위상(usual topology) u에 대하여
① $\mathcal{B} := u$를 포함하는 $\mathbb{R}$위의 최소의 σ-대수
 (보렐 σ-대수(Borel σ-algebra))
② B : 보렐집합(Borel set)
$\Leftrightarrow B \in \mathcal{B}$.
(2) σ-대수는 집합의 가산연산에 대하여 닫혀있다.
(3) 표본공간 S의 멱집합 2^S는 σ-대수가 된다. 특별한 언급이 없다면 사건공간을 표본공간의 멱집합 2^S으로 사용한다.

> **보 기 1**
> 두 개의 동전을 던지고 두 동전 A, B가 앞면(Head)이나 뒷면(Tail)이 나오는 것을 관찰하는 시행에서 다음을 구하시오.
> (1) 표본공간 S를 구하시오.
> (2) S의 근원사건을 모두 구하시오.
> (3) 앞면이 한 번 나오는 사건 E와 앞면이 두 번 나오는 사건 F를 구하시오.
> (4) E와 F는 서로 배반사건인지와 그 이유를 말하시오.
> (5) E의 여사건 E^c을 구하시오.

풀 이
(1) $S = \{(H, H), (H, T), (T, H), (T, T)\}$
(2) $\{(H, H)\}$, $\{(H, T)\}$, $\{(T, H)\}$, $\{(T, T)\}$
(3) $E = \{(H, T), (T, H)\}$, $F = \{(H, H)\}$
(4) $E \cap F = \varnothing$ 이므로 E와 F는 서로 배반사건이다.
(5) $E^c = \{(H, H), (T, T)\}$

1.2. 확률의 정의와 성질

1.2.1. 수학적 확률

NOTE

(1) 수학적 확률(균등확률모형)

유한 개의 근원사건으로 구성된 표본공간 $S=\{\omega_1, \omega_2, \cdots, \omega_n\}$을 생각하자. 이때 모든 근원사건 $\{\omega_i\}$가 발생할 가능성이 동일하다면 각각에 동일한 확률을 할당하는 것이 바람직할 것이다. 즉,
$$P(\{\omega_1\}) = P(\{\omega_2\}) = \cdots = P(\{\omega_n\}).$$
또한 표본공간의 확률을 1로 만들기 위하여
$$P(\{\omega_i\}) = 1/n \, (i=1, 2, \cdots, n)$$
로 두면 사건 $A(\subset S)$의 확률을
$$P(A) = \frac{|A|}{|S|} = \frac{\text{해당 사건의 경우의 수}}{\text{전체 경우의 수}}$$
로 정의할 수 있다. 이와 같은 확률모형을 **균등확률모형**(혹은 **고전적 확률모형** 혹은 **수학적 확률모형**)이라 하며 현실적으로 매우 유용한 확률모형이다. 그러나 표본공간이 무한집합이거나 어떤 실험에서 각 결과가 나타날 가능성이 동일한지 여부를 판정하기 어려운 경우는 이 모형을 적용하기 곤란하다.

(2) 통계적 확률(상대도수모형)

어떤 실험을 독립적으로 반복해서 계속 한다고 할 때 $N(E, n)$을 n번 시행에서 사건 E가 나타난 횟수라고 하자. 상대도수의 극한에 기초한 확률의 정의는 다음과 같다.
$$P(E) = \lim_{n \to \infty} \frac{N(E, n)}{n}$$
이와 같은 확률모형을 **상대도수모형**(혹은 **통계적 확률모형**)이라 한다.

확률에 대한 상대도수의 극한으로서 정의하는 방법은 직관적으로 매우 그럴듯해 보이며 현실적이지만 몇 가지 문제점이 있다. 첫째는 반복적인 실험을 행할 수 있는 경우에만 적용 가능하다는 것이다. 둘째는 물리적인 실험을 하는 경우에 $N(E, n)$와 n을 크게는 할 수 있지만 유한일 뿐이다.

NOTE (기하학적 확률)

수학적 확률모형에서 표본공간이 무한집합일 때에도 확률의 개념을 확장할 수 있다. 일반적으로 하나의 사건 E가 영역 D의 일부분인 영역 A에서 일어나고, 영역 D의 모든 점에서 사건 E가 같은 정도로 일어난다고 생각할 때, 사건 E가 일어날 확률은
$$P(E) = \frac{m(A)}{m(D)}$$
와 같이 정의한다. 여기서 $m(A)$, $m(D)$는 각각 영역 A, D의 크기(곡선이나 직선이면 그 길이이고, 평면의 일부분이면 그 넓이, 공간의 일부분이면 부피)를 나타낸다. 이와 같은 확률을 **기하학적 확률**이라 한다.

그러나 어떠한 방법으로 확률모형을 설정하던지 확률모형은 다음과 같은 상대도수의 특징을 갖추어야 할 것이다.

(ⅰ) 임의의 사건 E에 대하여, $0 \leq \dfrac{N(E, n)}{n} \leq 1$

(ⅱ) 표본공간 S에 대하여, $\dfrac{N(S, n)}{n} = 1$

(ⅲ) 서로 배반인 사건 E와 F에 대하여,
$$\dfrac{N(E \cup F, n)}{n} = \dfrac{N(E, n)}{n} + \dfrac{N(F, n)}{n}$$

예 제 1
A, B가 쓰여 있는 카드가 각각 6, 4장이 있다. 이 카드를 임의로 배열할 때, 연속된 A카드의 최대길이가 2에서 5까지일 확률을 구하시오.

풀 이

A, B 카드를 배열하는 총 경우의 수는 $\dfrac{10!}{6!\,4!}$이다.

연속된 A카드의 최대길이가 1인 경우의 수는 0이다.

연속된 A카드의 최대길이가 6인 경우의 수는 $\dfrac{5!}{1!\,4!}$이다.

따라서 연속된 A카드의 최대 길이가 2에서 5사이에 있을 경우의 수는 $\dfrac{10!}{6!\,4!} - \dfrac{5!}{1!\,4!}$이므로 구하는 확률은

$$\dfrac{10!/(6!\,4!) - 5!/(1!\,4!)}{10!/(6!\,4!)} = \dfrac{41}{42}.$$

유 제 1
(1) 다섯 명의 남자 어린이와 세 명의 여자 어린이를 일렬로 세울 때, 여자 어린이끼리 이웃하지 않을 확률을 구하시오.
(2) 네 명의 남자 어린이와 네 명의 여자 어린이를 일렬로 세울 때, 남자 어린이와 여자 어린이가 교대로 설 확률을 구하시오.

풀 이
(1) 8명을 줄 세우는 경우의 수는 $8!$,
남자 어린이를 세우는 경우의 수는 $5!$,
이웃하지 않게 여자 어린이를 세우는 경우의 수는 $_6P_3$.

따라서 구하는 확률은 $\dfrac{5! \times {}_6P_3}{8!} = \dfrac{5}{14}$이다.

(2) 8명을 줄 세우는 경우의 수는 $8!$,
남자 어린이가 먼저 서는 경우의 수는 $4! \times 4!$,
여자 어린이가 먼저 서는 경우의 수는 $4! \times 4!$,

따라서 구하는 확률은 $\dfrac{4! \times 4! + 4! \times 4!}{8!} = \dfrac{1}{35}$이다.

유 제 2

2권의 역사책과 3권의 수학책, 4권의 소설책을 책꽂이에 임의로 꽂을 때, 같은 종류끼리 모여 있게 될 확률을 구하시오. (단 각각의 종류의 책은 모두 서로 다른 책이다.)

풀 이
9권의 책을 책꽂이에 꽂는 경우의 수는 $9!$,
역사책을 꽂는 경우의 수는 $2!$,
수학책을 꽂는 경우의 수는 $3!$,
소설책을 꽂는 경우의 수는 $4!$,
세 종류의 책을 꽂는 경우의 수는 $3!$.

따라서 구하는 확률은 $\dfrac{3! \times 2! \times 3! \times 4!}{9!} = \dfrac{1}{210}$이다.

95년시행기출
1에서 5까지의 번호가 붙여진 학생 5명이 1번부터 번호순으로 세워져 있다. 이 중에서 2명의 학생을 뽑아 서로의 위치를 바꾸어 놓는 시행을 3회 반복하였을 때, 첫 번째 학생이 1번일 확률은?
① 10 ② 9 ③ 8 ④ 7

96년시행기출
5개의 숫자 1, 2, 3, 4, 5를 일렬로 나열할 때, 첫 번째에 1이, 네 번째에 4가 놓여 있지 않을 확률은?
① $\dfrac{2}{5}$ ② $\dfrac{9}{20}$ ③ $\dfrac{3}{5}$ ④ $\dfrac{13}{20}$

95년시행기출

그림과 같은 정삼각형 내부에 있는 임의의 점 P에서 각 변까지의 거리를 각각 x_1, x_2, x_3라 하자. 이 때, x_1, x_2, x_3가 삼각형의 세 변의 길이가 될 확률은?

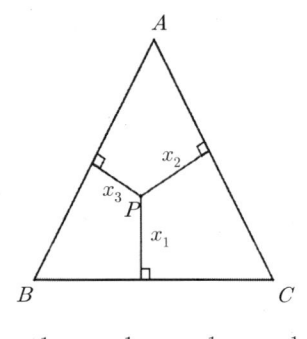

① $\frac{1}{2}$ ② $\frac{1}{3}$ ③ $\frac{1}{4}$ ④ $\frac{1}{5}$

예 제 2

가로 세로 선이 10cm간격으로 균등하게 바둑판 무늬를 이루고 있는 바닥에 반경이 1cm인 동전을 던지는 시행을 할 때 다음 물음에 답하시오.
(1) 1개의 정사각형에만 동전이 걸치게 될 확률을 구하시오.
(2) 인접한 2개의 정사각형에만 동전이 걸치게 될 확률을 구하시오.
(3) 인접한 3개의 정사각형에만 동전이 걸치게 될 확률을 구하시오.
(4) 인접한 4개의 정사각형에만 동전이 걸치게 될 확률을 구하시오.

풀 이

하나의 바둑판 무늬의 영역을 S라 할 때 S의 넓이는 $Area(S)=100(\text{cm}^2)$이다.

(1) 동전의 중심이 영역 A에 속할 때 하나의 정사각형에만 동전이 걸치게 된다고 할 때 A의 넓이는 $Area(A)=64$.

따라서 $P(A)=\dfrac{Area(A)}{Area(S)}=\dfrac{64}{100}$이다.

(2) 동전의 중심이 영역 B에 속할 때 두 개의 정사각형에만 동전이 걸치게 된다고 할 때 B의 넓이는 $Area(B)=32$.

따라서 $P(B)=\dfrac{Area(B)}{Area(S)}=\dfrac{32}{100}$이다.

(3) 동전의 중심이 영역 C에 속할 때 세 개의 정사각형에만 동전이 걸치게 된다고 할 때 C의 넓이는

$$Area(C)=\frac{1}{4}(4-\pi)\cdot 4=4-\pi.$$

따라서 $P(C)=\dfrac{4-\pi}{100}$이다.

(4) 동전의 중심이 영역 D에 속할 때 네 개의 정사각형에만 동전이 걸치게 된다고 할 때 D의 넓이는 $Area(D)=\dfrac{\pi}{100}$이다.

1.2.2. 공리적 확률

정 의 2 (공리적 확률)
표본공간 S 상의 사건공간 $\mathcal{F}$ 에 대하여
$P : \mathcal{F}$ 상의 확률측도(probability measure)
　　　(혹은 확률(probability))
$\overset{\text{정의}}{\Leftrightarrow} P : \mathcal{F} \to \mathbb{R}$ s.t.
(i) $P(E) \geq 0 (\forall E \in \mathcal{F})$
(ii) $P(S) = 1$
(iii) $E_i \in \mathcal{F}$ $(i=1, 2, \cdots)$에 대하여 $E_i \cap E_j = \varnothing \, (i \neq j)$이면
$$P(\cup_{i=1}^{\infty} E_i) = \sum_{i=1}^{\infty} P(E_i)$$이다.
이때 $(S, \mathcal{F}, P)$를 **확률공간**(probability space)이라 한다.

NOTE
조건 (iii)을 확률의 가산가법성 (countable additivity)이라고 한다.

보 기 2
실수전체의 집합 $\mathbb{R}$ 에 대하여
$$P : 2^{\mathbb{R}} \to [0, 1], \; P(A) = \begin{cases} 1 & 0 \in A \\ 0 & 0 \notin A \end{cases}$$
이라 정의하면 P는 $2^{\mathbb{R}}$ 상의 하나의 확률측도가 됨을 보이시오.
(이러한 확률측도를 Direc측도라 한다.)

풀 이
(i) $0 \in \mathbb{R}$ 이므로 $P(\mathbb{R}) = 1$이다.
(ii) $E_i \subset \mathbb{R} \, (i=1, 2, \cdots)$에 대하여 $E_i \cap E_j = \varnothing \, (i \neq j)$라고 하자.

① $0 \in \cup_{i=1}^{\infty} E_i$인 경우, 적당한 $i_0 \in \mathbb{N}$ 에 대하여 $0 \in E_{i_0}$, 즉 $P(E_{i_0}) = 1$이다.
가정에 의해 $0 \notin E_i (\forall i \neq i_0)$ 이므로 $P(E_i) = 0 (\forall i \neq i_0)$이다.
따라서 $\sum_{i=1}^{\infty} P(E_i) = P(E_{i_0}) = 1 = P(\cup_{i=1}^{\infty} E_i)$.

② $0 \notin \cup_{i=1}^{\infty} E_i$인 경우, $0 \notin E_i$이므로 $P(E_i) = 0 \, (i=1, 2, \cdots)$
따라서 $\sum_{i=1}^{\infty} P(E_i) = 0 = P(\cup_{i=1}^{\infty} E_i)$.

그러므로 P는 $2^{\mathbb{R}}$ 상의 확률측도이다.

정리 1 (확률의 주요성질)

확률공간 $(S, \mathcal{F}, P)$ 상에서 $E, F, E_1, E_2, \cdots \in \mathcal{F}$에 대하여 다음이 성립한다.

(1) $P(\varnothing) = 0$

(2) 확률의 유한가법성

$E_1, E_2, \cdots, E_n \in \mathcal{F}$가 서로 배반이면 $P(\cup_{i=1}^n E_i) = \sum_{i=1}^n P(E_i)$.

(3) $P(E^c) = 1 - P(E)$

(4) $E \subset F$이면 $P(E) \leq P(F)$.

(5) 포함 배제의 공식(inclusion-exclusion formula)

① $P(E \cup F) = P(E) + P(F) - P(E \cap F)$

② 사건 $E_1, E_2, \cdots, E_n$에 대하여

$$P(\cup_{i=1}^n E_i) = \beta_1 - \beta_2 + \beta_3 - \cdots + (-1)^{n-1}\beta_n.$$

(단 각 $k = 1, 2, \cdots, n$에 대하여 이들 중 모든 k개의 사건의 곱사건의 확률의 합을 β_k이다.)

(6) 불의 부등식(Boole's inequality)

$$P(\cup_{i=1}^n E_i) \leq \sum_{i=1}^n P(E_i).$$

(7) 확률의 연속성

① $E_1 \subset E_2 \subset \cdots$ 일 때 $P(\cup_{i=1}^\infty E_i) = \lim_{n \to \infty} P(E_n)$.

② $E_1 \supset E_2 \supset \cdots$ 일 때 $P(\cap_{i=1}^\infty E_i) = \lim_{n \to \infty} P(E_n)$.

(즉 $P(\lim_{n \to \infty} E_n) = \lim_{n \to \infty} P(E_n)$).

NOTE

(1) ① $E_1 \subset E_2 \subset E_3 \subset \cdots$ 일 때,
$$\lim_{n \to \infty} E_n := \cup_{n=1}^\infty E_n$$

② $E_1 \supset E_2 \supset E_3 \supset \cdots$ 일 때,
$$\lim_{n \to \infty} E_n := \cap_{n=1}^\infty E_n$$

(2) 확률측도의 연속성은 확률의 공리 가산가법성과 동치이다.

증명

(1) $E_1 = S, E_i = \varnothing \, (i = 2, 3, 4, \cdots)$로 두면

$\cup_{n=1}^\infty E_n = S$이고 $E_i \cap E_j = \varnothing \, (\forall i \neq j)$이므로,

$$1 = P(S) = P(\cup_{i=1}^\infty E_i) = P(E_1) + \sum_{i=2}^\infty P(E_i) = 1 + \sum_{i=2}^\infty P(\varnothing)$$

이다. 따라서 $P(\varnothing) = 0$이다.

(2) $E_i = \emptyset\,(\forall i \geq n+1)$로 두면 $\cup_{i=1}^{\infty} E_i = \cup_{i=1}^{n} E_i$이고 $E_i \cap E_j = \emptyset\,(\forall i \neq j)$이므로, 가산가법성과 (1)에 의하여
$$P(\cup_{i=1}^{n} E_i) = P(\cup_{i=1}^{\infty} E_i) = \sum_{i=1}^{\infty} P(E_i) = \sum_{i=1}^{n} P(E_i).$$

(3) $E \cap E^c = \emptyset$이고 $E \cup E^c = S$이므로 (2)에 의하여
$$1 = P(S) = P(E) + P(E^c).$$

(4) $E_1 = E$, $E_2 = F \cap E^c$로 두면, $E \subset F$이므로 $E_1 \cup E_2 = F$이고 $E_1 \cap E_2 = \emptyset$이다. 따라서 (2)에 의하여
$$P(F) = P(E_1) + P(E_2) = P(E) + P(E \cap F^c)$$
이고 $P(F \cap E^c) \geq 0$이므로 $P(E) \leq P(F)$가 성립한다.

(5) ① $E \cup F$를 다음과 같이 세 개의 서로 배반인 사건의 합사건으로 나타낼 수 있다. $E \cup F = (E \cap F) \cup (E^c \cap F) \cup (E \cap F^c)$.
$\therefore P(E \cup F) = P(E \cap F) + P(E^c \cap F) + P(E \cap F^c)$.
또한 $F = (E \cap F) \cup (E^c \cap F)$이고 $(E \cap F) \cup (E^c \cap F) = \emptyset$이므로
$$P(F) = P(E \cap F) + P(E^c \cap F)$$
이다. 같은 방법으로 다음을 얻는다.
$$P(E) = P(E \cap F) + P(E \cap F^c).$$
따라서
$$P(E^c \cap F) = P(F) - P(E \cap F),\ P(E \cap F^c) = P(E) - P(E \cap F)$$
이므로 $P(E \cup F) = P(E) + P(F) - P(E \cap F)$이다.

(6) $F_1 = E_1$, $F_i = E_i \cap (\cup_{j=1}^{i-1} E_j)\,(i = 2, 3, 4, \cdots)$로 정의하면, $F_i\,(i \geq 1)$는 서로 배반이고 $\cup_{i=1}^{n} F_i = \cup_{i=1}^{n} E_i$이다. 또한 $F_i \subset E_i$이므로 (2)와 (4)에 의하여
$$P(\cup_{i=1}^{n} E_i) = P(\cup_{i=1}^{n} F_i) = \sum_{i=1}^{n} F_i \leq \sum_{i=1}^{n} E_i.$$

(7) ① $\{E_n\}_{n \in \mathbb{N}}$이 증가하는 사건의 열이라 하고
$$F_1 = E_1,\ F_n = E_n \setminus E_{n-1}\,(n \geq 2)$$
라 하자. 그러면 $F_n\,(n \geq 1)$은 서로 배반이고
$$\cup_{i=1}^{n} F_i = \cup_{i=1}^{n} E_i\,(\forall n \in \mathbb{N}).$$
따라서 $\cup_{i=1}^{\infty} F_i = \cup_{i=1}^{\infty} E_i$를 얻는다. 그러므로

$$P(\cup_{i=1}^{\infty} E_i) = P(\cup_{i=1}^{\infty} F_i)$$
$$= \sum_{i=1}^{\infty} P(E_i) = \lim_{n \to \infty} \sum_{i=1}^{n} P(E_i)$$
$$= \lim_{n \to \infty} P(\cup_{i=1}^{n} F_i)$$
$$= \lim_{n \to \infty} P(\cup_{i=1}^{n} E_i) = \lim_{n \to \infty} P(E_n).$$

② $\{E_n\}_{n \in \mathbb{N}}$이 감소하는 사건의 열이면 $\{E_n^c\}_{n \in \mathbb{N}}$는 증가하는 사건의 열이다. ①의 결과로부터 다음을 얻는다.
$$P(\cup_{i=1}^{\infty} E_i^c) = \lim_{n \to \infty} P(E_n^c).$$

드모르간의 법칙에 의하여
$$P(\cap_{i=1}^{\infty} E_i) = 1 - P((\cap_{i=1}^{\infty} E_i)^c)$$
$$= 1 - P(\cup_{i=1}^{\infty} E_i^c)$$
$$= 1 - \lim_{n \to \infty} P(E_n^c)$$
$$= 1 - \lim_{n \to \infty} (1 - P(E_n))$$
$$= \lim_{n \to \infty} P(E_n).$$

예 제 3
표본공간이 $S = \{a, b, c\}$이고 $P(\{a, b\}) = 0.5$, $P(\{a\}) = 0.2$일 때 P가 $2^\mathbb{R}$상의 확률측도가 되도록 사건 $\{b\}$, $\{c\}$의 확률을 결정하고, $P(\{b, c\})$를 구하시오.

풀 이

(i) $\{a\}$와 $\{b\}$는 서로 배반사건이므로, 유한가법성에 의하여
$$0.5 = P(\{a, b\}) = P(\{a\}) + P(\{b\}) = 0.2 + P(\{b\})$$
이므로 $P(\{b\}) = 0.3$.

(ii) $P(\{c\}) = P(\{a, b\}^c) = 1 - P(\{a, b\}) = 0.5$.

(iii) $\{b\}$와 $\{c\}$가 서로 배반사건이므로
$$P(\{b, c\}) = P(\{b\}) + P(\{c\}) = 0.8.$$

예 제 4

주소와 내용이 다른 편지봉투 5장과 편지 5장이 있다. 만일 임의로 편지를 봉투에 넣었다고 가정할 때 적어도 한 편지가 올바른 편지봉투에 들어갈 확률은?

풀 이

서로 다른 5장의 편지를 1, 2, 3, 4, 5라고 하자. $i=1, 2, 3, 4, 5$ 에 대하여 A_i를 i편지가 올바른 편지봉투에 들어가는 사건이라고 하면 구하고자 하는 확률은 $P(A_1 \cup \cdots \cup A_5)$이다.

$P(A_i) = \frac{1}{5}(i=1, 2, 3, 4, 5)$이므로

$$\beta_1 = \binom{5}{1} \times \frac{1}{5} = 1.$$

서로 다른 i, j에 대하여 $P(A_i \cap A_j) = \frac{1}{20}$이므로

$$\beta_2 = \binom{5}{2} \times \frac{1}{20} = \frac{1}{2}.$$

서로 다른 i, j, k에 대하여 $P(A_i \cap A_j \cap A_k) = \frac{1}{60}$이므로

$$\beta_3 = \binom{5}{3} \times \frac{1}{60} = \frac{1}{6}.$$

서로 다른 i, j, k, l에 대하여 $P(A_i \cap A_j \cap A_k \cap A_l) = \frac{1}{120}$이므로 $\beta_4 = \binom{5}{4} \times \frac{1}{120} = \frac{1}{24}$. $\beta_5 = P(A_1 \cap \cdots \cap A_5) = \frac{1}{120}$.

따라서 포함배제의 원리에 의하여

$$P(A_1 \cup \cdots \cup A_5) = \beta_1 - \beta_2 + \beta_3 - \beta_4 + \beta_5 = \frac{19}{30}.$$

유 제 3

3쌍의 부부가 한 줄로 앉을 때, 서로 곁에 앉는 부부가 한 명도 없을 확률을 구하시오.

풀 이

3쌍의 부부가 각각 서로 곁에 앉는 경우를 $A_i(i=1,\ 2,\ 3)$이라 하자. 그러면 구하는 확률은
$$P(A_1^c \cap A_2^c \cap A_3^c) = 1 - P(A_1 \cup A_2 \cup A_3)$$
이다. 이제 $P(A_1 \cup A_2 \cup A_3)$를 포함배제의 공식을 이용하여 구해보자.

$P(A_i) = \dfrac{5! \times 2!}{6!} = \dfrac{1}{3}(i=1,\ 2,\ 3)$이므로 $\beta_1 = \dfrac{1}{3} \times 3 = 1$이다.

서로 다른 $i,\ j$에 대하여 $P(A_i \cap A_j) = \dfrac{4! \times 2! \times 2!}{6!} = \dfrac{2}{15}$이므로
$$\beta_2 = \frac{2}{15} \times \binom{3}{2} = \frac{2}{5}.$$

$\beta_3 = P(A_1 \cap A_2 \cap A_3) = \dfrac{3! \times 2! \times 2! \times 2!}{6!} = \dfrac{1}{15}$이다. 따라서
$$P(A_1^c \cap A_2^c \cap A_3^c) = 1 - P(A_1 \cup A_2 \cup A_3) = 1 - (\beta_1 - \beta_2 + \beta_3)$$
$$= 1 - \left(1 - \frac{2}{5} + \frac{1}{15}\right) = \frac{1}{3}.$$

유 제 4

사건 A, B와 확률측도 P에 대하여 다음 물음에 답하시오.

(1) $P(A) = 0.4$, $P(B) = 0.3$ 그리고 $P(A \cap B) = 0.35$일 때 확률 $P(A \cup B)$를 구하시오.

(2) $P(A) = \dfrac{1}{2}$, $P(A \cup B) = \dfrac{3}{4}$, $P(B^c) = \dfrac{5}{8}$일 때 확률
$$P(A \cap B),\ P(A^c \cap B^c),\ P(A^c \cup B^c)$$
을 구하시오.

(3) 다음의 두 사실을 증명하시오.
① $P(B \setminus A) = P(B) - P(A \cap B)$
② 특히 $A \subset B$이면 $P(B \setminus A) = P(B) - P(A)$

풀 이

(1) $P(A \cup B) = P(A) + P(B) - P(A \cap B)$
$= 0.4 + 0.3 - 0.35 = 0.35$

(2) $P(B) = 1 - P(B^c) = 1 - \dfrac{5}{8} = \dfrac{3}{8}$이다. 따라서

$P(A \cap B) = P(A) + P(B) - P(A \cup B) = \dfrac{1}{2} + \dfrac{3}{8} - \dfrac{3}{4} = \dfrac{1}{8}$,

$P(A^c \cap B^c) = P((A \cup B)^c) = 1 - P(A \cup B) = 1 - \dfrac{3}{4} = \dfrac{1}{4}$,

$P(A^c \cup B^c) = P((A \cap B)^c) = 1 - P(A \cap B) = 1 - \dfrac{1}{8} = \dfrac{7}{8}$.

(3) ① $P(B) = P((B \setminus A) \cup (A \cap B)) = P(B \setminus A) + P(A \cap B)$.
② ①에서 $P(A \cap B) = P(A)$이므로 $P(B \setminus A) = P(B) - P(A)$.

2. 조건부확률과 독립성

2.1. 조건부확률

NOTE
일반적으로 아무런 정보가 없을 경우의 표본공간은 S이지만 새로운 정보가 주어진 경우는 그 정보에 의하여 표본공간이 축소된다. 이와 같이 주어진 정보에 의하여 표본공간이 F로 축소되었을 경우 사건 E의 확률을 $P(E|F)$로 나타내고 F가 주어졌다는 가정하에서 E의 **조건부확률**이라 한다.

> **정 의 3 (조건부확률)**
> 확률공간 $(S, \mathcal{F}, P)$와 사건 E, F에 대하여 $P(F) > 0$일 때
> $$P(E|F) = \frac{P(E \cap F)}{P(F)}$$
> : F가 주어졌다는 가정하에서 사건 E의 **조건부확률**(conditional probability) (혹은 F가 주어졌을 때 E의 조건부확률)

> **정 리 2 (곱의 공식)**
> (1) 두 사건 E, F에 대하여 $P(F) > 0$ 일 때
> $$P(E \cap F) = P(E|F) P(F)$$
> (2) 사건 $E_1, \cdots, E_n$에 대하여 $P(E_1 \cap \cdots \cap E_{n-1}) > 0$일 때
> $$P(E_1 \cap \cdots \cap E_n)$$
> $$= P(E_1) P(E_2|E_1) P(E_3|E_1 \cap E_2) \cdots P(E_n|E_1 \cap \cdots \cap E_{n-1})$$

11년시행기출
상자 A에 빨간 공 2개와 흰 공 3개가 들어 있고, 상자 B에 빨간 공 2개와 흰 공 m개가 들어 있다. 상자 A가 선택될 확률이 $\frac{1}{3}$이고 상자 B가 선택될 확률이 $\frac{2}{3}$이다. 두 상자 A, B 중 하나를 선택하여 그 상자에서 임의로 추출한 한 개의 공이 흰 공일 때, 이 흰 공이 상자 A에서 추출되었을 조건부 확률이 $\frac{2}{7}$이다. m의 값은? [2점]

① 5 ② 6 ③ 7 ④ 8 ⑤ 9

> **예 제 5**
> 1에서 13까지 숫자가 각각 4장 적혀있는 52장의 카드에서 한 장씩 뽑을 때 다음 물음에 답하시오.
> (1) 순서대로 2, 3, 8, 8이 나올 확률을 구하시오.
> (2) 순서대로 3, 3, 3, 2가 나올 확률을 구하시오.

풀 이
(1) $A_1 = \{$첫 번째 카드$=2\}$, $A_2 = \{$두 번째 카드$=3\}$,
$A_3 = \{$세 번째 카드$=8\}$, $A_4 = \{$네 번째 카드$=8\}$이라 할 때 구하는 확률은
$P(A_1 \cap A_2 \cap A_3 \cap A_4)$
$= P(A_1) \cdot P(A_2|A_1) \cdot P(A_3|A_1 \cap A_2) \cdot P(A_4|A_1 \cap A_2 \cap A_3)$
$= \frac{4}{52} \cdot \frac{4}{51} \cdot \frac{4}{50} \cdot \frac{3}{49} = \frac{8}{270725}$.
(2) 마찬가지 방법으로 확률을 구해보면
$$\frac{4}{52} \cdot \frac{3}{51} \cdot \frac{2}{50} \cdot \frac{4}{49} = \frac{4}{270725}.$$

정 리 3

$\wp = \{E_1, E_2, \cdots\}$가 표본공간 S의 분할
(즉 $S = \cup_{i=1}^{\infty} E_i$, $E_i \cap E_j = \varnothing\ (\forall i \neq j)$)일 때

(1) 전확률 공식(Total probability law)

$$P(F) = \sum_{i=1}^{\infty} P(F|E_i)P(E_i).$$

(2) 베이즈의 공식(Bayes' formula)

$$P(E_i|F) = \frac{P(F|E_i)P(E_i)}{\sum_{i=1}^{\infty} P(F|E_i)P(E_i)}.$$

증 명

(1) $\wp$가 S의 분할이므로

$$F = F \cap S = F \cap (\cup_{i=1}^{\infty} E_i) = \cup_{i=1}^{\infty} (F \cap E_i)$$

이고 $F \cap E_i (i=1, 2, \cdots)$는 서로 배반이다. 따라서 곱의 공식에 의하여

$$P(F) = P(\cup_{i=1}^{\infty}(F \cap E_i)) = \sum_{i=1}^{\infty} P(F \cap E_i) = \sum_{i=1}^{\infty} P(F|E_i)P(E_i)$$

(2) 조건부확률의 정의와 전확률 공식에 의하여

$$P(E_i|F) = \frac{P(F \cap E_i)}{P(F)} = \frac{P(F|E_i)P(E_i)}{\sum_{i=1}^{\infty} P(F|E_i)P(E_i)}.$$

NOTE

(1) 전확률 공식은 주어진 사건 F의 확률을 계산할 때, 그 사건의 원인을 여러 가지로 나누어서 각 원인 E_i에 대한 조건부 확률 $P(F|E_i)$와 그 원인이 되는 확률 $P(E_i)$의 가중합으로 구할 수 있다는 것을 보여준다.

(2) 베이즈의 공식은 사전확률 $P(E_i)$를 바탕으로 어떤 결과에 대한 원인이 되는 사건 E_i의 확률을 계산하는 방법을 제시한다. 예를 들어 어떤 살인 사건에서 범인으로 의심받는 사람이 있는데, 새로운 증거물이 나왔을 경우 그가 진범일 확률의 추정이나, 어떤 건물에 발생한 화재에 대한 원인을 추정하는 모형에 적용될 수 있다.

92년시행기출

주머니 속에 앞면이 나올 확률이 각각 $\frac{1}{4}$, $\frac{1}{2}$, $\frac{3}{4}$인 동전 C_1, C_2, C_3가 한 개씩 들어있다. 이 주머니에서 임의로 한 개의 동전을 꺼내 4번을 던졌더니 앞면이 2번 나왔다. 균형잡힌 동전 C_2가 꺼내졌을 확률은?

① $\frac{6}{17}$ ② $\frac{7}{17}$ ③ $\frac{8}{17}$ ④ $\frac{9}{17}$

99년시행기출
어떤 반에서 방학 후 여행에 대한 설문조사를 하였다. 강원도를 다녀 온 학생이 전체의 $\frac{2}{5}$, 제주도를 다녀온 학생이 전체의 $\frac{1}{4}$이었다. 강원도를 다녀오지 않은 학생을 임의로 뽑았을 때, 이 학생이 제주도를 다녀오지 않았을 조건부확률을 구하시오.
(단, 강원도를 다녀 올 사건과 제주도를 다녀 올 사건은 서로 독립이다.)

예 제 6
어느 공장에서 세 개의 기계 A, B, C가 전체 제품의 40%, 35%, 25%를 각각 생산한다고 한다. 이 기계들의 생산품에 대한 불량품은 각각 5%, 3%, 4%이다.
(1) 한 생산품을 무작위로 추출할 때 이 생산품이 불량품일 확률은?
(2) 불량품이 발견되었을 때 그것이 A기계에서 생산되었을 확률은?

풀 이
(1) 하나의 생산품을 추출했을 때 불량품일 사건은 E라고 하면, 전확률 공식에 의하여
$$P(E) = P(E|A)P(A) + P(E|B)P(B) + P(E|C)P(C)$$
$$= \frac{5}{100} \times \frac{40}{100} + \frac{3}{100} \times \frac{35}{100} + \frac{4}{100} \times \frac{25}{100} = \frac{81}{2000}.$$
(2) 구하는 확률 $P(A|E)$는 베이즈의 공식에 의하여
$$P(A|E) = \frac{P(E|A)P(A)}{P(E)} = \frac{40}{81}.$$

예 제 7
번호가 1에서 n까지 쓰여진 n개의 주머니가 있다. 제 k번째 주머니에는 흰 공이 k개, 검은 공이 $n-k$개 들어 있다. n개의 주머니 중 1개의 주머니를 택한 후 그 주머니에서 한 개의 공을 꺼내 보는 시행을 한다. 다음의 각 경우에 이러한 시행을 6번 반복하여 흰 공이 3번만 나올 확률을 P_n이라 할 때 $\lim_{n \to \infty} P_n$을 구하시오.
(1) 처음 선택한 주머니에서만 시행을 반복하는 경우
(2) 매 시행마다 주머니를 새롭게 선택하는 경우

풀 이
(1) E를 6번 시행 중에서 흰 공을 3번 뽑는 사건, A_k를 k번째 주머니에서 뽑는 사건이라고 하자.
$$P(E|A_k) = \binom{6}{3}\left(\frac{k}{n}\right)^3\left(\frac{n-k}{n}\right)^3 (k=1, 2, \cdots, n)$$
$$P(A_1) = P(A_2) = \cdots = P(A_n) = \frac{1}{n}$$

$$\therefore P_n = P(E) = \sum_{k=1}^{n} P(A_k)P(E\mid A_k) = \sum_{k=1}^{n}\frac{1}{n}\binom{6}{3}\left(\frac{k}{n}\right)^3\left(\frac{n-k}{n}\right)^3.$$

$$\therefore \lim_{n\to\infty} P_n = \int_0^1 \binom{6}{3} x^3(1-x)^3 dx = \frac{1}{7}.$$

(2) C를 한 번의 시행에서 흰 공이 나오는 사건이라고 하자.

$$P(A_1) = P(A_2) = \cdots = P(A_n) = \frac{1}{n},$$

$$P(C\mid A_k) = \frac{k}{n}\ (k=1,\ 2,\ \cdots,\ n)$$

$$\therefore P(C) = \sum_{k=1}^{n} P(A_k)P(C\mid A_k) = \frac{1}{n}\sum_{k=1}^{n}\frac{k}{n} = \frac{n+1}{2n}.$$

D를 6번의 시행에서 흰 공을 3번 뽑는 사건이라 할 때

$$P_n = P(D) = \binom{6}{3}\left(\frac{n+1}{2n}\right)^3\left(1-\frac{n+1}{2n}\right)^3.$$

$$\therefore \lim_{n\to\infty} P_n = \binom{6}{3}\left(\frac{1}{2}\right)^3\left(1-\frac{1}{2}\right)^3 = \frac{5}{16}.$$

02년시행기출

어떤 회사에서는 세 대의 기계 a, b, c로 같은 종류의 빵을 만들고 있다. 세 대의 기계는 각각 총생산량의 20%, 30%, 50%를 생산하고 있으며, 생산품의 불량률은 각각 0.5%, 1%, 2%이다. 생산된 빵을 임의로 한 개 택하여 검사했을 때, 그것이 불량품이었다고 하자.

이 불량품이 기계 a 또는 b에서 생산되었을 확률을 구하시오.

유 제 5

(1)

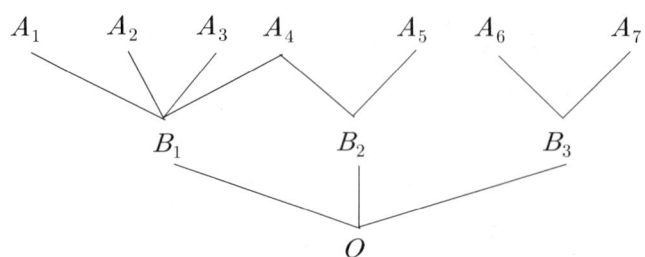

점 O를 출발하여 임의의 한 곳 B_1, B_2, B_3을 거쳐 A_i에 도착한다. 이 때,
① A_4에 도착할 확률을 구하시오.
② A_4에 도착했을 때 B_1를 거쳤을 확률을 구하시오.
③ A_4에 도착했을 때 B_2를 거쳤을 확률을 구하시오.
(2) 한 상자에 3장의 카드가 있다. 하나의 카드는 양면이 모두 빨간색이고, 두 번째 카드는 양면이 모두 초록색이며, 세 번째 카드는 한 쪽은 빨간색이고 다른 쪽은 초록색이다. 상자에서 빨간색인 카드를 하나 꺼낼 때 뒷면도 빨간색일 확률을 구하시오.

풀 이

(1) O에서 B_1, B_2, B_3로 가는 확률이 같으므로
$$P(B_1) = P(B_2) = P(B_3) = \frac{1}{3},$$
O에서 B_1을 거쳐 A_1, A_2, A_3, A_4로 가는 확률이 같으므로
$$P(A_1|B_1) = P(A_2|B_1) = P(A_3|B_1) = P(A_4|B_1) = \frac{1}{4},$$
O에서 B_2을 거쳐 A_4, A_5로 가는 확률이 같으므로
$$P(A_4|B_2) = P(A_5|B_2) = \frac{1}{2}.$$
① $P(A_4) = P(A_4 \cap B_1) + P(A_4 \cap B_2) + P(A_4 \cap B_3)$
$= P(B_1)P(A_4|B_1) + P(B_2)P(A_4|B_2) + P(B_3)P(A_4|B_3)$
$= \frac{1}{3} \cdot \frac{1}{4} + \frac{1}{3} \cdot \frac{1}{2} + \frac{1}{3} \cdot 0 = \frac{1}{4}.$
② $P(B_1|A_4)$

$$= \frac{P(A_4|B_1)P(B_1)}{P(A_4|B_1)P(B_1)+P(A_4|B_2)P(B_2)+P(A_4|B_3)P(B_3)}$$
$$= \frac{1}{3}.$$
③ $P(B_2|A_4)$
$$= \frac{P(A_4|B_2)P(B_2)}{P(A_4|B_1)P(B_1)+P(A_4|B_2)P(B_2)+P(A_4|B_3)P(B_3)}$$
$$= \frac{2}{3}.$$

(2) 한 장의 카드를 뽑아 한 쪽면을 확인하는 시행 결과의 집합을 표본공간 S라 할 때

A : 카드의 빨간면이 나오는 사건,

B_1 : 양면이 모두 빨간색인 카드를 선택하는 사건,

B_2 : 양면이 모두 초록색인 카드를 선택하는 사건,

B_3 : 한 쪽 면은 빨간색, 나머지 한 쪽 면은 초록색인 카드를 선택하는 사건이라 할 때

$$P(B_1)=P(B_2)=P(B_3)=\frac{1}{3},$$
$$P(A|B_1)=1, \ P(A|B_2)=0, \ P(A|B_3)=\frac{1}{2},$$
$$\begin{aligned}P(A)&=P(A\cap B_1)+P(A\cap B_2)+P(A\cap B_3)\\&=P(B_1)\cdot P(A|B_1)+P(B_2)\cdot P(A|B_2)\\&\quad+P(B_3)\cdot P(A|B_3)\\&=\frac{1}{3}\cdot 1+\frac{1}{3}\cdot 0+\frac{1}{3}\cdot \frac{1}{2}=\frac{1}{2}\text{이다}.\end{aligned}$$

따라서 구하는 확률은
$$P(B_1|A)=\frac{P(B_1\cap A)}{P(A)}=\frac{2}{3}.$$

2.2. 사건의 독립성

> **도 입**
>
> 두 사건 E와 F가 서로 확률적으로 독립이라는 것은 E의 발생 여부가 F의 발생 가능성에 영향을 미치지 않고, 또한 역으로 F의 발생 여부가 E의 발생 가능성에 영향을 미치지 않는 것을 말한다. 이것을 식으로 표현하면 다음과 같다.
>
> $$P(E|F) = P(E), \ P(E|F^c) = P(E),$$
> $$P(F|E) = P(F), \ P(F|E^c) = P(F)$$
>
> 위의 4개의 식은 실제로 동치가 되고, 이것을 조건부확률의 정의에 따라 다시 쓰면 다음을 얻는다.
>
> $$P(E \cap F) = P(E)P(F)$$

15년시행기출
앞면이 나올 확률이 $p(0 < p < 1)$인 동전을 학생 A가 n번 던지고, 학생 B가 $2n$번 던진다. 학생 A가 던져서 앞면이 나온 횟수와 학생 B가 던져서 앞면이 나온 횟수의 합이 2일 때, 학생 A가 던져서 앞면이 나온 횟수가 1일 확률이 $\dfrac{6}{13}$이다. n의 값을 구하시오.

> **정 의 4**
>
> 확률공간 $(S, \mathcal{F}, P)$에서
> (1) 두 사건 E와 F에 대하여
> ① E와 F가 **확률적으로 독립**(stochastically independent)
> $\overset{정의}{\Leftrightarrow} P(E|F) = P(E)$
> $\Leftrightarrow P(F|E) = P(F)$
> $\Leftrightarrow P(E \cap F) = P(E)P(F)$
> ② E와 F가 독립이 아닐 때 서로 **종속**(dependent)이라 한다.
> (2) n개의 사건 $E_1, E_2, \cdots, E_n$에 대하여
> ① $E_1, E_2, \cdots, E_n$: **서로 독립**
> $\overset{정의}{\Leftrightarrow} P(E_i \cap E_j) = P(E_i)P(E_j)(1 \leq i < j \leq n),$
> $P(E_i \cap E_j \cap E_k) = P(E_i)P(E_j)P(E_k)(1 \leq i < j < k \leq n),$
> $\vdots$
> $P(E_1 \cap E_2 \cap \cdots \cap E_n) = P(E_1)P(E_2) \cdots P(E_n)$
> ② $E_1, E_2, \cdots, E_n$: **쌍별독립**(pairwise independent)
> $\overset{정의}{\Leftrightarrow} P(E_i \cap E_j) = P(E_i)P(E_j)(\forall i \neq j)$

NOTE

서로 독립 $\underset{\not\Leftarrow}{\Rightarrow}$ 쌍별 독립

보 기 3

A, B, C 가 서로 독립일 때 다음 중 서로 독립인 사건들을 모두 고르시오?

㉠ A, B^c　　　　　　　㉡ A^c, B^c
㉢ $A \cap B$, C^c　　　　　㉣ A, $B \cup C$
㉤ A, $B \cap C$

정 답　㉠, ㉡, ㉢, ㉣, ㉤
해 설

㉠ $P(A \cap B^c) = P(A) - P(A \cap B)$
$\qquad\qquad\quad = P(A) - P(A)P(B)$ (∵ A, B가 독립)
$\qquad\qquad\quad = P(A)(1 - P(B))$
$\qquad\qquad\quad = P(A)P(B^c)$.

따라서 A, B^c는 서로 독립이다.

㉡ $P(A^c \cap B^c) = P((A \cup B)^c) = 1 - P(A \cup B)$
$\qquad\qquad\quad = 1 - (P(A) + P(B) - P(A \cap B))$
$\qquad\qquad\quad = 1 - (P(A) + P(B) - P(A)P(B))$
$\qquad\qquad\quad = (1 - P(A))(1 - P(B))$.
$\qquad\qquad\quad = P(A^c)P(B^c)$.

따라서 A^c, B^c는 서로 독립이다.

㉢ $P((A \cap B) \cap C^c)$
$\quad = P((A \cap B) - C) = P(A \cap B) - P(A \cap B \cap C)$
$\quad = P(A)P(B) - P(A)P(B)P(C) = P(A)P(B)(1 - P(C))$
$\quad = P(A \cap B)P(C^c)$

따라서 $A \cap B$, C^c은 서로 독립이다.

㉣ $P(A \cap (B \cup C)) = P((A \cap B) \cup (A \cap C))$
$\qquad\qquad\quad = P(A \cap B) + P(A \cap C) - P(A \cap B \cap C)$
$\qquad\qquad\quad = P(A)P(B) + P(A)P(C) - P(A)P(B)P(C)$
$\qquad\qquad\quad = P(A)(P(B) + P(C) - P(B)P(C))$
$\qquad\qquad\quad = P(A)(P(B) + P(C) - P(B \cap C))$
$\qquad\qquad\quad = P(A)P(B \cup C)$

따라서 A, $B \cup C$는 서로 독립이다.

㉢ $P(A)P(B\cap C) = P(A)P(B)P(C)$ ($\because$ B, C는 독립)
$\qquad\qquad\qquad\;\; = P(A\cap B\cap C)$ ($\because$ A, B, C는 독립)
$\qquad\qquad\qquad\;\; = P(A\cap(B\cap C))$

따라서 A, $B\cap C$는 서로 독립이다.

예 제 8

한 쌍의 주사위를 던져 나오는 눈을 각각 X와 Y라고 할 때 다음 두 사건은 독립인지 여부와 그 이유를 쓰시오.
(1) $A=\{X=2\}$, $B=\{Y=5\}$
(2) $A=\{X=2\}$, $B=\{X+Y=7\}$
(3) $A=\{X=2\}$, $B=\{X+Y=6\}$

풀 이

(1) $P(A)=\dfrac{6}{36}=\dfrac{1}{6}$, (($\because$) $A=\{(2,1),(2,2),\cdots,(2,6)\}$)

$P(B)=\dfrac{6}{36}=\dfrac{1}{6}$, (($\because$) $B=\{(1,5),(2,5),\cdots,(6,5)\}$)

$P(A\cap B)=\dfrac{1}{36}$. (($\because$) $A\cap B=\{(2,5)\}$)

$\therefore$ $P(A\cap B)=P(A)P(B)$이므로 A, B는 서로 독립이다.

(2) $P(A)=\dfrac{6}{36}=\dfrac{1}{6}$, (($\because$) $A=\{(2,1),(2,2),\cdots,(2,6)\}$)

$P(B)=\dfrac{6}{36}=\dfrac{1}{6}$, (($\because$) $C=\{(1,6),(2,5),\cdots,(6,1)\}$)

$P(A\cap B)=\dfrac{1}{36}$. (($\because$) $A\cap B=\{(2,5)\}$)

$\therefore$ $P(A)P(B)=P(A\cap B)$이므로 A, B는 서로 독립이다.

(3) $P(A)=\dfrac{6}{36}=\dfrac{1}{6}$,

$P(B)=\dfrac{5}{36}$, (($\because$) $B=\{(1,5),(2,4),(3,3),(4,2),(5,1)\}$)

$P(A\cap B)=\dfrac{1}{36}$. (($\because$) $A\cap B=\{(2,4)\}$)

$\therefore$ $P(A)P(B)\neq P(A\cap B)$이므로 A, B는 서로 독립이 아니다.

3. 확률변수와 확률분포

3.1. 확률변수와 확률분포

도 입

동전을 던지는 시행을 할 때 각 시행의 결과에 대한 열보다 앞면의 수, 컴퓨터 시스템을 통하여 메시지를 전송할 때 각 메시지의 내용보다는 주어진 시간에 성공적으로 전송되는 메시지의 수와 같이 때때로 우리는 실험의 결과나 그로 인하여 얻는 사건보다는 그 결과를 설명하는 수치에 더 관심이 있을 때가 있다. 이와 관련된 개념이 확률변수이다.

정 의 5

$(S, \mathcal{F}, P)$가 확률공간일 때

(1) X : **확률변수**(random variable)

$\overset{\text{정의}}{\Leftrightarrow} X : S \to \mathbb{R}$ s.t. $X^{-1}((-\infty, x]) \in \mathcal{F} \ (\forall x \in \mathbb{R})$

$\Leftrightarrow X : S \to \mathbb{R}$ s.t. $X^{-1}((-\infty, x)) \in \mathcal{F} \ (\forall x \in \mathbb{R})$

$\Leftrightarrow X : S \to \mathbb{R}$ s.t. $X^{-1}([x, \infty)) \in \mathcal{F} \ (\forall x \in \mathbb{R})$

$\Leftrightarrow X : S \to \mathbb{R}$ s.t. $X^{-1}((x, \infty)) \in \mathcal{F} \ (\forall x \in \mathbb{R})$

$\Leftrightarrow X : S \to \mathbb{R}$ s.t. $X^{-1}(B) \in \mathcal{F} \ (\forall B : \mathbb{R}$의 Borel집합$)$

(2) 확률변수 X에 대하여

$$F : \mathbb{R} \to \mathbb{R}, \ F(x) = P(X \leq x)(x \in \mathbb{R}).$$

(X의 **누적분포함수**(cumulative distribution function : c.d.f.) 혹은 **분포함수**(distribution function))라 한다.

NOTE

앞으로는 특별한 언급이 없는 한 기호를 간단히 하기 위하여 확률변수 X와 $A \subset \mathbb{R}$, $a, b \in \mathbb{R}$에 대하여

(1) $X \in A := \{\omega \in S \mid X(\omega) \in A\}$

(2) 사건의 표현

① $a \leq X := \{\omega \in S \mid a \leq X(\omega)\}$

② $a \leq X < b$
$:= \{\omega \in S \mid a \leq X(\omega) < b\}$
...

등과 같이 나타낸다.

NOTE

실수 전체의 집합 $\mathbb{R}$에서 정의된 실함수 $F(x)$가 조건 (1)~(4)를 만족하면 F를 분포함수로 갖는 확률변수 X가 존재한다. 앞으로는 확률변수에 대한 언급이 없어도 $F(x)$가 (1)~(4)를 만족하면 $F(x)$를 분포함수라고 부른다.

정리 4

확률공간 $(S, \mathcal{F}, P)$ 상의 확률변수 X의 누적분포함수 $F(x)$에 대하여

(1) $a < b$이면 $F(a) \leq F(b)$ (즉 $F(x)$는 단조증가함수이다.).

(2) ① $\lim_{x \to \infty} F(x) = 1$

② $\lim_{x \to -\infty} F(x) = 0$

(3) $a \in \mathbb{R}$ 일 때, $\lim_{x \to a+} F(x) = F(a)$ (즉 $F(x)$는 우연속이다.)

정의 6

확률공간 $(S, \mathcal{F}, P)$, 확률변수 $X : S \to \mathbb{R}$, $F : X$의 누적분포함수일 때

(1) 이산확률변수

① X : 이산확률변수(discrete random variable)

$\overset{\text{정의}}{\Leftrightarrow} X(S) =: S_X (= \{x_1, x_2, \cdots\})$: $\mathbb{R}$ 의 가산집합

② 이 때

㉠ $F : \mathbb{R} \to \mathbb{R}$,
$$F(x) = P(X \leq x)(x \in \mathbb{R})$$
는 계단함수(step function)이다.

(즉 $\exists \{I_n\}$: 서로소인 구간의 가산열 s.t.
$$\cup_n I_n = \mathbb{R}, \ F|_{I_n} = \text{상수함수}(\forall n))$$

㉡ $f : \mathbb{R} \to \mathbb{R}$,
$f(x) := P(X = x)$
$= \begin{cases} P(X = x) & x = x_i \in S_X (i = 1, 2, \cdots) \\ 0 & x \notin S_X \end{cases}$
$= P(X \leq x) - P(X < x)$
$= F(x) - \lim_{t \to x-} F(t) = F(x) - F(x-)$

(X의 확률질량함수(probability mass function : p.m.f.))

(2) 연속확률변수

① X : 연속확률변수(continuous random variable)

$\overset{\text{정의}}{\Leftrightarrow} \exists f : \mathbb{R} \to \mathbb{R}$ s.t.

(i) $f(x) \geq 0 (\forall x \in \mathbb{R})$

(ii) $F(x) = \int_{-\infty}^{x} f(t)dt (x \in \mathbb{R})$: 연속

② 이 때 $f : \mathbb{R} \to \mathbb{R}$,
$$f(x) := F'(x)(x \in \mathbb{R})$$
(X의 확률밀도함수(probability density function)).

보 기 4
두 개의 동전을 던지고 결과를 관찰하는 시행의 표본공간은
$$S = \{(H, H), (H, T), (T, H), (T, T)\}$$
이고 앞면이 나온 동전의 수의 확률변수 X에 대하여 다음 물음에 답하시오.
(1) X의 확률질량함수 $f(x)$를 구하시오.
(2) X의 누적분포함수 $F(x)$를 구하시오.

풀 이

(1) $f(x) = P(X = x) = \begin{cases} P(X=0) = 1/4 & (x=0) \\ P(X=1) = 1/2 & (x=1) \\ P(X=2) = 1/4 & (x=2) \\ 0 & (\text{그 외}) \end{cases}$

(2) $F(x) = P(X \leq x) = \begin{cases} 0 & (x < 0) \\ 1/4 & (0 \leq x < 1) \\ 3/4 & (1 \leq x < 2) \\ 1 & (x \geq 0) \end{cases}$

정 리 5
X : S상의 확률변수, f : X의 확률질량함수(혹은 확률밀도함수), F : X의 누적분포함수일 때
(1) $S_X = X(S)$에 대하여
$$1 = P(-\infty < X < \infty)$$
$$= \begin{cases} \sum_{x_i \in S_X} P(X = x_i) = \sum_{x_i \in S_X} f(x_i) & (X : \text{이산}) \\ \int_{-\infty}^{\infty} f(x)dx & (X : \text{연속}) \end{cases}$$

(2) $a \in \mathbb{R}$ 일 때

① $f(a) = \begin{cases} P(X=a) & (X: \text{이산}) \\ F'(x)|_{x=a} & (X: \text{연속}) \end{cases}$

② 특히 X가 연속확률변수일 때
$$P(X=a) = P(X \leq a) - P(X < a)$$
$$= F(a) - \lim_{x \to a-} F(x)$$
$$= F(a) - F(a) = 0.$$

(3) $a < b (a, b \in \mathbb{R})$ 일 때

① X : 이산확률변수일 때

㉠ $F(b) - F(a) = P(X \leq b) - P(X \leq a) = P(a < X \leq b).$

㉡ $A \subset \mathbb{R}$ 에 대하여
$$P(X \in A) = \sum_{x_i \in A} f(x_i).$$

② X : 연속확률변수일 때
$$F(b) - F(a) = P(X \leq b) - P(X \leq a)$$
$$= P(a < X \leq b)$$
$$= P(a \leq X \leq b) ((\because) \ P(X=a) = 0)$$
$$= P(a \leq X < b) ((\because) \ P(X=b) = 0)$$
$$= P(a < X < b) ((\because) \ P(X=a) = 0).$$

보 기 5

(1) 누적분포함수 $F(x)$가 다음과 같다.
$$F(x) = \begin{cases} 0 & (x < -1) \\ 0.2 & (-1 \leq x < 1) \\ 0.5 & (1 \leq x < 2.5) \\ 0.75 & (2.5 \leq x < 4) \\ 1 & (x \geq 4) \end{cases}$$

① 다음 확률을 계산하시오.
$$P(X > 0), \ P(X = 2.5), \ P(X \leq 0 \mid X > -1)$$

② X의 확률질량함수 $f(x)$를 구하시오.

(2) 누적분포함수 $F(x)$가 다음과 같다.
$$F(x) = \begin{cases} 0 & (x < -1) \\ \dfrac{x+1}{2} & (-1 \leq x < 1) \\ 1 & (x \geq 1) \end{cases}$$

① 다음 확률을 계산하시오.
$$P\left(-\frac{1}{2} < X \leq \frac{1}{2}\right),\ P(X=0),\ P(X=1),$$
$$P(X=2),\ P(0 \leq X \leq 3)$$
② X의 확률밀도함수 $f(x)$를 구하시오.

풀 이

(1) ① $P(X > 0) = 1 - P(X \leq 0) = 1 - F(0) = 0.8$,
$P(X = 2.5) = F(2.5) - F(2.5-) = F(2.5) - \lim_{x \to 2.5-} F(x)$
$= 0.75 - 0.5 = 0.25$,
$P(X \leq 0 | X > -1) = \dfrac{P(-1 < X \leq 0)}{P(X > -1)}$
$= \dfrac{P(X \leq 0) - P(X \leq -1)}{1 - P(X \leq -1)}$
$= \dfrac{F(0) - F(-1)}{1 - F(-1)} = 0$.

② $f(x) = P(X=x) = F(x) - F(x-) = \begin{cases} 0.2 &, x = -1 \\ 0.3 &, x = 1 \\ 0.25 &, x = 2.5 \\ 0.25 &, x = 4 \\ 0 &, \text{그 외} \end{cases}$.

(2) ① $P\left(-\dfrac{1}{2} < X \leq \dfrac{1}{2}\right) = P\left(X \leq \dfrac{1}{2}\right) - P\left(X \leq -\dfrac{1}{2}\right)$
$= F\left(\dfrac{1}{2}\right) - F\left(-\dfrac{1}{2}\right) = \dfrac{1}{2}$,
$P(X=0) = P(X=1) = P(X=2) = 0$,
$P(0 \leq X \leq 3) = P(X=0) + P(0 < X \leq 3)$
$= 0 + F(3) - F(0) = \dfrac{1}{2}$.
$P(X=1) = F(1) - F(1-) = 0$.

② $f(x) = F'(x) = \begin{cases} \dfrac{1}{2} &, -1 < x < 1 \\ 0 &, \text{그 외} \end{cases}$.

92년시행기출

구간 $[0, 1]$에서 독립적으로 세 수 x_1, x_2, x_3를 취하여 이들의 최댓값을 확률변수 X로 할 때, X의 확률밀도함수 $f(x)$는?

① $f(x) = 1$ ② $f(x) = 2x$
③ $f(x) = 3x^2$ ④ $f(x) = 4x^3$

예 제 9

확률변수 X의 확률밀도함수가
$$f(x) = \begin{cases} c(x+1) & (-1 \leq x \leq 3) \\ 0 & (\text{그 외}) \end{cases}$$
일 때 다음 물음에 답하시오.
(1) 상수 c의 값을 구하시오.
(2) 확률변수 $Y = |X|$의 확률밀도함수 $g(y)$를 구하시오.
(3) 확률변수 $Z = 2X^2$의 확률밀도함수 $h(z)$를 구하시오.

풀 이

(1) $1 = \int_{-\infty}^{\infty} f(x)dx = \int_{-1}^{3} c(x+1)dx = 8c$ 이므로 $c = \dfrac{1}{8}$ 이다.

(2) Y의 누적분포함수를 G라고 하면
$$G(y) = P(Y \leq y)$$
$$= P(|X| \leq y) = \begin{cases} 0 & (y < 0) \\ \int_{|X| \leq y} f(x)dx & (0 \leq y < 3) \\ 1 & (3 \leq y) \end{cases}.$$

한편 $0 \leq y \leq 3$에 대하여

$$\int_{|X| \leq y} f(x)dx = \begin{cases} 0 & (y < 0) \\ \int_{-y}^{y} \dfrac{1}{8}(x+1)dx & (0 \leq y \leq 1) \\ \int_{-1}^{y} \dfrac{1}{8}(x+1)dx & (1 < y \leq 3) \\ 1 & (3 < y) \end{cases}$$

$$= \begin{cases} \dfrac{y}{4} & (0 \leq y \leq 1) \\ \dfrac{1}{16}y^2 + \dfrac{1}{8}y + \dfrac{1}{16} & (1 < y \leq 3) \\ 1 & (3 < y) \end{cases}.$$

따라서 Y의 확률밀도함수는

$$g(y) = G'(y) = \begin{cases} 0 & (y < 0,\ 3 < y) \\ \dfrac{1}{4} & (0 \leq y \leq 1) \\ \dfrac{1}{8}y + \dfrac{1}{8} & (1 < y \leq 3) \end{cases}.$$

(3) $H(z) = P(Z \leq z)$
$= P(2X^2 \leq z)$
$= P\left(X^2 \leq \dfrac{z}{2}\right)$
$= \begin{cases} 0 & (z < 0) \\ P\left(-\sqrt{\dfrac{z}{2}} \leq X \leq \sqrt{\dfrac{z}{2}}\right) = \displaystyle\int_{-\sqrt{\frac{z}{2}}}^{\sqrt{\frac{z}{2}}} f(x)dx & (0 \leq z < 18) \\ 1 & (18 \leq z) \end{cases}$.

한편 $0 \leq z \leq 18$에 대하여

$\displaystyle\int_{-\sqrt{z/2}}^{\sqrt{z/2}} f(x)dx = \begin{cases} \displaystyle\int_{-\sqrt{\frac{z}{2}}}^{\sqrt{\frac{z}{2}}} \dfrac{1}{8}(x+1)dx & (0 \leq z \leq 2) \\ \displaystyle\int_{-1}^{\sqrt{\frac{z}{2}}} \dfrac{1}{8}(x+1)dx & (2 < z \leq 18) \\ 1 & (z > 18) \end{cases}$

$= \begin{cases} \dfrac{1}{4}\sqrt{\dfrac{z}{2}} & (0 \leq z \leq 2) \\ \dfrac{z}{32} + \dfrac{1}{8}\sqrt{\dfrac{z}{2}} + \dfrac{1}{16} & (2 < z \leq 18) \\ 1 & (z > 18) \end{cases}$.

따라서 $h(z) = H'(z)$

$= \begin{cases} 0 & (z < 0) \\ \dfrac{1}{8\sqrt{2z}} & (0 \leq z \leq 2) \\ \dfrac{1}{32} + \dfrac{1}{16\sqrt{2z}} & (2 < z \leq 18) \\ 0 & (18 < z) \end{cases}$.

3.2. 확률변수의 기댓값과 분산

정 의 7 (기댓값)

(1) 이산확률변수 X가 집합 $\{x_1, x_2, \cdots\}$에서 값을 취하고 그의 확률질량함수가 f라 하자. 만약

$$\sum_{i=1}^{\infty} |x_i| f(x_i) < \infty$$

이면 X의 기댓값이 존재한다고 하고 그 **기댓값**은 다음과 같이 정의한다.

$$E(X) = \sum_{i=1}^{\infty} x_i f(x_i)$$

(2) 연속확률변수 X의 확률밀도함수가 f라 하자. 만약

$$\int_{-\infty}^{\infty} |x| f(x) dx < \infty$$

이면 X의 기댓값이 존재한다고 하고 그 **기댓값**은 다음과 같이 정의한다.

$$E(X) = \int_{-\infty}^{\infty} x f(x) dx$$

(3) 실수 상에서 정의된 함수 $u(x)$와 확률변수 X를 합성한 확률변수 $u(X)$의 기댓값이 존재할 때,

$$E(u(X)) = \begin{cases} \sum_{i=1}^{\infty} u(x_i) f(x_i) & (X: \text{이산확률변수}) \\ \int_{-\infty}^{\infty} u(x) f(x) dx & (X: \text{연속확률변수}) \end{cases}$$

정 의 8 (분산과 표준편차)

확률변수 X에 대하여

(1) ① $M(t) := E(e^{tX}) \ (t \in \mathbb{R})$

(X에 대한 **적률생성함수**(moment generating function))

② $E(X^n) = \begin{cases} \sum_{i=1}^{\infty} x_i^n f(x_i) & (X: \text{이산확률변수}) \\ \int_{-\infty}^{\infty} x^n f(x) dx & (X: \text{연속확률변수}) \end{cases}$

(X의 n차 적률(n-th moment))

NOTE

(1) 확률변수 X의 누적분포함수 F에 대하여 X와 $u(X)$의 기댓값이 존재할 때

$$E(X) = \int_{-\infty}^{\infty} x dF(x),$$

$$E(u(X)) = \int_{-\infty}^{\infty} u(x) dF(x)$$이다.

(단, $\int_{-\infty}^{\infty} x dF(x)$와

$\int_{-\infty}^{\infty} u(x) dF(x)$는 리만-스틸체스 적분이다.)

(2) **기댓값**(expectation, expected value) 대신 **평균값** 혹은 **평균**(mean)이라는 용어를 사용하기도 한다.

(3) 이후로 별다른 언급 없이 확률변수 X의 기댓값을 말할 때에는 기댓값이 존재한다고 가정한 것이다.

09년시행기출(정의 8)
이산형 확률변수 X의 적률생성함수(moment generating function)가 다음과 같다.

$$M_X(t) = E[e^{tX}] = \frac{2}{5} + \frac{1}{5}e^{-t} + \frac{2}{5}e^t$$

(t는 실수)

이때 확률변수 $Y = X^2$의 평균과 분산은? [2점]

	①	②	③	④	⑤
평균	$\frac{1}{5}$	$\frac{1}{5}$	$\frac{1}{5}$	$\frac{3}{5}$	$\frac{3}{5}$
분산	$\frac{4}{25}$	$\frac{6}{25}$	$\frac{14}{25}$	$\frac{6}{25}$	$\frac{14}{25}$

3.2 확률변수의 기댓값과 분산

(2) X의 기댓값이 $m = E(X)$일 때
① $Var(X) = E((X-m)^2)$: X의 분산(variance),
② $\sigma(X) = \sqrt{Var(X)}$: X의 표준편차(standard deviation)

정 리 6

(1) ① $E(aX+b) = aE(X) + b$ $(a, b \in \mathbb{R})$
② $u(x) = a_0 + a_1 x + \cdots + a_n x^n$이라 할 때,
$$E(u(X)) = a_0 + a_1 E(X) + \cdots + a_n E(X^n)$$
$$= u(E(X)).$$
(2) ① $Var(X) = E(X^2) - (E(X))^2$
② $Var(aX+b) = a^2 Var(X)$ $(a \in \mathbb{R})$
(3) $\left. \dfrac{d^n}{dt^n} M(t) \right|_{t=0} = E(X^n) (n = 1, 2, \cdots)$

증 명

(2) ① $Var(X) = E((X-m)^2)$
$$= E(X^2 - 2mX + m^2)$$
$$= E(X^2) - 2mE(X) + m^2$$
$$= E(X^2) - m^2.$$
② $Var(aX+b) = E(((aX+b) - (am+b))^2)$
$$((\because) \ E(aX+b) = am+b)$$
$$= E(a^2 (X-m)^2)$$
$$= a^2 E(X-m)^2$$
$$= a^2 Var(X).$$
(3) "X가 이산확률변수인 경우의 증명"
$M(t) = \sum_x e^{tx} f(x)$에 대하여
(i) $M'(0) = \left. \dfrac{d}{dt} M(t) \right|_{t=0} = \left. \sum_x \dfrac{d}{dt} e^{tx} f(x) \right|_{t=0}$
$$= \left. \sum_x (e^x)^t x f(x) \right|_{t=0}$$
$$= \sum_x x f(x) = E(X),$$

NOTE

(1) 분산은 X의 값들이 평균으로부터 흩어져있는 정도의 척도로서 쓰인다. 분산이 클수록 X의 값들이 평균 주변에 모여 있을 확률이 작아지고 분산이 작을수록 평균 주변에 있을 확률이 커진다.
(2) $X = c$(상수) 일 때
① $E(X) = c$
② $Var(X) = 0$

12년시행기출
연속확률변수 X의 확률밀도함수(probability density function) $f(x)$가
$$f(x) = \dfrac{2}{3} x (1 < x < 2)$$
이다. 확률변수 $Y = \dfrac{2}{X}$에 대하여 Y의 기댓값 $E[Y]$의 값은? [2점]
① $\dfrac{1}{3}$ ② $\dfrac{2}{3}$ ③ 1 ④ $\dfrac{4}{3}$ ⑤ $\dfrac{5}{3}$

(ii) $M''(0) = \dfrac{d}{dt}M'(t)\Big|_{t=0} = \sum_x \dfrac{d}{dt}((e^x)^t x f(x))\Big|_{t=0}$

$= \sum_x (e^x)^t x^2 f(x)\Big|_{t=0} = \sum_x x^2 f(x) = E(X^2).$

같은 방법에 의해 $M^{(n)}(0) = E(X^n)$임을 알 수 있다.

08년시행모의평가
두 팀이 줄다리기를 하는데 세 번 먼저 이기는 팀이 우승한다. 각 시합에서 두 팀이 이길 확률은 각각 $\dfrac{1}{2}$이고, 각 시합은 독립적으로 진행된다고 가정한다. 우승팀이 결정될 때까지의 시합 횟수의 기댓값과 가장 가까운 자연수는? [2점]
① 3   ② 4   ③ 5   ④ 6   ⑤ 7

보 기 6
두 개의 동전을 던지는 확률실험에서 앞면이 나온 동전의 수를 X라 할 때 X의 기댓값 $E(X)$와 분산 $Var(X)$을 구하시오.

풀 이
X의 확률질량함수를 구해보면 다음과 같다.
$$f(x) = \begin{cases} P(X=0) = 1/4 & (x=0) \\ P(X=1) = 1/2 & (x=1) \\ P(X=2) = 1/4 & (x=2) \end{cases}.$$

$E(X) = \sum_{x=0}^{2} xf(x) = 0 \times \dfrac{1}{4} + 1 \times \dfrac{1}{2} + 2 \times \dfrac{1}{4} = 1,$

$E(X^2) = 0^2 \times \dfrac{1}{4} + 1^2 \times \dfrac{1}{2} + 2^2 \times \dfrac{1}{4} = \dfrac{3}{2}.$

$\therefore Var(X) = E(X^2) - \{E(X)\}^2 = \dfrac{1}{2}.$

예 제 10
(1) [94년시행기출]
확률변수 X가 [표]에서 나타난 분포를 따를 때, X의 분산을 최대가 되게 하는 x의 값은?

X	0	3	5
P	y	$\dfrac{1}{3}$	x

① $\dfrac{1}{5}$ ② $\dfrac{3}{10}$ ③ $\dfrac{1}{2}$ ④ $\dfrac{2}{3}$

(2) [07년시행기출]
동전 n개를 동시에 던져서 모두 앞면이 나오면 n점을 얻고, 그렇지 않으면 0점을 얻는다고 하자. 이 규칙에 따라 동전 n개를 동시에 던지는 시행에서 얻을 수 있는 점수의 기댓값 E_n을 구하고, E_n이 최대가 되는 n을 모두 구하시오. (단, n은 자연수이다.)
[4점]

(3) [96년시행기출]
확률변수 X의 확률밀도함수 $f(x)$가
$$f(x) = \begin{cases} ke^{-3x} & (x \geq 0) \\ 0 & (x < 0) \end{cases}$$
일 때 k의 값을 결정하고, X의 기댓값 $E(X)$를 구하여라.(5점)

(4) X의 기댓값과 분산이 각각 m과 $\sigma^2(\neq 0)$일 때 확률변수 $Z = \dfrac{X-m}{\sigma}$의 기댓값과 분산은?

풀 이

(4) $E(Z) = E\left(\dfrac{X-m}{\sigma}\right) = \dfrac{1}{\sigma}(E(X) - m) = 0$,

$Var(Z) = Var\left(\dfrac{X-m}{\sigma}\right) = \dfrac{1}{\sigma^2} Var(X) = 1$.

유 제 6

확률변수 X의 확률밀도함수가 다음과 같을 때, X의 기댓값과 분산을 구하시오.

(1) $f(x) = \begin{cases} 2x - 4 & (2 < x < 3) \\ 0 & \text{그 외} \end{cases}$

(2) $f(x) = \begin{cases} \dfrac{1}{4}|x| & (|x| < 2) \\ 0 & \text{그 외} \end{cases}$

(3) $f(x) = \begin{cases} 1 & (1/2 < x < 1) \\ \dfrac{1}{2} & (2 < x < 3) \\ 0 & \text{그 외} \end{cases}$

풀 이

(1) $E(X) = \int_{-\infty}^{\infty} x f(x) dx$

$= \int_{2}^{3} x(2x-4) dx = \int_{2}^{3} (2x^2 - 4x) dx$

$= \left[\frac{2}{3}x^3 - 2x^2 \right]_{2}^{3} = \frac{2}{3}(27-8) - 2(9-4) = \frac{8}{3}$,

$E(X^2) = \int_{-\infty}^{\infty} x^2 f(x) dx = \int_{2}^{3} x^2 (2x-4) dx$

$= \int_{2}^{3} (2x^3 - 4x^2) dx = \left[\frac{1}{2}x^4 - \frac{4}{3}x^3 \right]_{2}^{3}$

$= \frac{1}{2}(81-16) - \frac{4}{3}(27-8) = \frac{43}{6}$.

$\therefore Var(X) = E(X^2) - E(X)^2 = \frac{43}{6} - \left(\frac{8}{3}\right)^2 = \frac{1}{18}$.

(2) $E(X) = \int_{-\infty}^{\infty} x f(x) dx$

$= \int_{-2}^{2} x \cdot \frac{1}{4} |x| dx$

$= \int_{-2}^{0} \frac{1}{4} x(-x) dx + \int_{0}^{2} \frac{1}{4} x^2 dx$

$= \left[-\frac{1}{12}x^3 \right]_{-2}^{0} + \left[\frac{1}{12}x^3 \right]_{0}^{2} = -\frac{8}{12} + \frac{8}{12} = 0$,

$E(X^2) = \int_{-\infty}^{\infty} x^2 f(x) dx = \int_{-2}^{2} x^2 \cdot \frac{1}{4} |x| dx$

$= \int_{-2}^{0} x^2 \cdot \frac{1}{4}(-x) dx + \int_{0}^{2} x^2 \cdot \frac{1}{4} x \, dx$

$= \left[-\frac{1}{16}x^4 \right]_{-2}^{0} + \left[\frac{1}{16}x^4 \right]_{0}^{2}$

$= 2 \cdot \frac{1}{16} \cdot 16 = 2$.

$\therefore Var(X) = E(X^2) - E(X)^2 = 2 - 0^2 = 2$.

3.2 확률변수의 기댓값과 분산　　　　　3. 확률변수와 확률분포　37

(3) $E(X) = \int_{-\infty}^{\infty} x f(x) dx$

$= \int_{\frac{1}{2}}^{1} x \cdot 1 \, dx + \int_{2}^{3} x \cdot \frac{1}{2} dx$

$= \left[\frac{1}{2} x^2\right]_{\frac{1}{2}}^{1} + \left[\frac{1}{4} x^2\right]_{2}^{3} = \frac{3}{8} + \frac{5}{4} = \frac{13}{8}$,

$E(X^2) = \int_{-\infty}^{\infty} x^2 f(x) dx$

$= \int_{\frac{1}{2}}^{1} x^2 \cdot 1 \, dx + \int_{2}^{3} x^2 \cdot \frac{1}{2} dx$

$= \left[\frac{1}{3} x^3\right]_{\frac{1}{2}}^{1} + \left[\frac{1}{6} x^3\right]_{2}^{3} = \frac{1}{3}\left(1 - \frac{1}{8}\right) + \frac{1}{6}(27 - 8) = \frac{83}{24}$.

∴ $Var(X) = E(X^2) - E(X)^2 = \frac{83}{24} - \left(\frac{13}{8}\right)^2 = \frac{157}{192}$.

NOTE

$|a| < 1$에 대하여

(1) $\sum_{n=1}^{\infty} n \cdot a^n = \frac{a}{(1-a)^2}$

(2) $\sum_{n=1}^{\infty} n^2 \cdot a^n = \frac{a+a^2}{(1-a)^3}$

(∵) (1) $S = \sum_{n=1}^{\infty} n \cdot a^n$,

$aS = \sum_{n=1}^{\infty} n \cdot a^{n+1}$ 이므로

$S - aS = a + a^2 + a^3 + \cdots = \frac{a}{1-a}$.

∴ $S = \frac{a}{(1-a)^2}$.

(2) $S' = \sum_{n=1}^{\infty} n^2 \cdot a^n$,

$aS' = \sum_{n=1}^{\infty} n^2 \cdot a^{n+1}$ 이므로

$S' - aS' = \sum_{n=1}^{\infty} (2n-1)a^n$

$= 2\sum_{n=1}^{\infty} n \cdot a^n - \sum_{n=1}^{\infty} a^n$

$= \frac{a+a^2}{(1-a)^2}$.

유 제 7

(1) 확률변수 X의 확률밀도함수가 $f(x) = 3x^2 (0 < x < 1)$일 때, 가로 세로의 길이가 각각 X, $1-X$인 직사각형의 면적의 기댓값을 구하시오.

(2) [92년시행기출] 두 개의 동전을 동시에 6번 던졌다. 두 개 모두 앞면이 나오는 횟수를 X, 적어도 한 개가 뒷면이 나오는 횟수를 Y라 할 때, $(X-Y)^2$의 기댓값은?

① $\frac{27}{2}$　　② $\frac{27}{4}$　　③ $\frac{9}{2}$　　④ $\frac{9}{4}$

풀 이

(1) 면적 $= u(x) = x(1-x)(0 < x < 1)$이고 면적의 기댓값은

$E(u(X)) = \int_{-\infty}^{\infty} x(1-x) f(x) dx = \int_{0}^{1} x(1-x) \cdot 3x^2 dx$

$= \int_{0}^{1} (3x^3 - 3x^4) dx = \left[\frac{3}{4} x^4 - \frac{3}{5} x^5\right]_{0}^{1} = \frac{3}{4} - \frac{3}{5} = \frac{3}{20}$.

3.3. 확률변수의 예

3.3.1. 이산확률변수의 예

정 의 9

표 기	확률질량함수	평균과 분산
(1) 이산균등확률변수 (uniform random variable) $X \sim U(x_1, x_2, \cdots, x_N)$ (X는 $\{x_1, x_2, \cdots, x_N\}$에서 균등분포(uniform distribution)를 따르는 확률변수)	$f(x) = \begin{cases} \dfrac{1}{N} & (x \in \{x_1, x_2, \cdots, x_N\}) \\ 0 & (x \notin \{x_1, x_2, \cdots, x_N\}) \end{cases}$	$E(X) = \dfrac{1}{N}\sum_{i=1}^{N} x_i$ $Var(X) = \dfrac{1}{N}\sum_{i=1}^{N} x_i^2 - \dfrac{1}{N^2}\left(\sum_{i=1}^{N} x_i\right)^2$
(2) 이항확률변수 (binomial random variable) $X \sim B(n, p)$ (X는 모수 (n, p)인 이항분포(binomial distribution)를 따르는 확률변수)	$f(x) = \begin{cases} \binom{n}{x} p^x (1-p)^{n-x} & (x \in \mathbb{Z}_0^+) \\ 0 & (x \notin \mathbb{Z}_0^+) \end{cases}$	$E(X) = np$ (06시행기출) $Var(X) = npq$ (단 $q = 1-p$.)
(3) 포아송확률변수 (Poisson random variable) $X \sim P(m)$ (X는 모수가 m인 포아송분포(Poisson distribution)를 따르는 확률변수)	$f(x) = \begin{cases} e^{-m}\dfrac{m^x}{x!} & (x \in \mathbb{Z}_0^+) \\ 0 & (x \notin \mathbb{Z}_0^+) \end{cases}$	$E(X) = m$ $Var(X) = m$
(4) 기하확률변수 (geometric random variable) $X \sim G(p)$ (X는 모수가 p인 기하분포(geometric distribution)를 따르는 확률변수)	$f(x) = \begin{cases} (1-p)^{x-1} p & (x \in \mathbb{N}) \\ 0 & (x \notin \mathbb{N}) \end{cases}$	$E(X) = \dfrac{1}{p}$ $Var(X) = \dfrac{1}{p^2} - \dfrac{1}{p}$
(5) 초기하확률변수 (hypergeometric random variable) $X \sim H(N, n, M)$ (X는 모수가 (N, n, M)인 초기하분포(hypergeometric distribution)를 따르는 확률변수)	$f(x) = \begin{cases} \dfrac{\binom{M}{x}\binom{N-M}{n-x}}{\binom{N}{n}} & (x \in \mathbb{Z}_0^+) \\ 0 & (x \notin \mathbb{Z}_0^+) \end{cases}$	$E(X) = np = \dfrac{nM}{N}$ (단 $p = \dfrac{M}{N}$.) $Var(X)$ $= npq\left(\dfrac{N-n}{N-1}\right)$ $= \dfrac{nM}{N}\dfrac{N-n}{N-1}\left(1 - \dfrac{M}{N}\right)$ (단 $p = \dfrac{M}{N}$, $q = 1-p$.)

NOTE

(1) 결과가 두 가지로 나타나는 실험을 독립적으로 반복할 때, 각 실험을 **베르누이시행**이라 한다. 베르누이시행에서 성공할 확률을 $p(0<p<1)$, 실패할 확률을 $q=1-p$라 하자. 실험의 결과가 성공이면 1의 값을 실패이면 0의 값을 갖는 확률변수 X의 확률 질량함수는

$$f(0)=q,\ f(1)=p$$

이다. 이와 같은 확률변수 X를 성공할 확률이 p인 **베르누이분포**를 따르는 확률변수라고 한다.

(2) ① 성공할 확률이 $0<p<1$이고 실패할 확률이 $q=1-p$인 실험을 독립적으로 n회 수행하는 경우, 성공한 횟수 X는 모수가 (n,p)인 이항확률변수이다.
② 베르누이확률변수는 모수가 $(1,p)$인 이항확률변수이다.

(3) 성공할 확률이 $0<p<1$인 베르누이시행을 독립적으로 반복하여 성공할 때까지 시행한 횟수 X는 모수가 p인 기하확률변수이다.

(4) M개의 흰 공과 $N-M$개의 검은 공이 들어 있는 항아리에서 n개의 공을 비복원추출했을 때 추출된 흰 공의 수 X는 모수가 (N,n,M)인 초기하확률변수이다.

보 기 7 [06년시행기출]
확률변수 X가 이항분포 $B(n,p)$를 따를 때, X의 평균(기댓값)이 np임을 보이시오. [4점]

12년시행기출

동전 3개를 동시에 던져서 모두 앞면이 나오는 경우를 성공이라고 하자. 동전 3개를 동시에 던지는 시행을 독립적으로 반복할 때, 5번 성공할 때까지의 시행 횟수를 확률변수 X라 하자. 옳은 것만을 <보기>에서 있는 대로 고른 것은? [2점]

< 보 기 >
ㄱ. $P(X \leq 4) = 0$
ㄴ. $\sum_{k=1}^{\infty} P(X = k) = 1$
ㄷ. $P(X = 13) = {}_{12}C_4 \left(\frac{1}{8}\right)^5 \left(\frac{7}{8}\right)^8$

① ㄴ ② ㄱ, ㄴ ③ ㄱ, ㄷ
④ ㄴ, ㄷ ⑤ ㄱ, ㄴ, ㄷ

보 기 8

다음을 이산확률변수 X로 가지는 확률질량함수 $f(x)$를 구하시오.
(1) 정상적인 주사위를 던져 나오는 눈
(2) 정상적인 주사위를 10회 던져 1의 눈이 나오는 횟수
(3) 3번에 한번 꼴로 명중하는 포수가 최초로 명중하는데 걸리는 횟수

풀 이

(1) $f(x) = \begin{cases} \dfrac{1}{6}, & x = 1, 2, 3, 4, 5, 6 \\ 0, & \text{그 외} \end{cases}$

(2) $f(x) = \begin{cases} \binom{10}{x}\left(\dfrac{1}{6}\right)^x \left(\dfrac{5}{6}\right)^{10-x}, & x = 0, 1, \cdots, 10 \\ 0, & \text{그 외} \end{cases}$

(3) $f(x) = \begin{cases} \left(\dfrac{2}{3}\right)^{x-1}\left(\dfrac{1}{3}\right), & x = 1, 2, \cdots \\ 0, & \text{그 외} \end{cases}$

예 제 11

10개 중 3개의 불량품이 있는 제품에서 5개를 비복원추출했을 때, 불량품이 2개일 확률은?

풀 이

불량품의 개수를 X라고 하면 $X \sim H(10, 5, 3)$이다.

따라서 구하는 확률은 $\dfrac{\binom{3}{2} \times \binom{7}{3}}{\binom{10}{5}} = \dfrac{5}{12}$.

93년시행기출

두 선수 A, B가 반복되는 시합을 진행하여, 5번을 먼저 이기는 사람이 우승하고, 우승자에게는 1,600원의 상금을 주도록 하였다. A가 3번, B가 2번 이긴 상태에서 부득이한 사정으로 시합을 중단하였다. 상금 1,600원을 어떻게 배분하여 갖는 것이 타당한가? (단, 각 시합에서 이길 확률은 서로 같고, 비기는 경우는 없다.)
① A : 920원, B : 680원
② A : 960원, B : 640원
③ A : 1,100원, B : 500원
④ A : 1,200원, B : 400원

예 제 12

다음 확률변수 X는 어떤 분포를 따르는지 말하고 X의 확률질량함수 f를 구하시오.
(1) 정상적인 동전을 4회 던졌을 때의 앞면의 수
(2) 명중률이 $\dfrac{1}{2}$인 사격선수가 사격을 할 때 최초로 명중하기 위한 시행 회수

(3) 검은 공이 5개, 흰 공이 4개 들어있는 주머니에서 3개의 공을 비복원추출할 때 검은 공의 개수

풀 이

(1) $X \sim B\left(4, \dfrac{1}{2}\right)$이므로 확률질량함수는

$$f(x) = \binom{4}{x}\left(\dfrac{1}{2}\right)^x \left(1 - \dfrac{1}{2}\right)^{4-x} \quad (x = 0,\ 1,\ 2,\ 3,\ 4).$$

(2) $X \sim G\left(\dfrac{1}{2}\right)$이므로 확률질량함수는

$$f(x) = \left(1 - \dfrac{1}{2}\right)^{x-1}\left(\dfrac{1}{2}\right) (x = 1,\ 2,\ \cdots\ ).$$

(3) $X \sim H(9, 3, 5)$이므로 확률질량함수는

$$f(x) = \dfrac{\binom{5}{x}\binom{4}{3-x}}{\binom{9}{3}} \quad (x = 0,\ 1,\ 2,\ 3).$$

18년시행기출

두 개의 부품 ㉮와 ㉯로 구성된 시스템이 있다. 이 시스템의 수명은 작동을 시작한 후 두 부품 중 하나가 고장 날 때까지 걸리는 시간이다. 부품 ㉮가 고장 날 때까지 걸린 시간 X와 부품 ㉯가 고장 날 때까지 걸린 시간 Y는 서로 독립이고, 두 확률변수 X, Y의 확률밀도함수는 각각

$$f_X(x) = \dfrac{1}{5} e^{-\frac{x}{5}} \quad (x > 0),$$

$$f_Y(y) = \dfrac{1}{10} e^{-\frac{y}{10}} \quad (y > 0)$$

이다. 이 시스템의 수명 Z에 대하여 확률 $P(Z > 10)$을 구하시오. [2점]

정 리 7 (이항분포의 포아송근사)

m은 양의 상수이고

$$X_n \sim B(n, p_n)(n \in \mathbb{N})$$

일 때 각 $x = 0, 1, 2, \cdots$에 대하여

$$P(X_n = x) = \binom{n}{x}\left(\dfrac{m}{n}\right)^x \left(1 - \dfrac{m}{n}\right)^{n-x} \to e^{-m}\dfrac{m^x}{x!} (n \to \infty).$$

※ 다음 표는 이항분포와 포아송분포의 확률질량함수의 값을 비교한 것이다.

x	$B(20, 0.05)$	$B(50, 0.02)$	$B(100, 0.01)$	$P(1)$
0	0.3584	0.3642	0.3660	0.3679
1	0.3774	0.3716	0.3697	0.3679
2	0.1887	0.1858	0.1849	0.1839
3	0.0596	0.0607	0.0610	0.0613
4	0.0133	0.0145	0.0149	0.0153

NOTE

성공할 확률 p가 매우 작은 베르누이 시행을 아주 많이 행하였을 때 성공한 횟수의 분포는 근사적으로 모수가 $m = np$인 포아송분포가 된다는 것을 보여준다. 이러한 이유로 인하여 어떤 책의 한 쪽 또는 여러 쪽에 있는 오타의 수, 어느 지역에서 거주하는 100세 이상인 사람의 수, 어느 하루 동안 잘못 걸린 전화의 수, 고속도로의 특정 구간에서 발생한 교통사고의 수와 같이 일어날 가능성은 매우 희박하지만 많은 시행을 하는 모형에 포아송분포가 유용하게 쓰인다.

예제 13

다음을 포아송분포를 이용하여 구하시오.

(1) 오전 10시에서 11시 사이에 어느 회사의 교환대에 걸려오는 전화의 수가 매 분간 평균 3회 일 때 임의의 1분간 걸려오는 전화의 수가 2회 이하일 확률을 구하시오.

(2) 신생아 출산에 있어서 세쌍둥이가 태어날 확률은 0.0001이다. 신생아 10000명을 조사할 때 세 쌍둥이가 두 쌍 이상이 태어날 확률을 구하시오.

풀 이

(1) 확률변수 X를 매 분간 교환대에 걸려오는 전화의 수라 할 때, X는 $m=3$인 포아송 분포를 따르고, 확률밀도함수는 $f(x) = e^{-3}\dfrac{3^x}{x!}$가 된다. 따라서 임의의 1분간 걸려오는 전화의 수가 2회 이하일 확률은

$$P(X \leq 2) = f(0) + f(1) + f(2)$$
$$= e^{-3}\left(\frac{3^0}{0!} + \frac{3^1}{1!} + \frac{3^2}{2!}\right) = e^{-3}\left(1 + 3 + \frac{9}{2}\right)$$
$$= e^{-3} \times \frac{17}{2} (\fallingdotseq 0.38).$$

(2) X : 세 쌍둥이가 태어나는 사건이라 할 때

$$X \sim B\left(10000, \frac{1}{10000}\right) \fallingdotseq P(1)$$

따라서 구하는 확률은

$$P(X \geq 2) = 1 - (P(X=0) + (P(X=1))$$
$$= 1 - \left(\frac{e^{-1} \cdot 1^0}{0!} + \frac{e^{-1} \cdot 1^1}{1!}\right)$$
$$= 1 - e^{-1}(1+1) = 1 - \frac{2}{e}.$$

유제 8

어떤 공장에서 생산된 물품의 2%가 불량품이라 하면 100개의 물품 중 3개가 불량품일 확률을 포아송분포에 근사하여 구하시오. (단 $e^{-2} \approx 0.06$)

풀 이

확률변수 X를 불량품의 수라 하면
$$X \sim B(100, 0.02)$$
가 되어 근사적으로 $X \sim P(2)$ (평균이 2인 포아송분포)이다. 그러므로 구하는 확률은 $P(X=3) = \dfrac{e^{-2} \cdot 2^3}{3!} \approx \dfrac{8}{6} \times 0.06 = 0.08$.

정 리 8 (기하분포의 무기억성)

이산확률변수 X에 대하여
$\quad X \sim G(p) \, (\exists p \in [0, 1])$
$\Leftrightarrow P(X = n+k \mid X > n) = P(X = k) \, (k = 1, 2, \cdots) \cdots \star$
(단 $p = P(X = 1)$)

NOTE

★식은 n번째까지 성공하지 못했다는 가정하에 $n+k$번째에서 처음으로 성공할 확률은 처음부터 시작하여 k번째에 처음 성공할 확률과 같다는 것을 의미한다. 이는 과거의 이력이 앞으로의 결과에 영향을 미치지 않는다는 것을 의미한다.

증 명

$(1) \Rightarrow (2)$ $q = 1 - p$로 두자.

$$P(X > n) = \sum_{x=n+1}^{\infty} pq^{x-1} = \frac{pq^n}{1-q} = q^n \text{ 이므로}$$

$$P(X = n+x \mid X > n) = \frac{P(X = n+x, X > n)}{P(X > n)} = \frac{P(X = n+x)}{P(X > n)}$$
$$= \frac{pq^{n+x-1}}{q^n} = P(X = x)$$

$(2) \Rightarrow (1)$ 먼저 ★식은
$$P(X > n+x) = P(X > n)(X > x)$$
와 동치임을 보이자. $P(X = n+x \mid X > n) = P(X = x)$이면
$$\frac{P(X > n+x)}{P(X > n)} = P(X > n+x \mid X > n)$$
$$= \sum_{i=1}^{\infty} P(X = n+x+i \mid X > n)$$
$$= \sum_{i=1}^{\infty} P(X = x+i)$$
$$= P(X > x).$$

역으로 $P(X > n+x) = P(X > n)(X > x)$이면
$P(X = n+x) = P(X > n+x-1) - P(X > n+x)$
$\quad = P(X > n)P(X > x-1) - P(X > n)P(X > x)$
$\quad = P(X > n)(P(X > x-1) - P(X > n))$
$\quad = P(X > n)P(X = x).$

95년시행기출

확률변수 X의 확률질량함수(p.m.f)가
$$f(x) = \begin{cases} \left(\dfrac{1}{2}\right)^x & (x = 1, 2, 3, \cdots) \\ 0 & \text{이외의 경우} \end{cases}$$
으로 정의될 때, X의 분산은?
① 2 　② 4 　③ 6 　④ 8

그러므로 양변을 $P(X>n)$으로 나누면 다음을 얻는다.
$$P(X=n+x\,|\,X>n)=\frac{P(X=n+x)}{P(X>n)}=P(X=x).$$
기호의 편의를 위해 $q=1-p=P(X>1)$로 두자.
$$P(X>2)=P(X>1+1)=P(X>1)P(X>1)=q^2$$
이고 수학적 귀납법에 의하여
$$P(X>n)=P(X>1+1+\cdots+1)=(P(X>1))^n=q^n\,(n\in\mathbb{N})$$
$$\therefore\ P(X=x)=P(X>x-1)-P(X>x)=q^{x-1}-q^x=pq^{x-1}$$

정 리 9 (초기하분포의 이항근사)

$X\sim H(N,n,M)$에 대하여 $p=\dfrac{M}{N}$을 고정시킨 상태에서 $N\to\infty$ 이면
$$P(X=x)\ \to\ \binom{n}{x}p^x(1-p)^{n-x}.$$

증 명

$P(X=x)$
$$=\frac{\binom{M}{x}\binom{N-M}{n-x}}{\binom{N}{n}}$$
$$=\frac{M!}{(M-x)!\,x!}\frac{(N-M)!}{(N-M-n+x)!\,(n-x)!}\frac{(N-n)!\,n!}{N!}$$
$$=\binom{n}{x}\frac{M}{N}\frac{M-1}{N-1}\cdots\frac{M-x+1}{N-x+1}\frac{N-M}{N-x}\frac{N-M-1}{N-x-1}\cdots\frac{N-M-(n-x-1)}{N-x-(n-x-1)}.$$

위 식의 마지막 항은 $N\to\infty$일 때 $\binom{n}{x}p^x(1-p)^{n-x}$에 수렴한다.

보 기 9

(1) 10개의 제품 중 불량품이 4개 정상적인 제품이 6개라고 한다. 이 중 4개의 제품을 비복원추출했을 때 불량품이 3개 나올 확률을 구하시오.
(2) 100만 개의 제품 중 불량품이 40만 개, 정상적인 제품이 60만 개라고 한다. 이 중 4개의 제품을 비복원추출했을 때 불량품이 3개 나올 확률을 이항분포에 근사하여 구하시오.

풀 이

(1) 4개의 제품을 비복원추출을 했을 때 불량품의 개수를 X라 하면 $X \sim H(10, 4, 4)$이다.

$$\therefore P(X=3) = \frac{\binom{6}{1} \times \binom{4}{3}}{\binom{10}{4}} = \frac{4}{5}.$$

(2) 10개의 제품을 비복원추출을 했을 때 불량품의 개수를 X라 하면

$$X \sim H(100만, 4, 40만) \fallingdotseq B(10, 0.4).$$

$$\therefore P(X=3) = \frac{\binom{60만}{1} \times \binom{40만}{3}}{\binom{100만}{4}} \approx \binom{4}{3}(0.4)^3(1-0.4)^1 = 0.1536.$$

3.3.2. 연속확률변수의 예

정 의 10

표 기		확률밀도함수	평균과 분산
(1) 연속균등 확률변수 (uniform random variable)	$X \sim U(a, b)$ (X는 (a, b)에서 균등분포(uniform distribution)를 따르는 확률변수)	$f(x) = \begin{cases} \dfrac{1}{b-a} & (a < x < b) \\ 0 & (\text{그 외}) \end{cases}$	$E(X) = \dfrac{a+b}{2}$ $Var(X) = \dfrac{(b-a)^2}{12}$
(2) 정규확률변수 (normal random variable)	$X \sim N(m, \sigma^2)$ (X는 모수가 (m, σ^2)인 정규분포(normal distribution)를 따르는 확률변수)	$f(x) = \dfrac{1}{\sqrt{2\pi}\,\sigma} e^{-\frac{(x-m)^2}{2\sigma^2}}$ (단 $-\infty < m < \infty$, $\sigma > 0$)	$E(X) = m$ $Var(X) = \sigma^2$
(3) 지수확률변수 (exponential random variable)	$X \sim E(\lambda)$ (X는 모수가 λ인 지수분포(exponential distribution)를 따르는 확률변수)	$f(x) = \begin{cases} \lambda e^{-\lambda x} & (x \geq 0) \\ 0 & (\text{그 외}) \end{cases}$	$E(X) = \dfrac{1}{\lambda}$ $Var(X) = \dfrac{1}{\lambda^2}$

> **보 기 10** (04년시행기출)
> 확률변수 X가 구간 $[1, 5]$에서 균등분포(uniform distribution)를 이룰 때, X의 확률밀도함수, 평균, 분산을 각각 구하시오. [3점]

NOTE

$X \sim N(m, \sigma^2)$일 때 다음을 알 수 있다.

$$Z = \frac{X-m}{\sigma} \sim N(0, 1)$$

이와 같이 모수가 $(0, 1)$인 정규분포를 표준정규분포라 한다.
표준정규분포(standard normal distribution)를 따르는 확률변수의 확률밀도함수 $f(x)$와 누적분포함수 $F(x)$에 대하여, $f(x)$는 y축에 대하여 대칭이고, $F(x)$의 값은 표준정규분포표를 이용하여 구한다.

정 리 10

(1) $X \sim N(m, \sigma^2)$일 때 $Y = aX + b \sim N(am+b, a^2\sigma^2)$ (단 $a \neq 0$)
(2) $X \sim N(0, 1)$일 때 $P(x \leq X) = P(X \leq -x)$ ($\forall x \in \mathbb{R}$)

증 명

(1) (i) $a > 0$인 경우

$F_Y(y) = P(aX + b \leq y) = P\left(X \leq \dfrac{y-b}{a}\right) = F_X\left(\dfrac{y-b}{a}\right)$ 이므로

$f_Y(y) = \dfrac{d}{dy} F_Y(y)$

$\quad\quad = \dfrac{1}{a} f_X\left(\dfrac{y-b}{a}\right)$

$$= \frac{1}{\sqrt{2\pi}\, a\sigma} \exp\left(-\frac{(y-(am+b))^2}{2a^2\sigma^2}\right)$$

$\therefore Y \sim N(am+b,\ a^2\sigma^2)$.

(ii) $a < 0$인 경우도 같은 방법으로 증명할 수 있다.

(2) $P(X \leq -x) = F(-x) = \displaystyle\int_{-\infty}^{-x} \frac{1}{\sqrt{2\pi}} e^{-y^2/2} dy$

$\qquad = \dfrac{1}{\sqrt{2\pi}} \displaystyle\int_x^\infty e^{-t^2/2} dt = 1 - F(x) = P(x \leq X)$.

> **19년시행기출**
> 확률변수 X가 구간 $(0, 3)$에서 균등분포(uniform distribution)를 따른다. 확률변수 Y를 $Y = 2\ln\left(\dfrac{3}{3-X}\right)$이라 할 때, Y의 누적분포함수(cumulative distribution function) $F_Y(y) = P(Y \leq y)$를 풀이 과정과 함께 쓰시오. 또한 Y의 확률밀도함수와 $P(|Y-2| > 2)$의 값을 각각 구하시오.

보 기 11

(1) KTX열차가 오전10시에서 오전12시 사이에 도착한다고 할 때 이 열차가 실제로 도착하는 시간 X는 어떤 분포를 따르는지 말하고 X의 확률밀도함수 f를 구하시오. (단 KTX열차의 도착시간에 대한 더 이상의 정보는 없다.)
(2) 택시가 손님을 기다리는 시간은 평균이 3인 지수분포를 따른다고 한다. 다음의 물음에 답하시오.
① 택시가 손님을 5분 이상 기다릴 확률을 구하시오.
② 택시가 이미 10분동안 손님을 기다리고 있다면 앞으로 5분이상 기다릴 확률을 구하시오.

풀 이

(1) $X \sim U(10, 12)$. 확률밀도함수는

$$f(x) = \begin{cases} \dfrac{1}{12-10}, & 0 \leq x \leq 2 \\ 0, & \text{그 외} \end{cases}.$$

(2) 택시가 손님을 기다리는 시간을 X라 하면 $X \sim E\left(\dfrac{1}{3}\right)$이다.

① $P(X \geq 5) = \displaystyle\int_5^\infty \dfrac{1}{3} e^{-\frac{1}{3}x} dx = \lim_{b \to \infty} \left[-e^{-\frac{1}{3}x}\right]_5^b = e^{-\frac{5}{3}}$.

② $P(X > 5+10 \mid X > 10) = \dfrac{P(X > 5+10)}{P(X > 10)}$

$\qquad = \dfrac{\displaystyle\int_{15}^\infty \frac{1}{3} e^{-\frac{1}{3}x} dx}{\displaystyle\int_{10}^\infty e^{-\frac{1}{3}x} dx} = e^{-\frac{5}{3}}$.

NOTE (이항분포의 두 가지 근사)
(1) ① 이항분포의 포아송분포로의 근사
: n이 충분히 크고 p가 작아서 np가 일정할 때 적합하다.
② 이항분포의 정규분포로의 근사
$np(1-p)$가 클 때 적합하다.
(2) 다음의 표는 $X \sim B(15, 0.2)$일 때, $P(X=x)$에 대한 정규근사와 포아송분포 $P(3)$의 값을 비교한 것이다.

x	$B(15, 0.2)$	$N(3, 0.6)$	$P(3)$
0	0.0352	0.0422	0.0498
1	0.1319	0.1137	0.1494
2	0.2309	0.2060	0.2240
3	0.2501	0.2510	0.2240
4	0.1876	0.2060	0.1680
5	0.1032	0.1137	0.1008
6	0.0430	0.0422	0.0504

NOTE
★식은 t 시간 동안 작동한 부품의 앞으로의 남은 수명은 원래 부품의 수명과 같은 분포라는 것을 의미한다. 이러한 이유로 **지수확률변수의 무기억성** 또는 **지수확률변수는 기억하지 못하는 성질**이 있다고 말한다.

정 리 11

(1) ① 이항분포의 정규근사
$X_n \sim B(n, p)(n=1, 2, \cdots)$일 때 확률변수 $Z \sim N(0, 1)$에 대하여 다음이 성립한다. (단 a, b : 실수, $a < b$)
$$\lim_{n \to \infty} P\left(a \leq \frac{X_n - np}{\sqrt{np(1-p)}} \leq b\right) = P(a \leq Z \leq b).$$
(즉 $X_n \sim B(n, p)$일 때 충분히 큰 n에 대하여 $X_n \doteqdot N(np, np(1-p))$이다.)
② 연속성 보정
$X \sim B(n, p)$라 할 때 X를 정규근사하여 다음과 같은 **연속성보정**(continuity correction)(혹은 연속성수정)을 할 수 있다.
$P(a \leq X \leq b) = P(a - 0.5 < X < b + 0.5)$
$$= P\left(\frac{a-0.5-np}{\sqrt{np(1-p)}} < \frac{X-np}{\sqrt{np(1-p)}} < \frac{b+0.5-np}{\sqrt{np(1-p)}}\right)$$
$$\doteqdot P\left(\frac{a-0.5-np}{\sqrt{np(1-p)}} < Z < \frac{b+0.5-np}{\sqrt{np(1-p)}}\right).$$
(단 a, b : 정수, $a \leq b$)
(2) 지수분포의 무기억성(memoryless property)
연속확률변수 X에 대하여
  $\exists \lambda \in \mathbb{R}$ s.t. $X \sim E(\lambda)$
  $\Leftrightarrow P(X > s+t \mid X > t) = P(X > s)$ $(s, t \geq 0)$ $\cdots$ ★

증 명

(2) ($\Rightarrow$) $P(X > s+t \mid X > t) = \dfrac{P(X > s+t, X > t)}{P(X > t)}$
$= \dfrac{P(X > s+t)}{P(X > t)} = \dfrac{e^{-\lambda(s+t)}}{e^{-\lambda t}} = e^{-\lambda s} = P(X > s)$

($\Leftarrow$) $P(X>s+t|X>t)=\dfrac{P(X>s+t, X>t)}{P(X>t)}=\dfrac{P(X>s+t)}{P(X>t)}$

이므로 ★식은 다음과 동치이다.
$$P(X>s+t)=P(X>s)P(X>t)\,(s,\,t\geq 0) \cdots \text{㉠}$$

X의 누적분포함수 F에 대하여, $G(t)=1-F(t)=P(X>t)$라 정의하자. 그러면 명백하게 $0\leq G(t) \leq 1$이고 F가 연속이므로 G도 연속이다. 또한 ㉠에 의하여
$$G(s+t)=G(s)G(t)$$
를 만족한다. 이제 적당한 $\lambda>0$에 대하여 $G(t)=e^{-\lambda t}$을 보이면 충분하다.

$G(1)=G\left(\dfrac{n}{n}\right)=G\left(\dfrac{1}{n}+\dfrac{1}{n}+\cdots+\dfrac{1}{n}\right)=\left(G\left(\dfrac{1}{n}\right)\right)^n$ 이므로
$$G\left(\dfrac{1}{n}\right)=(G(1))^{1/n}$$

따라서 유리수 $\dfrac{m}{n}$(단 $(m,n)=1$)에 대하여
$$G\left(\dfrac{m}{n}\right)=\left(G\left(\dfrac{1}{n}\right)\right)^m=(G(1))^{\frac{m}{n}}$$

각 실수 t에 대하여 $\lim\limits_{n\to\infty}t_n=t$가 되는 유리수열 $\{t_n\}$이 존재한다. G가 연속이므로 다음을 얻는다.
$$G(t)=\lim_{n\to\infty}G(t_n)=\lim_{n\to\infty}(G(1))^{t_n}=(G(1))^t$$

또한 $\lim\limits_{n\to\infty}(G(1))^n=\lim\limits_{n\to\infty}P(X>n)=0$이므로 $G(1)<1$이다.

따라서 $\lambda=-\log G(1)(>0)$라고 하면 $G(t)=e^{-\lambda t}$.

예 제 14

(1) 어느 지점에 두 대의 공중전화가 설치되어 있다고 하자. A가 전화를 걸기 위하여 그 지점에 도착했을 때, B는 통화를 시작한지 10분이 지났다고 한다. 만약 두 사람의 통화시간이 모두 평균이 3(분)인 지수분포를 따른다고 할 때 A가 먼저 통화를 마칠 확률을 구하시오.

(2) 일반적으로 전화 한 통화의 통화시간은 평균이 3(분)인 지수분포를 따른다고 한다.

① 어떤 사람이 10분 이상 전화통화를 할 확률을 구하시오.

② 어떤 사람이 20분 동안 전화통화를 하고 있었을 때 앞으로 10분 이상 더 통화할 확률을 구하시오.

풀 이
(1) A가 통화를 시작했을 때, B가 통화를 마치는데 필요한 시간은 지수분포의 무기억성에 의해 평균이 3(분)인 지수분포를 따른다. 즉 A가 필요한 시간과 같은 분포를 따른다. 따라서 A가 먼저 통화를 마칠 확률은 1/2이다.

(2) ① 어떤 사람이 통화하는 시간을 X라 하면 $X \sim E\left(\dfrac{1}{3}\right)$이다.

$$\therefore P(10 \leq X) = \int_{10}^{\infty} \dfrac{1}{3} e^{-\frac{1}{3}x} dx = e^{-\frac{10}{3}}.$$

② 지수분포의 무기억성에 의해

$$P(X > 10 + 20 \mid X > 20) = P(X > 10) = e^{-\frac{10}{3}}.$$

예 제 15

(1) 00년시행기출
400명이 모집 정원인 공무원 임용 시험에 5,000명이 응시하였다. 응시자 전체의 성적분포는 100점 만점에 평균이 55점, 표준편차가 8점인 정규분포를 이루었다. 이 시험에서 모집정원의 120%를 1차 합격자로 선발하고자 할 때, 1차 합격자의 최저 점수를 구하시오.(4점)　　(단, $P(0 \leq Z \leq 1.3) = 0.4040$)

(2) 05년시행기출
정육면체 모양의 주사위가 있다. 이 주사위의 두 면에는 3, 나머지 네 면에는 1, 2, 4, 5 가 각각 하나씩 적혀 있다. 이 주사위를 288번 던질 때, 짝수 눈이 나오는 횟수를 확률변수 X라 하면, X는 이항분포 $B(n, p)$를 따른다. 이때, X의 평균 $E(X)$와 분산 $Var(X)$를 구하고, 짝수 눈이 88번 이상 112번 이하로 나올 확률 $P(88 \leq X \leq 112)$를 정규근사시켜 구하시오.
(단, $P(88 \leq X \leq 112)$를 구하는 과정에서 연속성 수정(continuity correction)은 하지 않는다. 그리고 Z가 표준정규확률변수일 때,
$P(0 \leq Z \leq 1) = 0.3413$, $P(0 \leq Z \leq 2) = 0.4772$이다.)

유 제 9

(1) 다음의 확률을 정규분포로 근사하여 구하되 연속성 보정을 행하시오.

① 1000명의 신생아 중에서 아들의 수가 490명에서 510명까지 있을 확률
(단 아들이 태어날 확률은 0.5이고 $2.1/\sqrt{10} ≒ 0.66$이다.)

② 정상적인 주사위를 독립적으로 720번 던질 때 6의 눈이 110회 이상 130회 이하로 나올 확률

(2) 어느 방송국의 연속극 시청률이 20%라 한다. 100명의 시청자를 임의로 뽑아 이 연속극의 시청여부를 질문하였다. 다음의 확률을 정규확률분포로 근사하여 구하시오.
(단, $P(0 \leq Z \leq 1.125) = 0.3697$)

① 시청자가 15명 이하일 확률
② 시청자가 25명 이상일 확률
(단, 연속성보정을 한 값을 구한다.)

(3) 자동차 열쇠를 분실하지 않고 사용하는 기간은 평균이 2(년)인 지수분포를 따른다고 한다. 어떤 사람이 3년째 자동차 열쇠를 분실하지 않고 사용하고 있을 때 앞으로 2년 이상 분실하지 않고 더 사용할 확률은?

풀 이

(1) ① 신생아 중 아들의 수를 확률변수 X라 하면
$$X \sim B(1000,\ 0.5) ≒ N(500,\ 250)$$
이므로
$$P(490 \leq X \leq 510) = P(489.5 < X < 510.5)$$
$$= P\left(\frac{489.5-500}{\sqrt{250}} < \frac{X-500}{\sqrt{250}} < \frac{510.5-500}{\sqrt{250}}\right)$$
$$≒ P\left(-\frac{2.1}{\sqrt{10}} < Z < \frac{2.1}{\sqrt{10}}\right)$$
$$= 2P\left(0 < Z < \frac{2.1}{\sqrt{10}}\right)$$
$$= 2P(0 \leq Z \leq 0.66)$$
$$= 2 \cdot 0.2454 = 0.4908.$$

② 주사위를 던질 때 6의 눈이 나오는 수를 X라고 하면
$$X \sim B\left(720, \frac{1}{6}\right) \fallingdotseq N(120, 10^2)$$
이므로
$$\begin{aligned}P(110 \leq X \leq 130) &= P(109.5 < X < 130.5)\\ &= P\left(\frac{109.5-120}{10} < \frac{X-120}{10} < \frac{130.5-120}{10}\right)\\ &\fallingdotseq P\left(-\frac{10.5}{10} < Z < \frac{10.5}{10}\right)\\ &= 2P\left(0 < Z < \frac{10.5}{10}\right)\\ &= 2 \cdot 0.3531 = 0.7062.\end{aligned}$$

(2) 연속극을 시청하는 사람의 수를 X라고 하면
$$X \sim B(100, 0.2) \fallingdotseq N(20, 4^2).$$

① $\begin{aligned}P(X \leq 15) &= P(X < 15.5)\\ &= P\left(\frac{X-20}{4} < \frac{15.5-20}{4} = -1.125\right)\\ &\fallingdotseq P(Z < -1.125)\\ &= 0.5 - P(0 \leq Z \leq 1.125)\\ &= 0.1303.\end{aligned}$

② $\begin{aligned}P(X \geq 25) &= P(X > 24.5)\\ &= P\left(\frac{X-20}{4} > \frac{24.5-20}{4} = 1.125\right)\\ &\fallingdotseq P(Z > 1.125)\\ &= 0.5 - P(0 \leq Z \leq 1.125)\\ &= 0.1303.\end{aligned}$

(3) X를 자동차열쇠를 분실하지 않고 사용하는 기간이라 할 때 $X \sim E\left(\frac{1}{2}\right)$이다. 지수분포의 무기억성에 의해

$$\begin{aligned}P(X > 2+3 \mid X > 3) &= P(X > 2) = \int_2^\infty \frac{1}{2} e^{-\frac{1}{2}x} dx\\ &= \lim_{a \to \infty} \int_2^a \frac{1}{2} e^{-\frac{1}{2}x} dx\\ &= \lim_{a \to \infty} \left(\left[-e^{-\frac{1}{2}x}\right]_2^a\right) = \frac{1}{e}.\end{aligned}$$

4. 결합확률분포

4.1. 결합확률분포

정 의 11

확률공간 $(S, \mathcal{F}, P)$ 상의 확률변수 X와 Y에 대하여
$$F: \mathbb{R}^2 \to \mathbb{R}, \quad F(x, y) = P(X \leq x, Y \leq y)$$
를 X와 Y의 **결합누적분포함수**(joint distribution function) 혹은 **결합분포함수**라 한다.

정 리 12

확률공간 $(S, \mathcal{F}, P)$ 상의 확률변수 X와 Y의 결합누적분포함수 $F(x, y)$에 대하여

(1) $a < b$, $c < d$일 때

① $F(a, c) \leq F(b, d)$

② $P(a < X \leq b, c < Y \leq d)(\geq 0)$
$= F(b, d) - F(b, c) - F(a, d) + F(a, c)$

(2) ① $\lim\limits_{\substack{x \to \infty \\ y \to \infty}} F(x, y) = 1$

② $\lim\limits_{x \to -\infty} F(x, y) = \lim\limits_{y \to -\infty} F(x, y) = 0$

(3) $a, b \in \mathbb{R}$일 때
$$\lim_{x \to a+} F(x, b) = F(a, b) = \lim_{y \to b+} F(a, y)$$
(즉 각 $a, b \in \mathbb{R}$에 대하여 $F(x, b)$와 $F(a, y)$는 우연속이다.)

NOTE

$(S, \mathcal{F}, P)$ 상의 임의의 확률변수 $X_1, \cdots, X_n$에 대하여
$F: \mathbb{R}^n \to \mathbb{R}$,
$F(x_1, \cdots, x_n)$
$= P(X_1 \leq x_1, \cdots, X_n \leq x_n)$
를 $X_1, \cdots, X_n$의 **결합누적분포함수**라 한다. 이러한 F를 이용하여 $X_1, \cdots, X_n$의 결합확률질량함수, 결합확률밀도함수, 주변누적분포함수, 주변확률질량함수, 주변확률밀도함수를 자연스럽게 정의할 수 있다.

NOTE

$\mathbb{R}^2$에서 정의된 함수 $F(x, y)$가 (1)~(4) 조건을 만족하면 $F(x, y)$를 결합누적분포함수로 갖는 확률변수의 쌍 (X, Y)가 존재한다. 앞으로는 확률변수에 대한 언급이 없어도 $F(x, y)$가 (1)~(4)조건을 만족하면 $F(x, y)$를 **결합누적분포함수**라고 부른다.

NOTE

만약 X와 Y가 결합연속이면 X와 Y는 각각 연속확률변수이지만, 일반적으로 그 역은 성립하지 않는다. 즉 X와 Y가 각각 확률밀도함수를 갖는다 하여도 X와 Y가 결합연속이 아닐 수도 있다.

정 의 12

(1) 이산확률변수

X와 Y가 이산확률변수이고 치역이 각각
$$S_X = \{x_1, x_2, \cdots\},\ S_Y = \{y_1, y_2, \cdots\}$$
일 때
$$f : \mathbb{R}^2 \to \mathbb{R},$$
$$f(x, y) = \begin{cases} P(X=x_i,\ Y=y_j) & (x, y) = (x_i, y_j)(i, j = 1, 2, \cdots) \\ 0 & \text{그 외} \end{cases}$$
를 X와 Y의 **결합확률질량함수**(joint probability mass function)라 한다.

(2) 연속확률변수

확률변수 X와 Y의 결합누적분포함수 $F(x, y)$가

(i) $f(x, y) \geq 0\ ((x, y) \in \mathbb{R}^2)$

(ii) $\displaystyle\int_{-\infty}^{\infty} \int_{-\infty}^{\infty} f(x, y) dy\, dx = 1$

을 만족하는 함수 $f(x, y)$에 의하여
$$F(x, y) = P(X \leq x,\ Y \leq y) = \int_{-\infty}^{x} \int_{-\infty}^{y} f(u, v) dv du$$
와 같이 표현될 때 X와 Y는 **결합연속**(jointly continuous)이라 하고 $f(x, y)$를 X와 Y의 **결합확률밀도함수**(joint probability density function)라 한다.

정 의 13

	$X,\ Y$: 이산	$X,\ Y$: 결합연속
$F_X(x)$ (혹은 $F_1(x)$)	$F_X(x) = P(X \leq x) = \lim_{y \to \infty} F(x,y)$ X의 주변누적분포함수(marginal distribution function)	
$F_Y(y)$ (혹은 $F_2(y)$)	$F_Y(y) = P(Y \leq y) = \lim_{x \to \infty} F(x,y)$ Y의 주변누적분포함수(marginal distribution function)	
$f_X(x)$ (혹은 $f_1(x)$)	$f_X(x) = \sum_{y \in Y(S)} f(x,y)$ X의 주변확률질량함수 (marginal probability mass function)	$f_X(x) = \int_{-\infty}^{\infty} f(x,y) dy$ X의 주변확률밀도함수 (marginal probability density function)
$f_Y(y)$ (혹은 $f_2(y)$)	$f_Y(y) = \sum_{x \in X(S)} f(x,y)$ Y의 주변확률질량함수 (marginal probability mass function)	$f_Y(y) = \int_{-\infty}^{\infty} f(x,y) dx$ Y의 주변확률밀도함수 (marginal probability density function)

정 리 13

X와 Y가 결합확률밀도함수 $f(x,y)$를 가질 때

(1) $f(x,y) = \dfrac{\partial^2}{\partial x \partial y} F(x,y)$

(2) ① $f_X(x) = \dfrac{\partial}{\partial x} F_X(x)$ ② $f_Y(y) = \dfrac{\partial}{\partial y} F_Y(y)$

보 기 12

다음은 이산확률변수 X와 Y의 결합확률질량함수 $f(x,y)$와 주변확률질량함수 $f_X(x)$, $f_Y(y)$에 관한 표이다.

x \ y	0	1	2	$f_X(x)$
0	1/6	1/6		1/2
1	1/12			
$f_Y(y)$		1/2		1

(1) 주어진 표의 빈 칸을 채우시오.
(2) ① 주변누적분포함수 $F_X(x)$에 관한 다음 표의 빈 칸을 채우시오.

x	0	1
$F_X(x)$		

② 주변누적분포함수 $F_Y(y)$에 관한 다음 표의 빈 칸을 채우시오.

y	0	1	2
$F_Y(y)$			

풀 이

(1)

x \ y	0	1	2	$f_X(x)$
0	1/6	1/6	1/6	1/2
1	1/12	1/3	1/12	1/2
$f_Y(y)$	1/4	1/2	1/4	1

(2) ①

x	0	1
$F_X(x)$	1/2	1

②

y	0	1	2
$F_Y(y)$	1/4	3/4	1

4.1 결합확률분포

보 기 13

결합연속인 확률변수 X와 Y의 누적분포함수가 다음과 같이 주어져 있다.

$$F(x,y) = \begin{cases} 0 & (x<0 \text{ 혹은 } y<0) \\ \dfrac{x^2y^2}{8} - \dfrac{x^4}{16} & (0 \leq x \leq y \leq 2) \\ \dfrac{x^2}{2} - \dfrac{x^4}{16} & (0 \leq x \leq 2 \leq y) \\ \dfrac{y^4}{16} & (x \geq y, 0 \leq y \leq 2) \\ 1 & (2<x, 2<y) \end{cases}$$

(1) 결합확률밀도함수 $f(x,y)$를 구하시오.
(2) 주변확률밀도함수 $f_X(x)$, $f_Y(y)$를 구하시오.
(3) 확률변수 $Z = Y - X$가 따르는 확률밀도함수 $g(z)$를 구하시오.
(4) 주변누적분포함수 $F_X(x)$, $F_Y(y)$를 구하시오.
(5) $P(1/2 \leq X \leq 3/2)$을 구하시오.

16년시행기출

연속확률변수 X의 확률밀도함수(probability density function) $f_X(x)$는
$$f_X(x) = \frac{2}{9}x - \frac{2}{9} \quad (1 < x < 4)$$
이다. X와 같은 분포를 따르고 서로 독립인 2개의 연속확률변수 X_1, X_2에 대하여 $Y = \min\{X_1, X_2\}$일 때, 확률 $P\left(Y < \dfrac{5}{2}\right)$를 구하시오. [2점]
(단, $\min\{a,b\}$는 a와 b 중 크지 않은 수이다.)

풀 이

(1) $f(x,y) = \dfrac{\partial^2}{\partial x \partial y} F(x,y) = \begin{cases} \dfrac{xy}{2} & (0 \leq x \leq y \leq 2) \\ 0 & (\text{그 외}) \end{cases}$.

(2) $f_X(x) = \displaystyle\int_{-\infty}^{\infty} f(x,y)dy = \begin{cases} 0 & (x<0, 2<x) \\ \displaystyle\int_x^2 \dfrac{xy}{2} dy = x - \dfrac{x^3}{4} & (0 \leq x \leq 2) \end{cases}$,

$f_Y(x) = \displaystyle\int_{-\infty}^{\infty} f(x,y)dx = \begin{cases} 0 & (y<0, 2<y) \\ \displaystyle\int_0^y \dfrac{xy}{2} dy = \dfrac{1}{4}y^3 & (0 \leq y \leq 2) \end{cases}$.

(3) Z의 누적분포함수를 $G(z)$라고 하면
$G(z) = P(Z \leq z) = P(Y - X \leq z)$
$= \displaystyle\iint_{\{(x,y) \mid y-x \leq z\}} f(x,y) \, dy dx$
$= \begin{cases} 0 & (z<0) \\ \displaystyle\int_0^{2-z}\int_x^{x+z} \dfrac{xy}{2}dydx + \int_{2-z}^2\int_x^2 \dfrac{xy}{2}dydx & (0 \leq z \leq 2) \\ \displaystyle\int_0^2\int_x^2 \dfrac{xy}{2}dydx & (z<0) \end{cases}$

22년시행기출 (일련번호 22-B8)

두 확률변수 X와 Y의 결합확률밀도함수 (joint probability density function) $f(x, y)$를

$$f(x, y) = \begin{cases} 2, & 0 < x < 2-y < 1 \\ 0, & \text{그 외의 경우} \end{cases}$$

라 하고, 확률변수 Z를 $Z = Y - X$라 하자. Z의 누적분포함수(cumulative distribution function) $G(z)$를 풀이 과정과 함께 쓰시오. 또한 $g(z)$를 Z의 확률밀도함수 (probability density function)라 할 때, $P\left(g(Z) > \dfrac{1}{2}\right)$의 값을 풀이 과정과 함께 쓰시오. [4점]

23년시행기출 (일련번호 23-A11)

연속확률변수 X의 누적분포함수 (cumulative distribution function) $F(x)$가 연속인 순증가함수(strictly increasing function)라 하자. 확률변수 $F(X)$의 확률밀도함수(probability density function)를 풀이 과정과 함께 쓰시오. 또한, $P(-2 < \ln F(X) < 1)$의 값을 풀이 과정과 함께 쓰시오. [4점]

$$= \begin{cases} 0 & (z < 2) \\ \dfrac{4}{3}z - \dfrac{1}{2}z^2 + \dfrac{1}{48}z^4 & (0 \leq z \leq 2) \\ 1 & (z > 0) \end{cases}$$

따라서 Z의 확률밀도함수 $g(z)$는

$$g(z) = G'(z) = \begin{cases} \dfrac{4}{3} - z + \dfrac{1}{12}z^3 & (0 \leq z < 2) \\ 0 & (\text{그 외}) \end{cases}.$$

(4) $F_X(x) = \lim\limits_{y \to \infty} F(x, y) = \begin{cases} 0 & (x < 0) \\ \dfrac{x^2}{2} - \dfrac{x^4}{16} & (0 \leq x \leq 2) \\ 1 & (x > 2) \end{cases}$

$F_Y(y) = \lim\limits_{x \to \infty} F(x, y) = \begin{cases} 0 & (y < 0) \\ \dfrac{y^4}{16} & (0 \leq y \leq 2) \\ 1 & (y > 2) \end{cases}.$

(5) $P\left(\dfrac{1}{2} \leq X \leq \dfrac{3}{2}\right) = F_X\left(\dfrac{3}{2}\right) - F_X\left(\dfrac{1}{2}\right) = \dfrac{11}{16}.$

예 제 16

(1) [93년시행기출]

확률변수 (X, Y)는 $X \geq 0$, $Y \geq 0$이고,
$$f(x, y) = e^{-(x+y)} \; (x \geq 0, \; y \geq 0)$$
을 확률밀도함수로 한다. $Z = X + Y$일 때, 확률 $P(Z \leq 1)$는?

① $1 - \dfrac{2}{e}$ ② $1 - \sqrt{\dfrac{2}{e}}$

③ $\dfrac{1}{2}\left(1 + \dfrac{2}{e}\right)$ ④ $\dfrac{1}{2}\left(1 + \sqrt{\dfrac{2}{e}}\right)$

(2) [94년시행기출]

확률변수 X와 Y의 결합밀도함수(joint density function)가
$$f(x, y) = 2e^{-(x+2y)} \; (x > 0, \; y > 0)$$
일 때, 확률 $P(X < Y)$은?

① $\dfrac{1}{2}$ ② $\dfrac{1}{3}$ ③ $\dfrac{1}{4}$ ④ $\dfrac{1}{5}$

[정 답] (1) ① (2) ②

4.2. 기댓값과 공분산

정 의 14 (기댓값)

(1) $\mathbb{R}^2$상에서 정의된 함수 $u(x, y)$와 확률변수 X, Y를 합성한 확률변수 $u(X, Y)$에 대하여

① X와 Y의 결합확률질량함수가 $f(x, y)$일 때,
$$E(u(X, Y)) = \sum_{x \in X(\Omega)} \sum_{y \in Y(\Omega)} u(x, y) f(x, y)$$

② X와 Y의 결합확률밀도함수가 $f(x, y)$일 때,
$$E(u(X, Y)) = \int_{-\infty}^{\infty} \int_{-\infty}^{\infty} u(x, y) f(x, y) dx dy$$

(2) $\mathbb{R}^n$상의 함수 $u(x_1, x_2, \cdots, x_n)$과 확률변수 $X_1, X_2, \cdots, X_n$을 합성한 함수 $u(X_1, X_2, \cdots, X_n)$에 대하여

① $X_1, X_2, \cdots, X_n$의 결합확률질량함수가 $f(x_1, x_2, \cdots, x_n)$일 때
$$E(u(X_1, X_2, \cdots, X_n))$$
$$= \sum_{x_1 \in X_1(\Omega)} \cdots \sum_{x_n \in X_n(\Omega)} u(x_1, \cdots, x_n) f(x_1, \cdots, x_n).$$

② $X_1, X_2, \cdots, X_n$의 결합확률밀도함수가 $f(x_1, x_2, \cdots, x_n)$일 때
$$E(u(X_1, X_2, \cdots, X_n))$$
$$= \int_{-\infty}^{\infty} \cdots \int_{-\infty}^{\infty} u(x_1, \cdots, x_n) f(x_1, \cdots, x_n) dx_1 \cdots dx_n.$$

정 리 14

(1) 확률변수 X, Y와 실수 a, b에 대하여
$$E(aX + bY) = aE(X) + bE(Y)$$

(2) 확률변수 $X_1, X_2, \cdots, X_n$과 실수 $a_1, a_2, \cdots, a_n$에 대하여
$$E\left(\sum_{i=1}^{n} a_i X_i\right) = \sum_{i=1}^{n} a_i E(X_i)$$

NOTE
두 확률변수 X, Y에 대하여
$$E(X + Y) = E(X) + E(Y).$$
그러나 일반적으로
$$E(XY) = E(X) E(Y)$$
라고 할 수는 없다.

증 명

(1) X, Y가 **결합연속인 경우의 증명**

두 확률변수 X와 Y를 결합한 확률변수를 $u(X, Y) = aX + bY$로 두면

$$E(aX+bY)$$
$$=\int_{-\infty}^{\infty}\int_{-\infty}^{\infty}(ax+by)f(x,y)dxdy$$
$$=a\int_{-\infty}^{\infty}\int_{-\infty}^{\infty}xf(x,y)dxdy+b\int_{-\infty}^{\infty}\int_{-\infty}^{\infty}yf(x,y)dxdy$$
$$=a\int_{-\infty}^{\infty}x\left(\int_{-\infty}^{\infty}f(x,y)dy\right)dx+b\int_{-\infty}^{\infty}y\left(\int_{-\infty}^{\infty}f(x,y)dx\right)dy$$
$$=a\int_{-\infty}^{\infty}xf_X(x)dx+b\int_{-\infty}^{\infty}yf_Y(y)dy$$
$$=aE(X)+bE(Y)$$

(2) 확률변수 $X_1, X_2, \cdots, X_n$을 결합한 확률변수를
$$u(X_1, X_2, \cdots, X_n)=a_1X_1+a_2X_2+\cdots+a_nX_n$$
로 두면 (1)과 같은 방법으로 증명된다.

NOTE
(1) X와 Y가 같은 경향을 가지면 두 확률변수의 공분산은 양이 된다. 역으로 X가 커질 때 Y는 작아진다든지 하여 서로 반대의 경향을 가지면 두 확률변수의 공분산은 음이 된다.
(2) 공분산은 두 확률변수의 경향이 서로 같은지 그렇지 않은지를 판단하는 데 도움을 준다. 그러나 부호는 바뀌지 않는다 하더라도 공분산의 값은 확률실험의 결과를 측정하는 단위에 따라 바뀔 수 있다. 따라서 단위에 불변이면서 두 확률변수 간의 경향을 측정하기 위하여 표준화한 확률변수에 대한 공분산을 생각할 수 있는데 이것을 상관계수라고 한다.

정의 15 (공분산, 상관계수)
(1) 두 확률변수 X와 Y에 대하여
$$Cov(X, Y) := E((X-m_X)(Y-m_Y))$$
를 X와 Y의 공분산(covariance)이라 한다.
(2) 두 확률변수 X와 Y에 대하여
$$\rho(X, Y) := Cov\left(\frac{X-m_X}{\sigma_X}, \frac{Y-m_Y}{\sigma_Y}\right) = \frac{Cov(X, Y)}{\sigma_X \sigma_Y}$$
를 X와 Y의 상관계수(correlation coefficient)라 한다.
단, 여기에서 m_X, m_Y는 각각 X와 Y의 기댓값, σ_X, σ_Y는 각각 X와 Y의 표준편차를 나타낸다.

정리 15
확률변수 X, Y와 실수 a, b, c, d에 대하여
(1) $Cov(X, Y) = E(XY) - E(X)E(Y)$
(2) $Cov(X, Y) = Cov(Y, X)$
(3) $Cov(aX+b, cY+d) = ac\, Cov(X, Y)$
(4) $Cov(X, X) = Var(X)$

증 명

(1) $Cov(X, Y) = E((X-m_X)(Y-m_Y))$
$= E(XY - m_X Y - m_Y X + m_X m_Y)$
$= E(XY) - m_X E(Y) - m_Y E(X) + m_X m_Y$
$= E(XY) - m_X m_Y = E(XY) - E(X)E(Y)$.

(2) $Cov(Y, X) = E(YX) - E(Y)E(X)$
$= E(XY) - E(X)E(Y) = Cov(X, Y)$.

(3) $Cov(aX+b, cY+d)$
$= E(((aX+b) - (am_X+b)) \cdot ((cY+d) - (cm_Y+d)))$
$= E(ac(X-m_X)(Y-m_Y)) = ac Cov(X, Y)$.

(4) $Cov(X, X) = E(X^2) - (E(X))^2 = Var(X)$.

보 기 14

이산확률변수 X와 Y의 결합확률질량함수가 다음과 같이 주어질 때 물음에 답하시오.

	0	1	2	$f_X(x)$
0	1/6	1/6	1/6	1/2
1	1/12	1/3	1/12	1/2
$f_Y(y)$	1/4	1/2	1/4	1

(1) $E(X+2Y)$를 구하시오.
(2) $Cov(X, Y)$를 구하시오.
(3) $\rho(X, Y)$를 구하시오.

풀 이

(1) $E(X) = \sum_x x f_X(x) = 0 \cdot \frac{1}{2} + 1 \cdot \frac{1}{2} = \frac{1}{2}$,

$E(Y) = \sum_y y f_Y(y) = 0 \cdot \frac{1}{4} + 1 \cdot \frac{1}{2} + 2 \cdot \frac{1}{4} = 1$.

따라서 $E(X+2Y) = E(X) + 2E(Y) = \frac{5}{2}$.

(2) $E(XY) = \sum_{x,y} xy f(x, y) = 0 + 0 + 0 + 0 + 1/3 + 1/6 = 1/2$.

따라서 $Cov(X, Y) = E(XY) - E(X)E(Y) = 1/2 - 1/2 = 0$.

(3) $\rho(X, Y) = \frac{Cov(X, Y)}{\sigma(X)\sigma(Y)} = 0$.

> **보 기 15**
> 결합연속확률변수 X와 Y의 결합확률밀도함수가 다음과 같이 주어질 때 물음에 답하시오.
> $$f(x, y) = \begin{cases} \dfrac{1}{2}xy & (0 \leq x \leq y \leq 2) \\ 0 & (\text{그 외}) \end{cases}$$
> (1) $E(X+2Y)$를 구하시오.
> (2) $Cov(X, Y)$를 구하시오.
> (3) $\rho(X, Y)$를 구하시오.

풀 이

(1) $E(X+2Y) = \displaystyle\int_{-\infty}^{\infty}\int_{-\infty}^{\infty}(x+2y)f(x,y)\,dxdy$

$= \displaystyle\int_{0}^{2}\int_{x}^{2}(x+2y)\dfrac{1}{2}xy\,dydx$

$= \displaystyle\int_{0}^{2}\int_{x}^{2}\left(\dfrac{1}{2}x^2y + xy^2\right)dydx$

$= \displaystyle\int_{0}^{2}\left(\dfrac{8}{3}x + x^2 - \dfrac{7}{12}x^4\right)dx = \dfrac{64}{15}$.

[다른 방법]

(i) $f_X(x) = \displaystyle\int_{-\infty}^{\infty} f(x,y)\,dxdy$

$= \begin{cases} \displaystyle\int_{x}^{2}\dfrac{xy}{2}dy & (0 \leq x \leq 2) \\ 0 & (\text{그 외}) \end{cases}$

$= \begin{cases} x - \dfrac{x^3}{4} & (0 \leq x \leq 2) \\ 0 & (\text{그 외}) \end{cases}$.

$\therefore E(X) = \displaystyle\int_{-\infty}^{\infty} xf_X(x)\,dx = \int_{0}^{2}\left(x^2 - \dfrac{x^4}{4}\right)dx = \dfrac{16}{15}$.

(ii) $f_Y(y) = \displaystyle\int_{-\infty}^{\infty} f(x,y)\,dx = \begin{cases} \displaystyle\int_{0}^{y}\dfrac{xy}{2}dx & (0 \leq y \leq 2) \\ 0 & (\text{그 외}) \end{cases}$

$= \begin{cases} \dfrac{y^3}{4} & (0 \leq y \leq 2) \\ 0 & (\text{그 외}) \end{cases}$.

4.2 기댓값과 공분산

$$\therefore E(Y) = \int_{-\infty}^{\infty} y f_Y(y) dy = \int_0^2 \frac{y^4}{4} dy = \frac{8}{5}.$$

(i)과 (ii)에 의해

$$E(X+2Y) = E(X) + 2E(Y) = \frac{64}{15}.$$

(2)
$$E(XY) = \int_{-\infty}^{\infty}\int_{-\infty}^{\infty} xy f(x,y) dxdy$$
$$= \int_0^2 \int_x^2 xy f(x,y) dydx$$
$$= \int_0^2 \int_x^2 \frac{x^2 y^2}{2} dydx = \int_0^2 \left[\frac{x^2 y^3}{6}\right]_x^2 dx$$
$$= \int_0^2 \frac{8x^2 - x^5}{6} dx = \left[\frac{4}{9}x^3 - \frac{1}{36}x^6\right]_0^2 = \frac{16}{9}.$$

$$\therefore Cov(X, Y) = E(XY) - E(X)E(Y) = \frac{16}{225}.$$

(3)
$$E(X^2) = \int_{-\infty}^{\infty} x^2 f_X(x) dx = \int_0^2 x^2 \left(x - \frac{x^3}{4}\right) dx.$$
$$= \frac{x^4}{4} - \frac{x^6}{24}\bigg]_0^2 = \frac{4}{3},$$

$$E(Y^2) = \int_{-\infty}^{\infty} y^2 f_Y(y) dy = \int_0^2 y^2 \cdot \frac{y^3}{4} dy = \frac{y^6}{24}\bigg]_0^2 = \frac{8}{3},$$

$$\sigma_X = \sqrt{E(X^2) - E(X)^2} = \sqrt{\frac{4}{3} - \left(\frac{16}{15}\right)^2} = \frac{2}{15}\sqrt{11},$$

$$\sigma_Y = \sqrt{E(Y^2) - E(Y)^2} = \sqrt{\frac{8}{3} - \left(\frac{8}{5}\right)^2} = \frac{2}{15}\sqrt{6}.$$

$$\therefore \rho(X, Y) = \frac{Cov(X, Y)}{\sigma_X \sigma_Y} = \frac{2}{33}\sqrt{66}.$$

4.3. 확률변수의 독립성

4.3.1. 확률변수의 독립성

도 입

두 확률변수의 독립성은 각각의 확률변수에 의하여 만들어지는 사건의 독립성으로 정의하는 것이 바람직할 것이다. 두 확률변수 X와 Y에 의하여 만들어지는 사건은 실수의 부분집합 A, B에 의하여 $\{X \in A\}$, $\{Y \in B\}$의 형태로 주어진다. 따라서 모든 실수의 부분집합 A, B에 대하여 두 사건 $\{X \in A\}$와 $\{Y \in B\}$가 서로 독립일 때, 즉
$$P(X \in A,\ Y \in B) = P(X \in A)P(Y \in B)$$
일 때 X와 Y는 서로 독립이라고 말한다.

NOTE
사실은 B_1, B_2, $\cdots$, B_n은 Borel 가측 집합이어야하나 여기서는 측도론을 가정하지 않았으므로 수학적인 엄밀성에 약간의 문제점이 있음에도 불구하고 임의의 실수의 부분집합으로 하였다.

정 의 16

임의의 실수의 부분집합 B_1, B_2, $\cdots$, B_n에 대하여
$$P(X_1 \in B_1,\ \cdots,\ X_n \in B_n) = P(X_1 \in B_1) \cdots P(X_n \in B_n)$$
이 성립할 때 X_1, X_2, $\cdots$, X_n은 서로 **독립**(independent)이라고 한다.

정 리 16

(1) 확률변수 X, Y에 대하여
   (ⅰ) X, Y : 서로 독립
$\Leftrightarrow$ (ⅱ) $F(x, y) = F_X(x)F_Y(y)$ $(\forall x,\ y \in \mathbb{R})$
$\Leftrightarrow$ (ⅲ) $f(x, y) = f_X(x)f_Y(y)$ $(\forall x,\ y \in \mathbb{R})$

(2) 확률변수 X_1, X_2, $\cdots$, X_n에 대하여
   (ⅰ) X_1, X_2, $\cdots$, X_n : 서로 독립
$\Leftrightarrow$ (ⅱ) $F(x_1, x_2, \cdots, x_n) = F_1(x_1)F_2(x_2) \cdots F_n(x_n)$
$\qquad\qquad (\forall x_1,\ \cdots,\ x_n \in \mathbb{R})$
$\Leftrightarrow$ (ⅲ) $f(x_1, x_2, \cdots, x_n) = f_1(x_1)f_2(x_2) \cdots f_n(x_n)$
$\qquad\qquad (\forall x_1,\ \cdots,\ x_n \in \mathbb{R})$

(단 F : 결합누적분포함수, f : 결합확률질량(혹은 밀도)함수, F_i : X_i의 주변누적분포함수, f_i : X_i의 주변확률질량(혹은 밀도)함수 ($i = 1,\ 2,\ \cdots,\ n$))

4.3 확률변수의 독립성

보 기 16

(1) 이산확률변수 X와 Y의 결합확률질량함수가 다음과 같을 때 X와 Y의 독립성을 판정하시오.

	0	1	2	$f_X(x)$
0	1/6	1/6	1/6	1/2
1	1/12	1/3	1/12	1/2
$f_Y(y)$	1/4	1/2	1/4	1

(2) 결합연속확률변수 X와 Y의 결합확률밀도함수가 다음과 같을 때 X와 Y의 독립성을 판정하시오.

$$f(x, y) = \begin{cases} \dfrac{1}{2}xy & (0 \leq x \leq y \leq 2) \\ 0 & (\text{그 외}) \end{cases}$$

풀 이

(1) $f(1, 2) = \dfrac{1}{12}$, $f_X(1)f_Y(2) = \dfrac{1}{2} \times \dfrac{1}{4} = \dfrac{1}{8}$ 이므로

$$f(1, 2) \neq f_X(1)f_Y(2)$$

이다. 따라서 X, Y는 서로 독립이 아니다.

(2) X와 Y의 주변확률밀도함수를 구해보면

$$f_X(x) = \begin{cases} x - \dfrac{x^3}{4} & (0 \leq x \leq 2) \\ 0 & (\text{그 외}) \end{cases}, \quad f_Y(y) = \begin{cases} \dfrac{y^3}{4} & (0 \leq y \leq 2) \\ 0 & (\text{그 외}) \end{cases}$$

이고

$$f(1, 2) = 1 \neq \dfrac{3}{2} = f_X(1)f_Y(2)$$

이므로 X와 Y는 서로 독립이 아니다.

예 제 17

(1) X와 Y의 결합확률밀도함수가 다음과 같을 때 각각에 대하여 X와 Y의 독립성을 판정하시오.

① $f(x, y) = \begin{cases} \dfrac{12}{7}(x^2 + xy) & (0 \leq x \leq 1, \, 0 \leq y \leq 1) \\ 0 & (\text{그 외}) \end{cases}$

② $f(x, y) = \begin{cases} 6x^2 y & (0 \leq x \leq 1, \, 0 \leq y \leq 1) \\ 0 & (\text{그 외}) \end{cases}$

(2) 확률변수 X와 Y가 서로 독립일 필요충분조건은 결합확률함수 $f(x, y)$가 다음의 형태로 표현되는 것이다.
$$f(x, y) = g(x)h(y) \quad (\forall x, y \in \mathbb{R})$$

(3) [95년시행기출]
 X_1, X_2는 확률식 독립변수이고,
$$P(a < X_1 < b) = \frac{2}{3}, \; P(c < X_2 < d) = \frac{5}{8}$$
이다. 이 때, 사건
$$a < X_1 < b, \; -\infty < X_2 < \infty$$
와 사건
$$-\infty < X_1 < \infty, \; c < X_2 < d$$
의 합사건의 확률은?

① $\dfrac{3}{4}$ ② $\dfrac{7}{8}$ ③ $\dfrac{11}{12}$ ④ $\dfrac{19}{24}$

풀 이

(1) ① $f_X(x) = \displaystyle\int_0^1 \frac{12}{7}(x^2 + xy)dy$

$\qquad = \dfrac{12}{7}\left[x^2 y + \dfrac{1}{2}xy^2\right]_0^1 = \dfrac{12}{7}\left(x^2 + \dfrac{x}{2}\right)$,

$f_Y(y) = \displaystyle\int_0^1 \frac{12}{7}(x^2 + xy)dx$

$\qquad = \dfrac{12}{7}\left[\dfrac{1}{3}x^3 + \dfrac{1}{2}x^2 y\right]_0^1 = \dfrac{12}{7}\left(\dfrac{1}{3} + \dfrac{1}{2}y\right)$.

$\therefore \; f_X(x)f_Y(y) = \dfrac{12}{7}\left(x^2 + \dfrac{1}{2}x\right)\dfrac{12}{7}\left(\dfrac{1}{3} + \dfrac{1}{2}y\right)$

$\qquad = \dfrac{144}{49}\left(\dfrac{1}{3}x^2 + \dfrac{1}{2}x^2 y + \dfrac{1}{6}x + \dfrac{1}{4}xy\right)$

$\qquad \neq f(x, y)$

이므로 독립이 아니다.

② $f_X(x) = \int_0^1 6x^2 y\, dy = [3x^2 y^2]_0^1 = 3x^2$,

$f_Y(y) = \int_0^1 6x^2 y\, dx = [2x^3 y]_0^1 = 2y$.

∴ $f_X(x) f_Y(y) = f(x, y)$이므로 X, Y는 서로 독립이다.

(2) (X, Y)가 연속확률변수인 경우의 증명

($\Rightarrow$) $f_X(x)$와 $f_Y(y)$를 각각 X와 Y의 주변확률밀도함수라 하자. X와 Y가 서로 독립이면 $f(x, y) = f_X(x) f_Y(y)$가 된다.

($\Leftarrow$) $f(x, y) = h(x)g(y)$라 하자. 또한

$$c_1 = \int_{-\infty}^{\infty} h(x)\, dx, \quad c_2 = \int_{-\infty}^{\infty} g(y)\, dy$$

로 두자. $f(x, y)$가 결합확률밀도함수이므로

$$1 = \int_{-\infty}^{\infty} \int_{-\infty}^{\infty} f(x, y)\, dx\, dy$$

$$= \int_{-\infty}^{\infty} h(x)\, dx \int_{-\infty}^{\infty} g(y)\, dy = c_1 c_2.$$

한편 $f_X(x) = \int_{-\infty}^{\infty} f(x, y)\, dy = h(x) \int_{-\infty}^{\infty} g(y)\, dy = c_2 h(x)$,

$f_Y(y) = \int_{-\infty}^{\infty} f(x, y)\, dx = g(y) \int_{-\infty}^{\infty} h(x)\, dy = c_1 g(y)$

이므로 $f_X(x) f_Y(y) = c_1 c_2 h(x) g(y) = h(x) g(y) = f(x, y)$이다.

따라서 X와 Y는 서로 독립이다.

(3) ②

NOTE
두 확률변수 X, Y에 대하여
(1) $E(X+Y) = E(X) + E(Y)$.
(2) X와 Y가 서로 독립일 때 $E(XY) = E(X)E(Y)$.

정리 17

(1) X와 Y가 서로 독립이면 실수 상에서 정의된 함수 $u(x)$와 $v(y)$에 대하여
① $E(XY) = E(X)E(Y)$
② $E(u(X)v(Y)) = E(u(X))E(v(Y))$
(2) X와 Y가 서로 독립이면
$$Cov(X, Y) = \rho(X, Y) = 0.$$
(3) ① X와 Y가 서로 독립이면
$$Var(X+Y) = Var(X) + Var(Y).$$
② $X_1, X_2, \cdots, X_n$이 서로 독립이면
$$Var\left(\sum_{i=1}^{n} X_i\right) = \sum_{i=1}^{n} Var(X_i).$$

증 명

(1) (X, Y)가 결합연속변수인 경우의 증명
X와 Y가 각각 확률밀도함수 $f_X(x)$와 $f_Y(y)$를 갖는다고 하자. X와 Y는 서로 독립이므로 결합확률밀도함수는 $f(x, y) = f_X(x)f_Y(y)$이다.

$$\therefore E(u(X)v(Y)) = \int_{-\infty}^{\infty}\int_{-\infty}^{\infty} u(x)v(y)f_X(x)f_Y(y)dxdy$$
$$= \int_{-\infty}^{\infty} u(x)f_X(x)\left(\int_{-\infty}^{\infty} v(y)f_Y(y)dy\right)dx$$
$$= \int_{-\infty}^{\infty} u(x)f_X(x)dx \int_{-\infty}^{\infty} v(y)f_Y(y)dy$$
$$= E(u(X))E(v(Y))$$

이산인 경우도 같은 방법으로 증명할 수 있다.

(2) $Cov(X, Y) = E(XY) - E(X)E(Y)$
$= E(X)E(Y) - E(X)E(Y) = 0$

(3) ① $E(X) = m_X$, $E(Y) = m_Y$라고 하면
$E(X+Y) = E(X) + E(Y) = m_X + m_Y$이므로
$Var(X+Y)$
$= E(((X+Y) - (m_X + m_Y))^2)$
$= E(X^2 + Y^2 + 2XY - m_X^2 - m_Y^2 - 2m_X m_Y)$
$= (E(X^2) - m_X^2) + (E(Y^2) - m_Y^2) + 2E(X)E(Y) - 2m_X m_Y$
$= Var(X) + Var(Y)$.

보 기 17

서로 독립인 확률변수 X와 Y의 주변확률밀도 함수가 다음과 같이 주어져있다.

$$f_X(x) = \begin{cases} 3x^2 & (0 \leq x \leq 1) \\ 0 & (\text{그 외}) \end{cases}, \quad f_Y(y) = \begin{cases} 2y & (0 \leq y \leq 1) \\ 0 & (\text{그 외}) \end{cases}$$

(1) X와 Y의 결합확률밀도함수 $f(x, y)$를 구하시오.
(2) XY의 기댓값 $E(XY)$를 구하시오.
(3) $X+Y$의 분산 $Var(X+Y)$를 구하시오.
(4) 확률 $P\left(\frac{1}{2}X \leq Y \leq X\right)$를 구하시오.

08년시행기출

두 확률변수 X와 Y는 독립이고, 각각 다음과 같은 확률밀도함수(probability density function)를 동일하게 갖는다.

$$f(t) = \begin{cases} 2t, & 0 \leq t \leq 1 \\ 0, & \text{그 외의 } t \end{cases}$$

이 때, Y가 X와 X^2사이의 값이 될 확률은? [2점]

① $\frac{1}{3}$ ② $\frac{1}{4}$ ③ $\frac{1}{5}$ ④ $\frac{1}{6}$ ⑤ $\frac{1}{7}$

풀 이

(1) X, Y가 독립이므로

$$f(x, y) = f_X(x) f_Y(y) = 3x^2 \cdot 2y = 6x^2 y.$$

$$\therefore f(x, y) = \begin{cases} 6x^2 y, & 0 \leq x \leq 1, \ 0 \leq y \leq 1 \\ 0, & \text{그 외} \end{cases}.$$

(2) $E(X) = \int_0^1 x \cdot 3x^2 \, dx = \left[\frac{3}{4}x^4\right]_0^1 = \frac{3}{4}$,

$E(Y) = \int_0^1 y \cdot 2y \, dy = \left[\frac{2}{3}y^3\right]_0^1 = \frac{2}{3}$.

따라서 X, Y는 서로 독립이므로

$$E(XY) = E(X)E(Y) = \frac{3}{4} \cdot \frac{2}{3} = \frac{1}{2}.$$

(3) $E(X^2) = \int_0^1 x^2 \cdot 3x^2 \, dx = \left[\frac{3}{5}x^5\right]_0^1 = \frac{3}{5}$,

$Var(X) = E(X^2) - E(X)^2 = \frac{3}{5} - \left(\frac{3}{4}\right)^2 = \frac{3}{80}$,

$E(Y^2) = \int_0^1 y^2 \cdot 2y \, dy = \left[\frac{y^4}{2}\right]_0^1 = \frac{1}{2}$,

$Var(Y) = E(Y^2) - E(Y)^2 = \frac{1}{2} - \left(\frac{2}{3}\right)^2 = \frac{1}{18}$.

따라서 X, Y가 서로 독립이므로

$$Var(X+Y) = Var(X) + Var(Y) = \frac{3}{80} + \frac{1}{18} = \frac{67}{720}.$$

(4) $P\left(\frac{1}{2}X \leq Y \leq X\right) = \int_{x=0}^{1} \int_{y=\frac{1}{2}x}^{x} f(x, y) \, dy \, dx = \frac{9}{20}$.

NOTE

이 때 $\overline{X}$와 S^2을 각각
$$X_1, X_2, \cdots, X_n$$
의 **표본평균**(sample mean), **표본분산**(sample variance)이라고 한다.

10년시행기출

확률밀도함수(probability density function)가 두 상수 a, b에 대하여
$$f(x) = \begin{cases} 0, & x < 0 \\ a, & 0 \leq x < 1 \\ be^{1-x}, & 1 \leq x < \infty \end{cases}$$
인 분포를 따르는 모집단이 있다. 이 모집단에서 크기가 2인 표본을 임의로 추출하였을 때, 표본평균 $\overline{X}$의 평균이 $\frac{3}{2}$이다. $a^2 + b^2$의 값은? [1.5점]

① $\frac{1}{9}$ ② $\frac{1}{3}$ ③ $\frac{5}{9}$ ④ $\frac{7}{9}$ ⑤ 1

23년시행기출 (일련번호 23-B2)

포아송분포(Poisson distribution) $Poisson(5)$로부터의 확률표본(random sample)
$$X_1, X_2, \cdots, X_n$$
에 대하여 $\overline{X}$를 $\overline{X} = \frac{1}{n}\sum_{i=1}^{n} X_i$라 하자. $E\left(\sum_{i=1}^{n}(X_i - \overline{X})^2\right) = 140$일 때, n의 값을 구하시오. [2점]

※ 다음은 필요하면 사용할 수 있다.

> 확률변수 X가 $Poisson(\lambda)$를 따르면
> $$P(X=x) = \frac{\lambda^x e^{-\lambda}}{x!} \; (x = 0, 1, 2, \cdots)$$
> 이다.

예 제 18

(1) $X_1, X_2, \cdots, X_n$이 서로 독립이며 같은 분포를 따른다고 하자. μ와 σ^2을 각각 $X_i (i = 1, 2, \cdots, n)$의 동일한 평균과 분산이라고 할 때, 확률변수
$$\overline{X} = \frac{1}{n}\sum_{i=1}^{n} X_i, \quad S^2 = \frac{1}{n-1}\sum_{i=1}^{n}(X_i - \overline{X})^2$$
에 대하여 $E(\overline{X}) = \mu$, $E(S^2) = \sigma^2$임을 보이시오.

(2) 시중에서 인기 있는 9가지 캔 통조림의 주성분을 조사하기 위하여 다음의 자료를 얻었다. 이 때 표본평균과 표본분산은?

| 70, | 63, | 69, | 75, | 67, | 65, | 73, | 77, | 71 |

풀 이

(1) $E(\overline{X}) = \frac{1}{n}\sum_{i=1}^{n} E(X_i) = \frac{1}{n}\sum_{i=1}^{n} \mu = \mu$.

이제 S^2의 기댓값을 계산하기 위하여 다음을 먼저 계산하자.
$$(n-1)S^2 = \sum_{i=1}^{n}((X_i - \mu) + (\mu - \overline{X}))^2$$
$$= \sum_{i=1}^{n}(X_i - \mu)^2 + 2(\mu - \overline{X})\sum_{i=1}^{n}(X_i - \mu) + \sum_{i=1}^{n}(\mu - \overline{X})^2$$
$$= \sum_{i=1}^{n}(X_i - \mu)^2 - n(\overline{X} - \mu)^2.$$

한편 $Var(\overline{X}) = Var\left(\frac{1}{n}\sum_{i=1}^{n} X_i\right) = \frac{1}{n^2}\sum_{i=1}^{n}\sigma^2 = \frac{1}{n}\sigma^2$이므로
$$(n-1)E(S^2) = \sum_{i=1}^{n} E((X_i - \mu)^2) - nE((\overline{X} - \mu)^2)$$
$$= \sum_{i=1}^{n}\sigma^2 - n\,Var(\overline{X}) = n\sigma^2 - n \cdot \frac{1}{n}\sigma^2$$
$$= (n-1)\sigma^2.$$
$$\therefore E(S^2) = \sigma^2.$$

(2) $\overline{X} = \frac{1}{9}(70 + 63 + 69 + 75 + 67 + 65 + 73 + 77 + 71) = 70$,

$S^2 = \frac{1}{9-1}(0^2 + 7^2 + 1^2 + 5^2 + 3^2 + 5^2 + 3^2 + 7^2 + 1^2) = 16$.

4.3.2. 독립인 확률변수의 합

정 리 18

서로 독립인 두 확률변수 X와 Y의 합 $Z = X + Y$의 분포는 다음과 같다.

(1) X와 Y가 각각 $\{x_i \mid i = 1, 2, \cdots\}$와 $\{y_i \mid i = 1, 2, \cdots\}$에서 값을 갖는 이산확률변수이면 $u \in \{x_i + y_j \mid i, j = 1, 2, \cdots\}$에 대하여

$$P(Z = u) = P(X + Y = u)$$
$$= \sum_{i=1}^{\infty} f_X(x_i) f_Y(u - x_i)$$
$$= \sum_{j=1}^{\infty} f_Y(y_j) f_X(u - y_j).$$

특히 X와 Y가 음이 아닌 정수값을 갖는 확률변수이면

$$P(Z = n) = \sum_{k=0}^{\infty} f_X(k) f_Y(n-k) = \sum_{k=0}^{\infty} f_Y(k) f_X(n-k).$$

(2) X와 Y의 확률밀도함수가 각각 $f_X(x)$와 $f_Y(y)$이면 Z의 분포함수 $F_Z(z)$와 확률밀도함수 $f_Z(z)$는 각각 다음과 같다.

$$F_Z(z) = \int_{-\infty}^{\infty} F_X(z-y) f_Y(y) dy$$
$$= \int_{-\infty}^{\infty} F_Y(z-x) f_X(x) dx$$
$$f_Z(z) = \int_{-\infty}^{\infty} f_X(z-y) f_Y(y) dy$$
$$= \int_{-\infty}^{\infty} f_Y(z-x) f_X(x) dx$$

예 제 19

X, $Y \sim U(0, 1)$이고 서로 독립일 때 $X+Y$의 확률밀도함수를 구하시오.

풀 이

X와 Y의 확률밀도함수는 각각 $f_X(x) = f_Y(y) = 1 (0 < x < 1)$이 므로 $f_X(z-x)f_Y(x) = 1$이 되기 위한 (x, z)의 영역은

$$S = \{(x, z) \mid 0 < x < 1, \ x < z < x+1\}$$

이다.

따라서 $X+Y$의 확률밀도함수는

$$f_{X+Y}(z) = \int_0^1 f_X(z-x)f_Y(x)\,dx = \int_0^1 f_X(z-x)\,dx$$

$$= \begin{cases} \int_0^z 1\,dx = z & (0 \leq z \leq 1) \\ \int_{z-1}^1 1\,dx = 2-z & (1 < z < 2) \\ 0 & (\text{그 외}) \end{cases}$$

NOTE

모수가 p이고 서로 독립인 n개의 베르누이 확률변수의 합은 모수가 (n, p)인 이항확률변수이다.

24년시행기출 (일련번호 24-A4)

서로 독립인 확률변수 $X_1, X_2, \cdots, X_9$가 모두 표준정규분포 $N(0, 1)$을 따른다. 확률변수 Y를

$Y = \sum_{i=1}^{9}(-1)^{i+1}X_i$라고 하면

$P(Y \geq -7) = P(X_1 \leq a)$를 만족시키는 실수 a가 존재한다. 이때, Y의 분산 $V(Y)$와 a의 값을 순서대로 구하시오. [2점]

정 리 19

(1) ① $X \sim B(n, p)$, $Y \sim B(m, p)$이고 서로 독립이면 $X+Y \sim B(n+m, p)$이다.

② $X_1 \sim B(n_1, p), \cdots, X_k \sim B(n_k, p)$이고 서로 독립이면 $X_1 + \cdots + X_k \sim B(n_1 + \cdots + n_k, p)$.

(2) ① $X \sim N(m_1, \sigma_1^2)$, $Y \sim N(m_2, \sigma_2^2)$이고 서로 독립이면

㉠ $X+Y \sim N(m_1+m_2, \sigma_1^2+\sigma_2^2)$이다.

㉡ $X-Y \sim N(m_1-m_2, \sigma_1^2+\sigma_2^2)$이다.

② $X_1 \sim N(m_1, \sigma_1^2), \cdots, X_n \sim N(m_n, \sigma_n^2)$이고 서로 독립이면 $X_1 + \cdots + X_k \sim N(m_1 + \cdots + m_n, \sigma_1^2 + \cdots + \sigma_n^2)$.

예 제 20

(1) A 고등학교 학생의 몸무게는 평균이 60kg, 표준편차가 6kg인 정규분포를 이룬다고 한다. 적재중량이 549kg 이상이 되면 경고음을 내도록 설계되어 있는 엘리베이터에 A 고등학교 학생 중 임의로 추출한 9명이 탑승하였을 때, 경고음이 울릴 확률을 구하시오.

z	0.5	1.0	1.5	2.0
$P(0 \leq Z \leq z)$	0.1915	0.3413	0.4332	0.4772

(2) X를 주사위를 5번 던져서 짝수의 눈이 나오는 횟수, Y를 동전을 3번 던져서 앞면이 나오는 횟수라고 하자. 다음의 물음에 답하시오.(단, X, Y는 독립이다.)
① 확률 $P(X+Y \leq 5)$의 값을 구하시오.
② 확률 $Var(X+Y)$의 값을 구하시오.

풀 이

(1) A고등학교 학생 한명의 몸무게를 X라 하면 $X \sim N(60, 6^2)$이므로
$$\overline{X} \sim N\left(60, \frac{36}{9} = 2^2\right)$$
이다. 따라서
$$P(9\overline{X} \geq 549) = P(\overline{X} \geq 61)$$
$$= P\left(Z \geq \frac{61-60}{2}\right) = P\left(Z \geq \frac{1}{2}\right)$$
$$= 0.5 - P\left(0 \leq Z \leq \frac{1}{2}\right)$$
$$= 0.5 - 0.1915 = 0.3085.$$

(2) $X \sim B\left(5, \frac{1}{2}\right)$, $Y \sim B\left(3, \frac{1}{2}\right)$이므로
$$Z = X + Y \sim B\left(8, \frac{1}{2}\right)((\because) \text{ 정리}19(1)).$$

① $P(Z \leq 5) = 1 - (P(X=6) + P(X=7) + P(X=8)) = \frac{219}{256}$.

② $Var(X+Y) = 8 \times \frac{1}{2} \times \left(1 - \frac{1}{2}\right) = 2$.

5. 조건부분포와 조건부기댓값

5.1. 조건부분포

도 입

(1) 이산확률변수들 간의 조건부분포

X와 Y를 이산확률변수라 하자. X와 Y의 주변확률질량함수를 각각 $f_X(x)$와 $f_Y(y)$, 결합확률질량함수를 $f(x,y)$라고 하자. $f_Y(y) = P(Y=y) > 0$을 만족하는 y에 대하여, $Y=y$가 주어졌다는 가정하에서 $X=x$일 조건부 확률은

$$f_{X|Y}(x|y) = P(X=x|Y=y) = \frac{P(X=x, Y=y)}{P(Y=y)} = \frac{f(x,y)}{f_Y(y)}$$

가 되는 것을 알 수 있다. 각 $x \in X(S)$에 대하여 $f_{X|Y}(x|y) \geq 0$이고

$$\sum_{x \in X(S)} f_{X|Y}(x|y) = \sum_{x \in X(S)} P(X=x|Y=y) = 1$$

이다. 따라서 $f_{X|Y}(x|y)$는 확률질량함수가 되는 것을 알 수 있다.

(2) 결합연속인 확률변수들 간의 조건부분포

X와 Y가 결합확률밀도함수 $f(x,y)$를 갖는다고 하자. 이 경우 Y는 연속확률변수이므로 $P(Y=y) = 0$이 되어 다음과 같은 식

$$P(X=x|Y=y) = \frac{P(X=x, Y=y)}{P(Y=y)}$$

는 아무런 의미가 없게 된다. 따라서 이에 대한 새로운 접근 방법이 필요하다.

결합연속인 확률변수간의 조건부분포를 정의하기 전에 먼저 $F_{X|Y}(x|y)$를 다음과 같이 정의하자.

$$F_{X|Y}(x|y) = P(X \leq x | Y=y) = \lim_{\Delta y \to 0} P(X \leq x | y \leq Y \leq y + \Delta y)$$

또한 Y의 주변확률밀도함수가 y에서 $f_Y(y) > 0$일 때, 조건부확률

$$P(X \le x | y \le Y \le \Delta y) = \frac{P(X \le x, y \le Y \le y + \Delta y)}{P(y \le Y \le y + \Delta y)}$$

$$= \frac{\int_{-\infty}^{x} \frac{1}{\Delta y} \int_{y}^{y+\Delta y} f(u, v) dv du}{\frac{1}{\Delta y} \int_{y}^{y+\Delta y} f_Y(v) dv}$$

에서 $\Delta y \to 0$이면 다음을 얻는다.

$$F_{X|Y}(x|y) = P(X \le x | Y = y) = \int_{-\infty}^{x} \frac{f(u, y)}{f_Y(y)} du.$$

이 때 $f_{X|Y}(x|y)$를 다음과 같이 정의하자.

$$f_{X|Y}(x|y) = \begin{cases} \frac{f(x, y)}{f_Y(y)} & (f_Y(y) > 0) \\ 0 & (f_Y(y) = 0) \end{cases}.$$

그러면 명백하게 $f_{X|Y}(x|y) > 0$이고

$$\int_{-\infty}^{\infty} f_{X|Y}(x|y) dx = \int_{-\infty}^{\infty} \frac{f(x, y)}{f_Y(y)} dx = 1$$

이므로 $f_{X|Y}(x|y)$는 확률밀도함수가 되고 $F_{X|Y}(x|y)$는 $f_{X|Y}(x|y)$를 확률밀도 함수로 가지는 누적분포함수이다.

정 의 17 (이산확률변수들 간의 조건부분포)

이산확률 변수 X, Y가 결합확률질량함수 $f(x, y)$를 가질 때

(1) $f_{X|Y}(x|y) = \frac{f(x, y)}{f_Y(y)}$ (혹은 $f(x|y)$ 혹은 $f(X = x | Y = y)$)

: $Y = y$가 주어졌다는 가정하에서 X의 조건부확률질량함수 (conditional probability mass function)라 한다.

(2) $F_{X|Y}(x|y) = P(X \le x | Y = y) = \sum_{u \le x} f_{X|Y}(u|y)$

(혹은 $F(x|y)$ 혹은 $F(X = x | Y = y)$)

: $Y = y$가 주어졌다는 가정하에서 X의 조건부누적분포함수 (conditional distribution function) 혹은 조건부분포함수라 한다.

정 의 18 (결합연속인 확률변수들 간의 조건부분포)
연속확률변수 X와 Y가 결합확률밀도함수 $f(x,y)$를 가질때

(1) $f_{X|Y}(x|y) = \begin{cases} \dfrac{f(x,y)}{f_Y(y)} & (f_Y(y) > 0) \\ 0 & (f_Y(y) = 0) \end{cases}$

　　(혹은 $f(x|y)$ 혹은 $f(X=x \mid Y=y)$)

: $Y=y$가 주어졌다는 가정하에서 X의 조건부확률밀도함수(conditional probability density function)라고 한다.

(2) $F_{X|Y}(x|y)$(혹은 $F(x|y)$) $= \displaystyle\int_{-\infty}^{x} \dfrac{f(u,y)}{f_Y(y)} du$

　　(혹은 $F(x|y)$ 혹은 $F(X=x \mid Y=y)$)

: $Y=y$가 주어졌다는 가정하에서 X의 조건부누적분포함수(conditional distribution function) 혹은 조건부분포함수라고 한다.

5.2. 조건부기댓값

정 의 19
(1) 이산확률변수 X, Y에 대하여
$$E(X|Y=y) = \sum_{x \in X(S)} x f(x|y)$$
: $Y=y$가 주어졌다는 가정하에서 X의 **조건부기댓값** (conditional expectation)

(2) 결합연속인 확률변수 X, Y에 대하여
$$E(X|Y=y) = \int_{-\infty}^{\infty} x f(x|y) dx$$
: $Y=y$가 주어졌다는 가정하에서 X의 **조건부기댓값** (conditional expectation)

NOTE
확률변수 X, Y와 $Y=y$가 주어졌다는 가정하에서 X의 조건부누적분포함수 $F(x|y)$에 대하여
$$E(X|Y=y) = \int_{-\infty}^{\infty} x dF(x|y)$$
를 $Y=y$가 주어졌다는 가정하에서 X의 **조건부기댓값**이라 한다.

정 리 20
(1) $u(x)$가 실수상에서 정의된 함수일 때
$$E(u(X)|Y=y) = \begin{cases} \sum_{x \in X(S)} u(x) f(x|y) & (X, Y: \text{이산}) \\ \int_{-\infty}^{\infty} u(x) f(x|y) dx & (X, Y: \text{결합연속}) \end{cases}$$

(2) 확률변수 $X_1, X_2, \cdots, X_n$에 대하여
$$E\left(\sum_{i=1}^{n} X_i \Big| Y=y\right) = \sum_{i=1}^{n} E(X_i | Y=y)$$

보 기 18
이산확률변수 X와 Y의 결합확률질량함수가 다음과 같이 주어져 있다.

	0	1	2	$f_X(x)$
0	1/6	1/6	1/6	1/2
1	1/12	1/3	1/12	1/2
$f_Y(y)$	1/4	1/2	1/4	1

(1) 조건부확률 $P(X=0|Y=1)$, $P(X=1|Y=1)$을 구하시오.
(2) 조건부기댓값 $E(X|Y=1)$을 구하시오.
(3) 조건부확률 $P(X \geq 1 | Y=2X)$를 구하시오.

풀 이

(1) $P(X=0|Y=1) = \dfrac{f(0,1)}{f_Y(1)} = \dfrac{1/6}{1/2} = \dfrac{1}{3}$,

$P(X=1|Y=1) = \dfrac{f(1,1)}{f_Y(1)} = \dfrac{1/3}{1/2} = \dfrac{2}{3}$.

(2) $E(X|Y=1) = \displaystyle\sum_{x=0}^{1} x f(X=x|Y=1)$

$= 0 \cdot f(X=0|Y=1) + 1 \cdot f(X=1|Y=1) = \dfrac{2}{3}$.

(3) $P(X \geq 1|Y=2X) = \dfrac{P(X \geq 1, Y=2X)}{P(Y=2X)}$

$= \dfrac{f(1,2)}{f(0,0)+f(1,2)} = \dfrac{1/12}{1/6+1/12} = \dfrac{1}{3}$.

보 기 19

결합연속확률변수 X와 Y의 결합확률밀도함수가 다음과 같이 주어져 있다.

$$f(x,y) = \begin{cases} \dfrac{1}{2}xy & (0 \leq x \leq y \leq 2) \\ 0 & (\text{그 외}) \end{cases}$$

(1) 조건부확률밀도함수 $f(X=x|Y=1)$을 구하시오.
(2) 조건부확률 $P(X \geq 1/2|Y=2X)$를 구하시오.
(3) 조건부기댓값 $E(X|Y=1)$를 구하시오.

풀 이

(1) (i) $f_Y(1) = \displaystyle\int_{-\infty}^{\infty} f(x,1)dx = \int_0^1 \dfrac{1}{2}x\,dx = \dfrac{1}{4}$.

(ii) $f(X=x|Y=1) = \dfrac{f(x,1)}{f_Y(1)} = \dfrac{f(x,1)}{1/4}$

$= \begin{cases} \dfrac{x/2}{1/4} = 2x & (0 \leq x \leq 1) \\ 0 & (\text{그 외}) \end{cases}$.

(2) (i) $f(X=x \mid Y=2X) = \dfrac{f(x, 2x)}{\displaystyle\int_{-\infty}^{\infty} f(x, y)|_{y=2x}\, dx}$

$= \dfrac{f(x, 2x)}{\displaystyle\int_{0}^{1} \dfrac{xy}{2}\bigg|_{y=2x} dx} = \dfrac{f(x, 2x)}{\displaystyle\int_{0}^{1} x^2\, dx}$

$= 3 f(x, 2x)$

$= \begin{cases} 3x^2 & 0 \leq x \leq 1 \\ 0 & \text{그 외} \end{cases}$.

(ii) $P\left(X \geq \dfrac{1}{2} \,\bigg|\, Y=2X\right) = \displaystyle\int_{1/2}^{\infty} f(X=x \mid Y=2X)\, dx$

$= \displaystyle\int_{1/2}^{1} 3x^2\, dx = \dfrac{7}{8}$.

(3) (1)의 결과를 이용하면

$E(X \mid Y=1) = \displaystyle\int_{-\infty}^{\infty} x f(X=x \mid Y=1)\, dx = \int_{0}^{1} x\, 2x\, dx = \dfrac{2}{3}$.

예 제 21

이산확률변수 X와 Y의 결합확률질량함수 $f(x, y)$가 다음과 같이 주어져 있다.

X \ Y	0	1	2	$f_X(x)$
0	0.15	0.2	0.1	
1	0.2	0.05	0.15	
2	0.05	0.05	0.05	
$f_Y(y)$				1

이 때 위 표의 빈 칸을 채우고 아래 확률을 구하시오.
(1) $P(X \leq 1.8,\ Y \leq 0.7)$
(2) $P(1 \leq X < 2,\ 0.7 \leq Y < 1.6)$
(3) $P(X+Y=2)$
(4) $P(X=2 \mid Y \geq 1)$

21년시행기출 (일련번호 21-1)

두 확률변수 X와 Y의 결합확률질량함수 (joint probability massfunction)가 다음과 같다.

X \ Y	1	2	3	4
0	p	$\dfrac{1}{24}$	$\dfrac{1}{12}$	$\dfrac{1}{8}$
1	0	$\dfrac{1}{12}$	$\dfrac{1}{8}$	$\dfrac{1}{24}$
2	$\dfrac{1}{12}$	$\dfrac{1}{8}$	$\dfrac{1}{12}$	q

X의 기댓값이 $E(X) = \dfrac{11}{12}$ 일 때, $p \times \dfrac{1}{q}$ 의 값과 조건부확률
$P(X+Y \leq 4 \mid Y-X=2)$의 값을 순서대로 쓰시오. [2점]

풀 이
(1) $P(X \leq 1.8,\ Y \leq 0.7) = f(0, 0) + f(1, 0) = 0.15 + 0.2 = 0.35$.
(2) $P(1 \leq X < 2,\ 0.7 \leq Y < 1.6) = f(1, 1) = 0.05$.

(3) $P(X+Y=2) = f(0,2) + f(1,1) + f(2,0)$
$= 0.1 + 0.05 + 0.05 = 0.2$.

(4) $P(X=2 \mid Y \geq 1) = \dfrac{P(X=2,\, Y \geq 1)}{P(Y \geq 1)}$

$= \dfrac{f(2,1) + f(2,2)}{f(0,1) + f(0,2) + f(1,1) + f(1,2) + f(2,1) + f(2,2)}$

$= \dfrac{0.05 + 0.05}{0.2 + 0.1 + 0.05 + 0.15 + 0.05 + 0.05} = \dfrac{0.1}{0.6} = \dfrac{1}{6}$.

24년시행기출 (일련번호 24-B6)

두 확률변수 X와 Y의 결합확률밀도함수(joint probability density function)가
$f(x,y)$
$= \begin{cases} \dfrac{1}{\sqrt{2\pi}} e^{-\frac{1}{2}(x+y^2)}, & x > 0, y > 0 \\ 0, & \text{그 외의 경우} \end{cases}$
일 때, 확률변수 X와 Y가 서로 독립인지를 판별하고 그 이유를 쓰시오. 또한 조건부확률
$P(X \leq 2 \mid Y \leq 2)$의 값을 풀이 과정과 함께 쓰시오. [4점]
※ 다음은 필요하면 사용할 수 있다.

$$\dfrac{1}{\sqrt{2\pi}} \int_{-\infty}^{\infty} e^{-\frac{t^2}{2}} dt = 1$$

예 제 22

결합연속확률변수 X, Y의 결합확률밀도함수가
$$f(x,y) = \begin{cases} 2, & 0 < x < y < 1 \\ 0, & \text{그 외} \end{cases}$$
일 때 다음 물음에 답하시오.

(1) 주변 확률함수 $f_X(x)$와 $f_Y(y)$를 구하시오.

(2) $A = \left\{(x,y) \,\middle|\, \dfrac{1}{2} < x < y < 1\right\}$,
$B = \left\{(x,y) \,\middle|\, x < y < 1,\, 0 < x \leq \dfrac{1}{2}\right\}$ 일 때 $P(A)$, $P(B)$를 구하시오.

(3) $f(x \mid y)$를 x, y의 식으로 나타내시오.

(4) $P\left(0 < X < \dfrac{1}{2}\right)$를 구하시오.

(5) X와 Y는 독립인지 여부를 말하시오.

(6) 확률 $P\left(0 < X < \dfrac{1}{2} \,\middle|\, y = \dfrac{3}{4}\right)$를 구하시오.

(7) 결합누적분포함수 $F(x,y)$를 구하시오.

풀 이

(1) $f_X(x) = \displaystyle\int_{-\infty}^{\infty} f(x,y) dy = \int_x^1 2 dy = [2y]_x^1 = 2 - 2x$,

$f_Y(y) = \displaystyle\int_{-\infty}^{\infty} f(x,y) dx = \int_0^y 2 dx = [2x]_0^y = 2y$.

(2) $P(A) = \int_{\frac{1}{2}}^{1} \int_{x}^{1} 2\, dy\, dx = \int_{\frac{1}{2}}^{1} (2 - 2x)\, dx$

$= [2x - x^2]_{\frac{1}{2}}^{1} = 1 - \frac{3}{4} = \frac{1}{4},$

$P(B) = \int_{0}^{\frac{1}{2}} \int_{-1}^{1} 2\, dy\, dx = \int_{0}^{\frac{1}{2}} (2 - 2x)\, dx = [2x - x^2]_{0}^{\frac{1}{2}} = \frac{3}{4}.$

(3) $f(x \mid y) = \frac{f(x, y)}{f_{Y}(y)} = \frac{2}{2y} = \frac{1}{y} \quad (0 < y < 1).$

(4) $P\left(0 < X < \frac{1}{2}\right) = \int_{0}^{\frac{1}{2}} f_X(x)\, dx = \int_{0}^{\frac{1}{2}} (2 - 2x)\, dx = \frac{3}{4}.$

(5) $f(x, y) = 2 \neq 2(2 - 2x) \cdot 2y = f_X(x) f_Y(y)$ 이므로 독립이 아니다.

(6) $P\left(0 < X < \frac{1}{2} \mid Y = \frac{3}{4}\right) = \dfrac{\int_{0}^{\frac{1}{2}} f\left(x, \frac{3}{4}\right) dx}{f_Y\left(\frac{3}{4}\right)} = \dfrac{\int_{0}^{\frac{1}{2}} 2\, dx}{2 \frac{3}{4}}$

$= \frac{2}{3}.$

(7) $F(x, y) = \begin{cases} 2xy & , 0 < x < y < 1 \\ 0 & , \text{그 외} \end{cases}.$

92년시행기출

주머니 속에 앞면이 나올 확률이 각각 $\frac{1}{4}$, $\frac{1}{2}$, $\frac{3}{4}$인 동전 C_1, C_2, C_3가 한 개씩 들어있다. 이 주머니에서 임의로 한 개의 동전을 꺼내 4번을 던졌더니 앞면이 2번 나왔다. 균형잡힌 동전 C_2가 꺼내졌을 확률은?

① $\frac{6}{17}$ ② $\frac{7}{17}$
③ $\frac{8}{17}$ ④ $\frac{9}{17}$

유 제 10 [01년시행기출]

(1) 동전 2개를 던질 때 앞면이 나오는 개수를 확률 변수 X라 하고, 확률변수 Y를

$$Y = \begin{cases} 0 & X = 0, 2 \\ 1 & X = 1 \end{cases}$$

으로 정의할 때, 다음 물음에 답하시오. (총 5점)

① 다음 표를 완성하시오. (3점)

X의 확률분포

X	$P(X)$
0	
1	
2	
합	1

Y의 확률분포

Y	$P(Y)$
0	
1	
합	1

X와 Y의 결합 확률분포

$X \backslash Y$	0	1	합
0			
1			
2			
합			1

② X와 Y의 공분산(covariance) σ_{XY}를 구하여라. (1점)

③ X와 Y의 독립성 여부를 판별하시오. (1점)

(2) 다음 확률밀도함수의 누적분포함수를 구하시오.

$$f(x, y, z) = \begin{cases} e^{-(x+y+z)} & 0 < x, y, z < \infty \\ 0 & \text{그 외} \end{cases}$$

(3) 결합연속인 확률변수 X, Y가 다음과 같은 확률밀도함수를 가질 때 아래 확률을 구하시오.

$$f(x, y) = \begin{cases} e^{-(x+y)} & , x, y \geq 0 \\ 0 & , \text{그 외} \end{cases}$$

① $P(X > 2, Y > 1)$
② $P(X > 2 \mid Y > 1)$
③ $P(X > Y \mid 2X > Y)$

(4) 한 개의 동전을 3번 던질 때 X는 두 번 던질 때까지의 앞면의 수이고 Y는 세 번째 던졌을 때 나타나는 앞면의 수라 할 때 X와 Y의 결합확률분포를 구하고 공분산과 상관계수를 구하시오.

(5) 결합연속인 확률변수 X와 Y의 결합확률밀도함수가

$$f(x, y) = \frac{1}{\pi} e^{-x^2 - y^2} \quad ((x, y) \in \mathbb{R}^2)$$

이면 X, Y는 서로 독립임을 보이시오.

풀 이

(2) X, Y, Z의 누적분포함수는

$F(x, y, z) = P(X \leq x, Y \leq y, Z \leq z)$

$$= \begin{cases} \int_0^z \int_0^y \int_0^x e^{-u-v-w} du\, dv\, dw & (0 < x, y, z < \infty) \\ 0 & (\text{그 외}) \end{cases}$$

$$= \begin{cases} (1-e^{-x})(1-e^{-y})(1-e^{-z}) & (0 < x, y, z < \infty) \\ 0 & (\text{그 외}) \end{cases}.$$

(3) ① $P(X > 2, Y > 1) = \int_2^\infty \int_1^\infty e^{-(x+y)} dy\, dx$

$$= \int_2^\infty e^{-x} \int_1^\infty e^{-y} dy\, dx$$

$$= e^{-1} \int_2^\infty e^{-x} dx = e^{-3}.$$

② $P(X > 2 \mid Y > 1) = \dfrac{\iint_{X>2, Y>1} f(x, y) dy\, dx}{\iint_{Y>1} f(x, y) dy\, dx}$

$$= \dfrac{\int_2^\infty \int_1^\infty e^{-(x+y)} dy\, dx}{\int_{-\infty}^\infty \int_1^\infty e^{-(x+y)} dy\, dx}$$

$$= \dfrac{e^{-1} \int_2^\infty e^{-x} dx}{e^{-1} \int_0^\infty e^{-x} dx} = e^{-2}.$$

③ $P(X > Y \mid 2X > Y) = \dfrac{P(X > Y, 2X > Y)}{P(2X > Y)}$

$$= \dfrac{\int_0^\infty \int_0^x e^{-(x+y)} dy\, dx}{\int_0^\infty \int_0^{2x} e^{-(x+y)} dy\, dx}$$

$$= \dfrac{1/2}{2/3} = \dfrac{3}{4}.$$

(4)

x \ y	0	1	2	3	$f_X(x)$
0	1/8	1/8	0	0	1/4
1	0	1/4	1/4	0	1/2
2	0	0	1/8	1/8	1/4
$f_Y(y)$	1/8	3/8	3/8	1/8	1

(ⅰ) $E(X) = \sum_x x f_X(x) = \dfrac{1}{2} + 2 \cdot \dfrac{1}{4} = 1$,

$E(Y) = \sum_y y f_Y(y) = 1 \cdot \dfrac{3}{8} + 2 \cdot \dfrac{3}{8} + 3 \cdot \dfrac{1}{8} = \dfrac{12}{8} = \dfrac{3}{2}$,

$E(XY) = \sum_{x,y} xy f(x,y)$

$= \dfrac{1}{4} + 2 \cdot \dfrac{1}{4} + 4 \cdot \dfrac{1}{8} + 6 \cdot \dfrac{1}{8} = \dfrac{16}{8} = 2$.

(ⅱ) $Cov(X, Y) = E(XY) - E(X)E(Y) = 2 - \dfrac{3}{2} = \dfrac{1}{2}$.

(ⅲ) $E(X^2) = \sum_x x^2 f_X(x) = \dfrac{3}{2}$, $E(Y^2) = \sum_y y^2 f_Y(y) = 3$ 이므로

$\sigma_X^2 = E(X^2) - E(X)^2 = \dfrac{3}{2} - 1^2 = \dfrac{1}{2}$,

$\sigma_Y^2 = E(Y^2) - E(Y)^2 = 3 - \left(\dfrac{3}{2}\right)^2 = \dfrac{3}{4}$.

(ⅳ) $\rho(X, Y) = \dfrac{Cov(X, Y)}{\sigma_X \sigma_Y} = \dfrac{1/2}{\sqrt{1/2}\sqrt{3/4}} = \sqrt{\dfrac{2}{3}}$.

(5) $f_X(x) = \int_{-\infty}^{\infty} \dfrac{1}{\pi} e^{-x^2 - y^2} dy = \dfrac{1}{\sqrt{\pi}} e^{-x^2}$,

$f_Y(y) = \int_{-\infty}^{\infty} \dfrac{1}{\pi} e^{-x^2 - y^2} dx = \dfrac{1}{\sqrt{\pi}} e^{-y^2}$.

따라서 $f(x, y) = f_X(x) f_Y(y)$이고 두 확률변수 X, Y는 서로 독립이다.

※ $I = \int_{-\infty}^{\infty} e^{-x^2} dx$ 라 두면

$$\begin{aligned}
I^2 &= \int_{-\infty}^{\infty} e^{-x^2} dx \int_{-\infty}^{\infty} e^{-x^2} dx \\
&= \int_{-\infty}^{\infty} e^{-x^2} dx \int_{-\infty}^{\infty} e^{-y^2} dy \\
&= \int_{-\infty}^{\infty} \int_{-\infty}^{\infty} e^{-x^2-y^2} dx dy \\
&= \int_0^{\infty} \int_0^{2\pi} e^{-r^2} r\, d\theta\, dr \\
&= 2\pi \int_0^{\infty} re^{-r^2} dr \\
&= \pi \int_0^{\infty} e^{-u} du \quad (r^2 = u \text{로 치환}) \\
&= \pi.
\end{aligned}$$

따라서 $\int_{-\infty}^{\infty} e^{-x^2} dx = I = \sqrt{\pi}$ 이다.

6. 극한정리

6.1. 기본적인 부등식

> **정 리 21**
>
> (1) 마르코프(Markov) 부등식
> 음이 아닌 확률변수 X와 양의 실수 a에 대하여 다음 부등식이 성립한다.
> $$P(X \geq a) \leq \frac{E(X)}{a}$$
>
> (2) 체비셰프(Chebyshev) 부등식
> X의 기댓값과 분산이 각각 m과 $0 < \sigma^2 < \infty$일 때, 양의 실수 k에 대하여 다음 부등식이 성립한다.
> $$P(|X-m| \geq k) \leq \frac{\sigma^2}{k^2}$$

증 명

(1) $\displaystyle P(X \geq a) = \int_a^\infty f(x)dx$

$\displaystyle = \frac{1}{a}\int_a^\infty af(x)dx \leq \frac{1}{a}\int_a^\infty xf(x)dx = \frac{1}{a}E(X).$

(2) (i) ㉠ $\displaystyle P(m+k \leq X) = \int_{m+k}^\infty f(x)dx = \frac{1}{k^2}\int_{m+k}^\infty k^2 f(x)dx$

$\displaystyle = \frac{1}{k^2}\int_{m+k}^\infty (x-m)^2 f(x)dx.$

$((\because)\ m+k < x \Rightarrow k^2 < (x-m)^2)$

㉡ $\displaystyle P(X \leq m-k) = \int_{-\infty}^{m-k} f(x)dx = \frac{1}{k^2}\int_{-\infty}^{m-k} k^2 f(x)dx$

$\displaystyle = \frac{1}{k^2}\int_{-\infty}^{m-k} (x-m)^2 f(x)dx$

$((\because)\ x < m-k \Rightarrow x-m \leftarrow k$
$\Rightarrow k^2 < (x-m)^2)$

(ⅱ) $P(|x-m| \geq k)$
$= P(X-m \leq -k \text{ 또는 } k \leq X-m)$
$= P(X \leq m-k) + P(m+k \leq X)$
$= \dfrac{1}{k^2}\left(\displaystyle\int_{-\infty}^{m-k}(x-m)^2 f(x)dx + \int_{m+k}^{\infty}(x-m)^2 f(x)dx\right)$
$\leq \dfrac{1}{k^2}\displaystyle\int_{-\infty}^{\infty}(x-m)^2 f(x)dx = \dfrac{\sigma^2}{k^2}.$

6.2. 수렴성

> **정 의 20**
> 동일한 확률공간 $(S, \mathcal{F}, P)$에서 정의된 확률변수열 $\{X_n\}$에 대하여
>
> (1) $X_n \xrightarrow{a.s.} X$ (혹은 $X_n \to X \ a.s.$)
> $\Leftrightarrow P\left(\left\{\omega \in S \ \Big| \ \lim_{n \to \infty} X_n(\omega) = X(\omega)\right\}\right) = 1$
>
> 이 때 $\{X_n\}$은 확률변수 X에 거의 확실히 수렴(almost surely converge) 혹은 확률 1로(with probability 1)로 수렴한다고 한다.
>
> (2) $X_n \xrightarrow{P} X$
> $\Leftrightarrow$ 임의의 $\varepsilon > 0$에 대하여 $\lim_{n \to \infty} P\{\omega \in S | |X_n(\omega) - X(\omega)| > \varepsilon\} = 0$
>
> 이 때 $\{X_n\}$은 확률변수 X에 확률적으로 수렴(convergence in probability)한다고 한다.

6.3. 대수의 법칙과 중심극한정리

정 리 22

(1) 대수의 약법칙(Weak Law of Large Numbers)
X_1, X_2, $\cdots$ 이 독립이며 동일한 분포를 갖고 $E(X_i) = m < \infty$, $Var(X_i) = \sigma^2 < \infty$ 이면 $\dfrac{X_1 + X_2 + \cdots + X_n}{n} \xrightarrow{P} m$ 이다.

(즉 $\lim\limits_{n \to \infty} P\left(\left|\dfrac{X_1 + X_2 + \cdots + X_n}{n} - m\right| > \epsilon\right) = 0 \ (\forall \epsilon > 0)$)

(2) 대수의 강법칙(Strong Law of Large Numbers)
X_1, X_2, $\cdots$ 이 독립이며 동일한 분포를 갖고 $E(X_i) = m < \infty$ 이면
$\dfrac{X_1 + X_2 + \cdots + X_n}{n} \xrightarrow{a.s.} m$ 이다.

(즉 $P\left(\lim\limits_{n \to \infty} \dfrac{X_1 + X_2 + \cdots + X_n}{n} = m\right) = 1$)

정 리 23 (중심극한정리)

X_1, X_2, $\cdots$ 이 독립이며 동일한 분포를 갖고
$E(X_i) = m < \infty$, $Var(X_i) = \sigma^2 < \infty \ (i = 1, 2, 3, \cdots)$ 이면

$$F(x) = \lim_{n \to \infty} P\left(\dfrac{\overline{X} - m}{\sigma / \sqrt{n}} \leq x\right)$$

$$= \lim_{n \to \infty} P\left(\dfrac{X_1 + X_2 + \cdots + X_n - nm}{\sigma \sqrt{n}} \leq x\right)$$

이다.
(단 $\overline{X} = \dfrac{1}{n}(X_1 + X_2 + \cdots + X_n)$, $F(x) = \dfrac{1}{\sqrt{2}} \int_{-\infty}^{x} e^{-y^2/2} dy$: 표준정규분포의 누적분포함수)

보기 20
중심극한정리를 이용하여 이항분포의 정규근사를 설명하시오.

풀이

$X_1, X_2, \cdots, X_n$은 서로 독립이며 모수가 p인 베르누이 확률변수열이라 하자.

$$(\text{즉 } X_1, X_2, \cdots, X_n \sim B(1, p))$$

그러면
$$S_n = X_1 + X_2 + \cdots + X_n$$

에 대하여 $S_n \sim B(n, p)$가 되며
$$E(S_n) = np, \quad Var(S_n) = np(1-p)$$

가 된다. 따라서 중심극한정리에 의하여 $n \to \infty$일 때,
$$P\left(\frac{S_n - np}{\sqrt{np(1-p)}} \leq x\right) \to F(x)$$

이다. (단 F는 표준정규분포의 누적분포함수이다.)

따라서 충분히 큰 n에 대하여 이항분포 $B(n, p)$는 평균이 np, 분산이 $np(1-p)$인 정규분포로 근사할 수 있다. 즉

$$P(S_n \leq x) = P\left(\frac{S_n - np}{\sqrt{np(1-p)}} \leq \frac{x - np}{\sqrt{np(1-p)}}\right) \approx F\left(\frac{x - np}{\sqrt{np(1-p)}}\right).$$

21년시행기출 (일련번호 21-2)

확률변수 X의 적률생성함수(moment generating function) $M_X(t)$가
$$M_X(t) = \frac{1}{(1-2t)^4} \quad \left(t < \frac{1}{2}\right)$$
이다. 확률변수 X의 분산을 풀이 과정과 함께 쓰시오.
또한, $X_1, X_2, \cdots, X_{100}$이 적률생성함수가 $M_X(t)$인 분포로부터 뽑힌 확률표본일 때, 이들의 평균 $\overline{X} = \frac{1}{100}\sum_{i=1}^{100} X_i$에 대하여 $\overline{X}$가 9이상이 될 확률은 중심극한정리(central limit theorem)를 적용하면 근사적으로 $P(Z \geq c)$이다. 상수 c의 값을 풀이 과정과 함께 쓰시오. (단, Z는 표준정규분포를 따르는 확률변수이다.) [4점]

[98년시행 추가임용기출]

인구가 10만인 도시에서 시정(市政)에 대한 여론을 조사하였더니 남자 성인의 80%와 여자 성인의 90%가 시정(市政)을 지지하였다. 이 도시에서 남자 성인 400명과 여자 성인 400명을 임의로 뽑았을 때, 다음의 확률을 구하시오.[총 5점]
① 적어도 700명이 시정(市政)에 대하여 지지할 확률(3점)
② 시정(市政)에 대한 지지자 중 여자가 남자보다 25명 이상 더 많을 확률(2점)

<표준정규분포표>

k	0.00	0.01	0.02	0.03	0.004	0.05	0.06	0.07	0.08	0.09
1.5	.4332	.4354	.4357	.4370	.4382	.4394	.4406	.4418	.4429	.4441
1.6	.4452	.4463	.4474	.4484	.4495	.4505	.4515	.4525	.4535	.4545
1.7	.4554	.4564	.4573	.4528	.4591	.4599	.4608	.4616	.4625	.4633
1.8	.4941	.4649	.4656	.4664	.4671	.4678	.5686	.4693	.4699	.4706
1.9	.4713	.4719	.4726	.4732	.4738	.4744	.4750	.4756	.4761	.4767
2.0	.4772	.4778	.4783	.4788	.4793	.4798	.4803	.4808	.4812	.4817
2.1	.4821	.4826	.4830	.4834	.4838	.4842	.4846	.4850	.4854	.4857

7. 추정과 가설검정

7.1. 구간추정

7.1.1. 모평균의 구간추정

NOTE (모평균의 구간추정)
(1) 표본이 큰 대표본의 경우 ($n \geq 30$)
① 모평균의 분포
$X_1, X_2, \cdots, X_n$가 모평균 m, 모분산 σ^2인 임의의 분포를 따를 때 중심극한정리에 의해 다음이 성립한다. (단 s^2은 표본분산)

$$\overline{X} = \frac{X_1 + X_2 + \cdots + X_n}{n} \sim N\left(m, \frac{\sigma^2}{n}\right) \fallingdotseq N\left(m, \frac{s^2}{n}\right)$$

$$\Rightarrow \frac{\overline{X} - m}{s/\sqrt{n}} \fallingdotseq \frac{\overline{X} - m}{\sigma/\sqrt{n}} = Z \sim N(0, 1^2)$$

$$\Rightarrow 1 - \alpha = \begin{cases} \begin{cases} = P\left(-z_{\alpha/2} \leq \dfrac{\overline{X} - m}{\sigma/\sqrt{n}} \leq z_{\alpha/2}\right) \\ = P\left(\overline{X} - z_{\alpha/2}\dfrac{\sigma}{\sqrt{n}} \leq m \leq \overline{X} + z_{\alpha/2}\dfrac{\sigma}{\sqrt{n}}\right) \\ = P\left(|\overline{X} - m| \leq z_{\alpha/2}\dfrac{\sigma}{\sqrt{n}}\right) \end{cases} \\ \begin{cases} = P\left(-z_{\alpha/2} \leq \dfrac{\overline{X} - m}{s/\sqrt{n}} \leq z_{\alpha/2}\right) \\ = P\left(\overline{X} - z_{\alpha/2}\dfrac{s}{\sqrt{n}} \leq m \leq \overline{X} + z_{\alpha/2}\dfrac{s}{\sqrt{n}}\right) \\ = P\left(|\overline{X} - m| \leq z_{\alpha/2}\dfrac{s}{\sqrt{n}}\right) \end{cases} \end{cases}$$

(단 $Z \sim N(0, 1^2)$일 때 $P(0 \leq Z \leq z_{\alpha/2}) = \dfrac{1}{2} - \dfrac{\alpha}{2}$)

② 모평균의 신뢰구간

$$\left(\overline{X} - z_{\alpha/2}\frac{\sigma}{\sqrt{n}},\ \overline{X} + z_{\alpha/2}\frac{\sigma}{\sqrt{n}}\right)$$

$$\fallingdotseq \left(\overline{X} - z_{\alpha/2}\frac{s}{\sqrt{n}},\ \overline{X} + z_{\alpha/2}\frac{s}{\sqrt{n}}\right) : m \text{의 } 100(1 - \alpha)\% \text{ 신뢰구간}$$

NOTE (점추정과 구간추정)
주어진 자료(표본)를 분석하여 모집단의 모수(모평균, 모분산, 모표준편차)를 추정하는데 하나의 값으로 추정 결과를 제시하는 것을 **점추정**(point estimation)이라 하고, 구간으로 제시하는 것을 **구간추정**(interval estimation)이라 한다.
점추정은 단지 하나의 값으로만 모수의 값을 추정하는 것이므로 다른 표본에 대해서는 다른 추정값이 나타나는 등, 그 값이 완전히 옳다고 확신할 수 없으며 경우에 따라서는 모수의 참값과 극단적으로 다른 경우가 나타날 수 있다. 따라서 이러한 단점을 해결하기 위하여 구간추정이 생겨났으며, 이는 표본의 통계량을 기초로 모수의 참값의 범위를 추정한다.

③ 표본크기의 결정
오차의 허용한계가 e일 때 표본의 크기 n은 다음을 만족한다.

$$|\overline{X}-m|(=\text{오차}) \leq \begin{cases} z_{\alpha/2}\dfrac{s}{\sqrt{n}} \leq e \left(\Leftrightarrow n \geq \left(\dfrac{z_{\alpha/2}\,s}{e}\right)^2\right) \\ \quad : \text{모표준편차 } \sigma \text{를 모를 때} \\ z_{\sigma/2}\dfrac{\sigma}{\sqrt{n}} \leq e \left(\Leftrightarrow n \geq \left(\dfrac{z_{\alpha/2}\,\sigma}{e}\right)^2\right) \\ \quad : \text{모표준편차 } \sigma \text{를 알 때} \end{cases}$$

(2) 표본이 작은 소표본의 경우 ($n < 30$)

① 모평균의 분포

$X_1, X_2, \cdots, X_n$가 정규분포 $N(m, \sigma^2)$를 따를 때 다음이 성립한다.

$\overline{X} = \dfrac{X_1 + X_2 + \cdots + X_n}{n}$이라 할 때

㉠ σ(모표준편차)를 아는 경우, $Z = \dfrac{\overline{X}-m}{\sigma/\sqrt{n}} \sim N(0, 1)$.

㉡ σ(모표준편차)를 모르는 경우,

$t = \dfrac{\overline{X}-m}{s/\sqrt{n}} \sim$ 자유도가 $n-1$인 t-분포(단 s^2은 표본분산)

$\Rightarrow 1-\alpha = P(-t_{\alpha/2}(n-1) \leq t \leq t_{\alpha/2}(n-1))$

$\quad = P\left(-t_{\alpha/2}(n-1) \leq \dfrac{\overline{X}-m}{s/\sqrt{n}} \leq t_{\alpha/2}(n-1)\right)$

$\quad = P\left(\overline{X} - t_{\alpha/2}(n-1)\dfrac{s}{\sqrt{n}} \leq m \leq \overline{X} + t_{\alpha/2}(n-1)\dfrac{s}{\sqrt{n}}\right)$.

(단 $t \sim$ 자유도가 $n-1$인 t-분포일 때

$P(0 \leq t \leq t_{\alpha/2}(n-1)) = \dfrac{1}{2} - \dfrac{\alpha}{2}$)

② 모평균의 신뢰구간

$\left(\overline{X} - t_{\alpha/2}(n-1)\dfrac{s}{\sqrt{n}},\ \overline{X} + t_{\alpha/2}(n-1)\dfrac{s}{\sqrt{n}}\right)$

: m의 $100(1-\alpha)\%$ 신뢰구간

예 제 23

고등학교 3학년 학생들의 평균 수면시간을 조사하려고 한다. 다음 물음에 답하시오.

(1) 64명의 학생을 조사한 결과 표본평균이 $\overline{X} = 6$(시간), 표본표준편차가 $s = 1$(시간)이었다고 할 때, 평균수면시간의 95% 신뢰구간을 구하시오.

(2) 표준편차가 $\sigma = 1$(시간)일 때 오차의 허용한계를 15분, 99% 신뢰수준을 유지하려고 한다. 표본의 크기를 얼마로 정해야 하는가?

단 $P(0 \leq Z \leq 1.96) = 0.475$, $P(0 \leq Z \leq 2.58) = 0.495$

풀 이

(1) $n = 64 \geq 30$, $95 = 100(1-\alpha)$이므로 $\alpha = 0.05$

95% 신뢰구간을 구하면

$$\left(\overline{X} - z_{\alpha/2}\frac{s}{\sqrt{n}},\ \overline{X} + z_{\alpha/2}\frac{s}{\sqrt{n}}\right) = \left(6 - 1.96\frac{1}{8},\ 6 + 1.96\frac{1}{8}\right)$$
$$= (6 - 0.245,\ 6 + 0.245)$$
$$= (5.755,\ 6.245).$$

(2) $\alpha = 0.01$이므로 $z_{\alpha/2} = 2.58$, $2.58 \cdot \dfrac{1}{\sqrt{n}} \leq \dfrac{1}{4}$이므로

$$n \geq 106.5024.$$

따라서 표본의 크기는 107이상이어야 한다.

예 제 24

시중에서 인기있는 9가지 캔 음료의 용량을 조사하기 위하여 다음의 자료를 얻었다. 평균 용량의 90%신뢰구간을 구하시오. 단, 캔 음료의 용량은 정규분포를 따른다고 한다.

| 200, 206, 203, 197, 196, 199, 199, 200, 200 |

t-분포표($P(t_\alpha \leq t) = \alpha$)

자유도 \ α	0.05	0.025
7	1.895	2.365
8	1.860	2.306
9	1.833	2.262
10	1.812	2.228

풀 이

표본평균 $\overline{X} = \dfrac{1}{9}\sum_{i=1}^{9} X_i = \dfrac{1800}{9} = 200$,

표본표준편차 $s = \sqrt{\dfrac{1}{9-1}\sum_{i=1}^{9}(\overline{X} - X_i)^2} = \sqrt{\dfrac{1}{8} \cdot 72} = 3$,

$90 = 100(1-\alpha)$이므로 $\alpha = 0.1$이고, $9 < 30$이므로 소표본이다.
따라서 모평균 m의 90%신뢰구간은

$$\left(\overline{X} - t_{\alpha/2}(n-1)\dfrac{s}{\sqrt{n}},\ \overline{X} + t_{\alpha/2}(n-1)\dfrac{s}{\sqrt{n}}\right)$$
$$= \left(200 - 1.860 \cdot \dfrac{3}{\sqrt{9}},\ 200 + 1.860 \cdot \dfrac{3}{\sqrt{9}}\right)$$
$$= (198.140,\ 210.860).$$

7.1 구간추정

예 제 25

(1) 서울 지역의 지하철 5호선과 4호선을 이용하는 승객들의 1인당 1일 이용요금이 어느 정도인지를 알아보기 위하여 지하철 5호선과 지하철 4호선 이용승객 중 각각 50명, 30명을 무작위로 추출하여 1일 평균 이용금액을 조사하였더니 다음과 같았다. 이러한 자료를 바탕으로 지하철 5호선 1일 평균 이용금액과 지하철 4호선 1일 평균 이용금액 차이 $(m_1 - m_2)$에 대하여 95%신뢰수준으로 구간 추정하시오. (단, 두 사건은 독립이다.)

	지하철 5호선	지하철 4호선
표본크기	$n_1 = 50$	$n_2 = 30$
표본평균	$\overline{X} = 1,256$	$\overline{Y} = 1,330$
표본표준편차	$s_1 = 200\sqrt{2}$	$s_2 = 30\sqrt{30}$

(단, $P(0 \leq Z \leq 1.96) = 0.475$)

(2) [11년시행기출]
정규분포 $N(\mu_1, 36)$과 $N(\mu_1, 36)$를 각각 따르는 두 모집단 X, Y가 서로 독립이라 하자. 모집단 X에서 추출된 크기가 n인 확률표본의 표본평균을 $\overline{X}$, 모집단 Y에서 추출된 크기가 n인 확률표본의 표본평균을 $\overline{Y}$라 하자.
모평균의 차 $\mu_1 - \mu_2$에 대한 95% 신뢰구간의 길이가 4.9일 때, n의 값은?
(단, $Z \sim N(0,1)$일 때, $P(|Z| \leq 1.96) = 0.95$이다.) [2점]

풀 이

(1) $\left((\overline{X} - \overline{Y}) - z_{\alpha/2}\sqrt{\dfrac{s_1^2}{n_1} + \dfrac{s_2^2}{n_2}},\ (\overline{X} - \overline{Y}) + z_{\alpha/2}\sqrt{\dfrac{s_1^2}{n_1} + \dfrac{s_2^2}{n_2}} \right)$
$= (-74 - 1.96 \cdot 50,\ -74 + 1.96 \cdot 50) = (-172, 24)$

유 제 11 (03년시행기출)

2003년도 전국학력평가에 응시한 수험생 중에서 자연계 수험생 64명, 인문계 수험생 9명을 임의로 선택하여 수리 영역의 점수를 조사하였다. 그 결과 자연계 수험생은 평균이 48점, 표준편차가 5.6점이었고, 인문계 수험생은 평균이 42점, 표준편차가 7.5점이었다. 자연계와 인문계에 응시한 수험생 전체의 수리 영역 점수가 각각 정규분포를 이룬다고 가정하고 두 집단의 평균점수를 추정하려 한다.

다음 물음에 답하시오. [총 5점]

(1) 아래의 표준정규분포표를 이용하여 자연계 수험생 전체의 수리영역 평균점수를 신뢰도 95%의 신뢰구간으로 추정하시오. (2점)

표준정규분포표($P(0 \leq Z \leq z)$)

z	.05	.06
1.6	.4505	.4515
1.7	.4599	.4608
1.8	.4678	.4686
1.9	.4744	.4750

(2) 아래의 t-분포표를 이용하여 인문계 수험생 전체의 수리 영역 평균점수를 신뢰도 95%의 신뢰구간으로 추정하시오. (3점)

t-분포표($P(t \leq t_\alpha) = \alpha$)

자유도 \ α	0.05	0.025
7	1.895	2.365
8	1.860	2.306
9	1.833	2.262
10	1.812	2.228

유 제 12

어느 지방의 월 가계 지출금액을 100가구를 대상으로 조사하였더니 평균 30만원이었다. 모표준편차가 $\sigma = 30$만원으로 알려졌을 때 모평균을 95%로 구간추정하시오.
단 $P(0 \leq Z \leq 1.96) = 0.475$

풀 이

$\overline{X} = 30$, $\sigma = 30$, $\alpha = 0.05$, $n = 100$이다.

95% 신뢰구간은

$$\left(\overline{X} - \frac{\sigma}{\sqrt{n}} z_{\alpha/2},\ \overline{X} + \frac{\sigma}{\sqrt{n}} z_{\alpha/2}\right) = \left(30 - \frac{30}{10}1.96,\ 30 + \frac{30}{10}1.96\right)$$
$$= (24.12,\ 35.88).$$

유 제 13

회사원의 월평균 소득을 추정하기로 하고 오차의 허용한계를 10,000원, 99%신뢰수준을 유지하려고 한다. 모집단의 표준편차가 10만원임을 알 때, 표본의 크기의 최소값은? 단, $P(0 \leq Z \leq 2.58) = 0.495$

풀 이

$$n \geq \left(\frac{z_{\alpha/2}\sigma}{e}\right)^2 = \frac{2.58^2 \cdot 100000^2}{10000^2} = 665.64.$$

따라서 666명 이상 조사하여야 한다.

유 제 14

4사람이 한 다이어트 프로그램에 한 달 동안 참석하였는데, 처음 시작할 때와 한 달 후 다이어트 프로그램이 끝났을 때 측정한 체중이 다음의 표와 같다. 다이어트 프로그램이 체중을 줄이는 효과가 있는지를 체중의 차에 대한 95%의 신뢰구간을 구하시오.

사람	처음체중(X)	나중체중(Y)
1	95	85
2	73	70
3	107	100
4	80	72

(단, 체중은 정규분포를 따른다.)

풀 이

$Z = X - Y$라 두면 $\overline{Z} = E(Z) = \dfrac{10+3+7+8}{4} = 7$,

$s = \sqrt{Var(Z)} = \sqrt{\dfrac{1}{4-1}(3^2+4^2+0^2+1^2)} = \sqrt{\dfrac{26}{3}}$,

$100(1-\alpha) = 95$이므로 $\alpha = 0.05$이고 $n = 4 < 30$이므로 t-분포를 이용하자.

모평균 m의 95% 신뢰구간은

$\left(\overline{Z} - t_{\alpha/2}(n-1)\dfrac{s}{\sqrt{n}},\ \overline{Z} + t_{\alpha/2}(n-1)\dfrac{s}{\sqrt{n}} \right)$

$= \left(7 - 3.182\dfrac{\sqrt{26/3}}{\sqrt{4}},\ 7 + 3.182\dfrac{\sqrt{26/3}}{\sqrt{4}} \right)$

$= \left(7 - 3.182\sqrt{2.17},\ 7 + 3.182\sqrt{2.17} \right)$.

유 제 15

우리나라의 사회 및 문화환경의 변화로 이혼이 늘면서 하루 평균 $m = 233$쌍, 표준편차 $\sigma = 35$쌍 이라고 한다. 하루 평균 이혼하는 커플의 수를 95%의 신뢰 수준 하에서, 그리고 5명 이하의 표본 오차로 추정하기 위해서는 표본의 크기가 얼마 정도 되어야 하는가? (단 $P(0 \leq Z \leq 1.96) = 0.475$)

풀 이

$n \geq \left(\dfrac{z_{\alpha/2}\sigma}{e} \right)^2 = \left(\dfrac{1.96 \cdot 35}{5} \right)^2 = 188.2384$.

따라서 189쌍 이상 조사하여야 한다.

유 제 16 [97년시행기출]

평균이 m, 분산이 4인 정규분포를 따르는 모집단에서 n인 임의 표본을 추출하여 그 표본에서 얻은 평균을 $\overline{X}$라고 할 때, 다음 물음에 답하시오.

(1) $n = 100$, $\overline{X} = 10$일 때, 신뢰도 95%로 m의 신뢰구간을 구하시오. (2점)

(2) $|\overline{X} - m| \leq \dfrac{1}{2}$인 확률이 95%이상이 되게 하려면 n의 크기를 얼마로 하면 되는지 구하시오.(3점) [총 5점]

7.1.2. 모비율의 구간추정

NOTE (모비율의 구간추정)

표본이 큰 대표본의 경우 $(n \geq 30)$

(1) 모비율의 분포

X가 이항분포 $B(n, p)$를 따를 때 $X \sim N(np, np(1-p))$ ($\because$ 중심극한정리)

$\bar{p} = \dfrac{X}{n}$ (표본비율)라 두면

$$Z = \frac{X - np}{\sqrt{np(1-p)}} = \frac{\dfrac{X}{n} - p}{\sqrt{\dfrac{p(1-p)}{n}}} = \frac{\bar{p} - p}{\sqrt{\dfrac{p(1-p)}{n}}}$$

$$\fallingdotseq \frac{\bar{p} - p}{\sqrt{\dfrac{\bar{p}(1-\bar{p})}{n}}} \sim N(0, 1^2)$$

$\Rightarrow 1 - \alpha = P(-z_{\alpha/2} \leq Z \leq z_{\alpha/2})$

$\qquad = P\left(-z_{\alpha/2} \leq \dfrac{\bar{p} - p}{\sqrt{\dfrac{\bar{p}(1-\bar{p})}{n}}} \leq z_{\alpha/2}\right)$

$\qquad = P\left(\bar{p} - z_{\alpha/2}\sqrt{\dfrac{\bar{p}(1-\bar{p})}{n}} \leq p \leq \bar{p} + z_{\alpha/2}\sqrt{\dfrac{\bar{p}(1-\bar{p})}{n}}\right)$

(2) 모비율의 신뢰구간

$\left(\bar{p} - z_{\alpha/2}\sqrt{\dfrac{\bar{p}(1-\bar{p})}{n}},\ \bar{p} + z_{\alpha/2}\sqrt{\dfrac{\bar{p}(1-\bar{p})}{n}}\right)$

 : p의 $100(1-\alpha)\%$ 신뢰구간

12년시행기출

어느 지역의 성인 300명을 대상으로 조사한 결과, 영양제를 주 2회 이상 복용하는 사람이 180명이었다. 이 지역의 성인 중 영양제를 주 2회 이상 복용하는 사람의 비율에 대한 99% 신뢰구간은? [2점]
(단, $\sqrt{2}$는 1.41로 계산하고, $Z \sim N(0, 1)$일 때 $P(|Z| \leq 2.58) = 0.99$이다. 소수점 아래 다섯째 자리에서 반올림한다.)

① (0.5472, 0.6528)
② (0.5372, 0.6628)
③ (0.5272, 0.6728)
④ (0.5172, 0.6828)
⑤ (0.5072, 0.6928)

18년시행기출

어느 지역 고등학생들의 몸무게(kg)는 정규분포 $N(\mu, 9^2)$을 따른다고 한다. 이 지역의 고등학생 중에서 임의로 추출한 36명의 몸무게에 대한 표본평균을 $\overline{X}$라 하자.

$$P(|\overline{X} - \mu| > c) = 0.1$$

을 만족시키는 상수 c의 값을 풀이 과정과 함께 쓰시오.

또한 36명의 표본으로부터 관측된 표본평균의 값이 60일 때, 모평균 μ에 대한 90% 신뢰구간(confidence interval)을 풀이 과정과 함께 쓰시오.
(단, 표준정규분포를 따르는 확률변수 Z에 대하여 $P(Z < 1.64) = 0.95$이고, 모평균에 대한 신뢰구간은 양면신뢰구간(two-sided confidence interval)을 의미한다.) [4점]

22년시행기출 (일련번호 22-A4)

어떤 정책에 대한 A, B 두 도시 시민의 의견을 알아보기 위하여 각 도시에서 확률표본을 선택하여 이 정책에 대한 찬성 여부를 알아본 결과는 다음과 같다.

	A 도시	B 도시
표본의 수	350명	160명
정책에 찬성한 비율	0.7	0.8

(3) 표본크기의 결정

오차의 허용한계가 e일 때 표본의 크기 n은 다음을 만족한다.

$|\overline{p} - p|(=오차)$

$$\leq \begin{cases} z_{\alpha/2}\sqrt{\dfrac{\overline{p}(1-\overline{p})}{n}} \leq e \\ \left(\Leftrightarrow n \geq \overline{p}(1-\overline{p})\left(\dfrac{z_{\alpha/2}}{e}\right)^2\right) \\ \quad : 표본비율\ \overline{p}를\ 알\ 때 \\ \\ z_{\alpha/2}\sqrt{\dfrac{\overline{p}(1-\overline{p})}{n}} \leq z_{\alpha/2}\dfrac{1}{2\sqrt{n}}\ (\because 기하평균 \leq 산술평균) \\ \qquad \leq e \left(\Leftrightarrow n \geq \dfrac{1}{4}\left(\dfrac{z_{\alpha/2}}{e}\right)^2\right) \\ \quad : 표본비율\ \overline{p}를\ 모를\ 때 \end{cases}$$

예 제 26

여론조사회사에서 특정 후보에 대한 지지율을 조사하기 위해 300명을 임의 추출하여 조사하였더니 75명이 지지하고 있었다. 후보의 실제의 지지율에 대한 95% 신뢰구간을 구하시오.
(단, $P(0 \leq Z \leq 1.96) = 0.475$)

풀 이

$1 - 0.05 = P(|Z| \leq 1.96)$,

$$\sqrt{\dfrac{\overline{p}(1-\overline{p})}{n}} = \sqrt{\dfrac{0.25(1-0.25)}{300}} = 0.025$$

이므로 실제의 지지율 p는

$0.25 - 1.96 \cdot 0.025 = 0.201 \leq p \leq 0.25 + 1.96 \cdot 0.025 = 0.299$.

예 제 27

어느 대학에서는 학생들의 흡연률을 조사하고자 한다. 흡연률의 90% 추정오차한계가 5% 이내가 되기 위한 표본크기를 구하시오.

(1) 기존의 조사에서 흡연율이 $\dfrac{3}{4}$으로 알려진 경우

(2) 기존의 조사결과가 없는 경우

(단, $P(0 \leq Z \leq 1.645) = 0.45$)

7.1 구간추정

풀 이

(1) $100(1-\alpha) = 90$이므로 $\alpha = 0.1$이다.

흡연율을 p, 표본비율을 $\overline{p} = \dfrac{3}{4}$라 할 때

$$|p - \overline{p}| = z_{\alpha/2}\sqrt{\dfrac{\overline{p}(1-\overline{p})}{n}} \leq 0.05$$

따라서 $n \geq \dfrac{3}{4}\left(1 - \dfrac{3}{4}\right)\left(\dfrac{z_{\alpha/2}}{0.05}\right)^2 = \dfrac{3}{4}\left(1 - \dfrac{3}{4}\right)\left(\dfrac{1.645}{0.05}\right)^2 \fallingdotseq 202.95$

따라서 구하는 표본의 크기는 203이다.

(2) $100(1-\alpha) = 90$이므로 $\alpha = 0.1$이다.

흡연율을 p, 표본비율을 $\overline{p}$라 할 때

$$|p - \overline{p}| \leq \dfrac{z_{\alpha/2} \cdot \dfrac{1}{2}}{\sqrt{n}} \leq 0.05.$$

따라서, $n \geq \dfrac{1}{4}\left(\dfrac{z_{\alpha/2}}{0.05}\right)^2 = \dfrac{1}{4}\left(\dfrac{1.645}{0.05}\right)^2 = 270.6$

따라서 구하는 표본의 크기는 271이다.

예 제 28

K여론조사 기관은 지난 해 12월 15일 전국의 유권자 중 A도시에서 100명의 유권자를, B도시에서 200명의 유권자를 임의로 추출하여 12월 18일에 실시하는 대통령 선거에 대한 전화 여론조사를 실시하여 「투표에 꼭 참여 하겠다」는 응답률을 조사한 결과 A도시에서는 60명이, B도시에서는 100명이 「투표에 꼭 참여 하겠다」는 응답을 했다고 한다. A도시와 B도시의 전체 유권자들 가운데 「투표에 꼭 참여 하겠다」는 비율의 차이를 95%신뢰수준으로 구간추정하시오.

(단, $\sqrt{0.365} \approx 0.6$, $P(0 \leq Z \leq 1.96) = 0.475$)

A, B 두 도시의 이 정책에 대한 찬성 비율을 각각 p_1, p_2라 할 때, 찬성 비율의 평균 $\dfrac{p_1 + p_2}{2}$에 대한 90% 신뢰구간은 $(a - 1.645 \times b,\ a + 1.645 \times b)$이다.

a, b의 값을 각각 구하시오.

(단, 확률변수 Z가 $N(0, 1)$을 따를 때, $P(0 \leq Z \leq 1.645) = 0.45$로 계산한다.)

[2점]

08년시행모의평가

어떤 TV 프로그램의 시청률을 조사하기 위하여 임의표본으로 n가구를 선택하려고 한다. 과거의 경험으로 볼 때 이와 비슷한 프로그램의 시청률은 20%를 넘지 않는다는 것을 알고 있다. 95% 신뢰도로 표본조사에서 얻은 표본비율과 실제 시청률의 차이가 5% 이하가 되도록 하는 최소 표본크기 n이 속하는 구간은? [2점]

(단, $33^2 = 1089$이고, 39.2^2은 1537로 계산한다.

또 $\Phi(z) = \displaystyle\int_{-\infty}^{z} \dfrac{1}{\sqrt{2\pi}} e^{-\frac{x^2}{2}} dx$일 때

$\Phi(1.65) = 0.95$,

$\Phi(1.96) = 0.975$이다.)

① $[100, 200)$ ② $[200, 300)$
③ $[300, 400)$ ④ $[400, 500)$
⑤ $[500, 600)$

풀 이

X, Y를 각각 A 도시와 B 도시의 유권자가 투표에 참여하겠다고 대답한 사람의 수, p_1, p_2를 A 도시와 B 도시의 응답률이라 하자.

$$p_1 = \frac{60}{100} = 0.6, \ p_2 = \frac{100}{200} = 0.5,$$

n_1, n_2를 A 도시와 B 도시의 유권자수라 할 때 $n_1 = 100$, $n_2 = 200$이다. 중심극한정리에 의해

$$\overline{p_1} - \overline{p_2} \sim N\left(p_1 - p_2, \frac{\overline{p_1}(1-\overline{p_1})}{n_1} + \frac{\overline{p_2}(1-\overline{p_2})}{n_2}\right)$$
$$= N\left(0.1, \frac{0.6(1-0.6)}{100} + \frac{0.5(1-0.5)}{200}\right)$$
$$= N(0.1, 0.00365).$$

따라서 구하는 95% 신뢰구간은

$$(0.1 - 1.96\sqrt{0.00365}, \ 0.1 + 1.96\sqrt{0.00365})$$
$$= (0.1 - 1.96 \times 0.06, \ 0.1 + 1.96 \times 0.06)$$
$$= (-0.0126, \ 0.2176).$$

유 제 17

시중에서 판매되는 컴퓨터의 불량을 추정하려한다. 400대의 컴퓨터를 랜덤추출하여 조사하였더니 불량품이 144대였다. 판매되는 컴퓨터의 불량률에 대한 90% 신뢰구간을 구하시오.

(단, $P(0 \leq Z \leq 1.65) = 0.45$)

풀 이

$\overline{p} = \frac{144}{400}$, $90 = 100(1-\alpha)$이므로 $\alpha = 0.1$이다.

모비율 p에 대한 90% 신뢰구간은

$$\left(\overline{p} - z_{\alpha/2} \cdot \sqrt{\frac{\overline{p}(1-\overline{p})}{n}}, \ \overline{p} + z_{\alpha/2} \cdot \sqrt{\frac{\overline{p}(1-\overline{p})}{n}}\right)$$
$$= \left(\frac{36}{100} - 1.65\sqrt{\frac{36/100 \cdot 64/100}{400}}, \ \frac{36}{100} + 1.65\sqrt{\frac{36/100 \cdot 64/100}{400}}\right)$$
$$= (0.36 - 0.0396, \ 0.36 + 0.0396)$$
$$= (0.3214, \ 0.3996)$$
$$\fallingdotseq (0.32, \ 0.40).$$

NOTE (구간추정)
(1) 모평균의 구간추정
　① 대표본(표본의 크기가 $n \geq 30$)의 경우
　・모집단이 정규분포를 따르는 경우
　・모집단이 임의의 분포를 따르는 경우
　② 소표본(표본의 크기가 $n < 30$)의 경우
　・모집단이 정규분포를 따르는 경우
　・모집단이 임의의 분포를 따르는 경우
(2) 모비율의 구간추정
　　대표본(표본의 크기가 $n \geq 30$)의 경우.

NOTE (추정과 가설검정)
1. 한 모집단에 대한 추정과 가설검정
(1) 모평균
① 소표본 - 정규모집단 : 모분산을 알 때(정규분포)
　　　　　　　　　　　 - 모평균의 구간추정, 가설검정
　　　　　　　　　　모분산을 모를 때(t-분포)
　　　　　　　　　　　 - 모평균의 구간추정, 가설검정
② 대표본 - 임의모집단 : 정규근사(모분산≒표본분산)
　　　　　　　　　　　 - 모평균의 구간추정, 표본크기결정,
　　　　　　　　　　　　 가설검정
(2) 모비율
① 소표본 - 생략
② 대표본 - 이항모집단 : 정규근사(모분산≒표본분산)
　　　　　　　　　　　 - 모비율차의 구간추정, 표본크기결정,
　　　　　　　　　　　　 가설검정(생략)

7.2. 가설검정
7.2.1. 가설검정의 원리

통계적 추정이나 통계적 가설검정은 항상 관측된 자료(표본)로부터 정보를 얻고, 이들 정보를 기초로 미지의 모수에 대한 결정(판단)을 내리게 된다. 이와 같은 통계적 결정에는 항상 오류의 가능성이 있으며, 특히 가설검정에서는 오류의 가능성을 미리 정해진 수준(level)에서 관리할 수 있는 것이 특징이다.

이제 한 예를 통하여 가설검정의 원리를 살펴보기로 한다.

어느 회사에서 생산하고 있는 전구의 수명은 정규분포에 따른다고 가정할 수 있으며, 평균이 1,500시간, 표준편차 100시간이 되도록 품질관리를 하고 있다. 즉, 전구의 수명을 확률변수 X로 나타내면 X는 정규분포 $N(1,500, 100^2)$을 따른다고 할 수 있다. 이제 이 회사의 연구팀에서는 원가와 표준편차가 기존의 제품과 같으면서도 평균수명이 더 긴 새 제품을 개발했다고 주장한다. 이를 확인하기 위하여 25개의 제품을 시험생산하여 평균수명을 측정한 결과 $\overline{X}=1,500$을 얻었다. 이 결과로부터 새로 개발된 전구의 평균수명이 기존의 전구의 평균수명보다 길어졌다고 확신할 수 있겠는가?

이 질문에 대한 답을 얻기 위해 다음과 같은 가설검정을 시행할 수 있다. 먼저 기존의 전구의 평균수명은 $m=1,500$(시간)이며, 새로 개발된 제품의 평균수명은 1,500(시간)이상이라고 주장하고 있으므로 이를 확인하기 위하여 다음과 같은 가설을 세운다.

$$H_0 : m = 1,500$$
$$H_1 : m > 1,500$$

여기서 H_0를 **귀무가설**(null hypothesis)이라 하며, H_1을 **대립가설**(alternative hypothesis)이라 한다. 또한 귀무가설이나 대립가설 중에서 하나를 채택하고 나머지를 기각시키는 결정을 내리는 과정을 **가설검정**(hypothesis testing)이라 한다.

가설검정에서는 흔히 대립가설 H_1에 관심이 있으며, 대립가설이 참인 것을 입증하기를 원한다. 따라서 관측된 자료로부터 대립가

NOTE
(1) **귀무가설** : 관찰결과들이 순전히 우연의 결과라는 주장
(2) **대립가설** : 실제적 효과가 있고 관찰 결과들이 이 실제적 효과의 결과라는 주장

7.2 가설검정

설이 참이라는 확실한 근거가 있을 경우에만 귀무가설 H_0를 기각하고 대립가설 H_1을 채택하게 된다. 귀무가설에서 "null"의 의미는 대립가설의 주장을 무효화하는(nullify) 가설이란 뜻으로 이해할 수 있다.

이제 검정의 기준을 생각해 보자. $\overline{X}$의 값이 어느 일정한 값보다 클 때에만 대립가설 H_1을 채택하는 결정을 내리는 것은 매우 타당한 것으로 생각된다. 그러면 H_0를 기각시키고 H_1을 채택하는 기준은 어떻게 정할 것인가? 이를 위해 $\overline{X}$를 표준화시킨 $Z-$통계량을 생각해 보자.

$\overline{X}$의 표준오차는 $\dfrac{\sigma}{\sqrt{n}} = \dfrac{100}{\sqrt{25}} = 20$이고 H_0하에서 $m = 1,500$이므로

$$Z = \frac{\overline{X} - m}{\sigma/\sqrt{n}} = \frac{\overline{X} - m}{20}$$

은 H_0하에서 표준정규분포에 따른다. 이제 $\overline{X}$의 값이 충분히 커서 $Z-$통계량의 값이

$$Z = \frac{\overline{X} - 1,500}{20} \geq z_{0.05} = 1.645$$

일 때 귀무가설 H_0를 기각하고 대립가설 H_1을 채택한다고 하자. 위의 부등식을 $\overline{X}$로 나타내면 다음과 같다.

$$\overline{X} \geq 1,500 + (1.645)(20)$$

즉, $\overline{X}$의 값이 귀무가설에서 주장한 $m = 1,500$보다 크되, $\overline{X}$의 표준오차인 20의 1.645배 이상 크면 $\overline{X}$의 값이 너무 크므로 귀무가설

$$H_0 : m = 1,500$$

을 기각하고 대립가설 $H_1 : m > 1,500$을 채택하는 결정을 내린다.

이와 같은 기준으로 가설검정을 시행할 때, $Z-$통계량과 같이 검정의 기준을 결정하는 통계량을 **검정통계량**(test statistic)이라 하며, $Z \geq 1.645$와 같이 귀무가설이 기각되는 검정통계량의 관측값의 영역을 **기각역**(critical region)이라 하고, 나머지 영역을 **채택역**(acceptance region)이라 한다. 이 문제에서 기각역을 그림

NOTE
(1) **검정통계량** : 검정의 기준을 결정하는 통계량
(2) **기각역** : 귀무가설 H_0을 기각시키는 검정통계량의 관측값의 영역
(3) 기각역에 의해 검정법(양측검정, 좌측단측검정, 우측단측검정)이 결정된다.

으로 나타내면 아래의 그림과 같다.

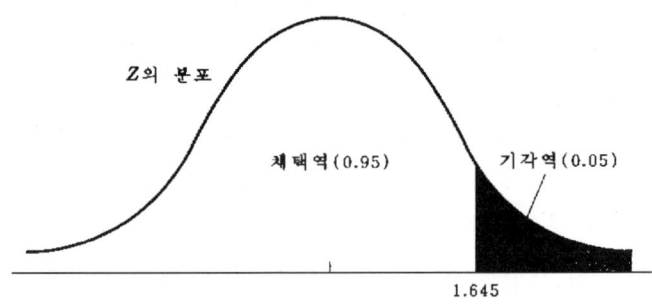

가설검정에서는 기각역이 주어지면 검정법이 정의된 것과 같다. 따라서 기각역의 의미에 대하여 좀더 자세히 살펴보자.
 귀무가설 H_0가 참일 때 앞에서 만든 검정통계량 Z는 표준정규분포에 따르므로, 귀무가설이 참일 때
$$P(Z \geq 1.645 \mid H_0 가 참) = 0.05$$
가 된다. 즉, 귀무가설 H_0라 참인 경우에 우연히도 $\overline{X}$의 값이 커져서 Z-통계량의 값이 1.645보다 크게 되어 참인 H_0를 기각시킬 확률이 0.05(또는 5%)가 된다.
 이와 같이 귀무가설 H_0가 참일 때 이를 기각하고 대립가설 H_1을 채택하는 오류를 범할 확률의 허용한계를 **유의수준**(significance level)이라 하며, 흔히 α로 나타낸다. 기각역이 $Z \geq 1.645$로 정의된 검정은 유의수준 5%에서 시행하는 검정이 된다.
 가설검정에서는 두 가지 오류가 있다. 즉 귀무가설 H_0가 참일 때 대립가설 H_1를 채택하는 오류를 **제 1 종 오류**(type I error)라고 하며, 대립가설 H_1이 참일 때 귀무가설 H_0를 채택하는 오류를 **제 2 종 오류**(type II error)라고 한다. 따라서 유의수준은 제 1 종 오류를 범할 확률이 된다.

NOTE
(1) 가설검정에서 유의수준 α란 가설검정의 제 1종 오류(즉 귀무가설 H_0가 참일 때 H_0를 기각)를 범할 확률의 최대값이다.
 (즉 $P(H_0 : 기각 \mid H_0 : 참) \leq \alpha$)
(2) $P(H_0 : 기각 \mid H_0 : 거짓)$
   : 검정력(power)

NOTE (오류의 종류)

	H_0 : 참	H_1 : 참
H_0채택	옳은결정	제2종오류
H_1채택	제1종오류	옳은결정

7.2.2. 가설검정의 순서

NOTE (정규분포에 따르는 가설검정의 순서)
(1) 가설(귀무가설 H_0, 대립가설 H_1)의 설정
문제의 성격에 따라
① $H_0 : m = m_0$, $H_1 : m \neq m_0$ (양측검정)
② $H_0 : m_0 \leq m$(혹은 $m = m_0$), $H_1 : m < m_0$ (좌측단측검정)
③ $H_0 : m \leq m_0$(혹은 $m = m_0$), $H_1 : m_0 < m$ (우측단측검정)
의 가설을 세운다.
(2) 유의수준과 임계값의 결정
① 가설이 $H_0 : m = m_0$일 때
유의수준이 100α %이면 임계값은 $1-\alpha = P(-z \leq Z \leq z)$을 만족하는 z가 된다.
② 가설이 $H_0 : m_0 \leq m$일 때
유의수준이 100α %이면 임계값은 $1-\alpha = P(-z \leq Z)$을 만족하는 z가 된다.
③ 가설이 $H_0 : m \leq m_0$일 때
유의수준이 100α %이면 임계값은 $1-\alpha = \Pr(Z \leq z)$을 만족하는 z가 된다.
(3) 귀무가설(H_0)의 채택영역의 결정
① 가설이 $H_0 : m = m_0$일 때 채택영역은 $-z \leq Z \leq z$가 된다.
② 가설이 $H_0 : m_0 \leq m$일 때 채택영역은 $-z \leq Z$가 된다.
③ 가설이 $H_0 : m \leq m_0$일 때 채택영역은 $Z \leq z$가 된다.
(4) 통계량의 계산
① 모평균의 가설검정인 경우 $Z = \dfrac{\overline{X} - m_0}{\sigma / \sqrt{n}}$

② 모비율이 가설검정인 경우 $Z = \dfrac{\overline{p} - p_0}{\sqrt{\dfrac{p_0(1-p_0)}{n}}}$

(5) 비교결정
계산된 통계량 Z의 값이 채택영역내에 있으면 귀무가설을 채택하고 그렇지 않으면 귀무가설을 기각한다.

예 제 29

(1) 어느 음료회사의 음료제품의 표준용량은 400g이라고 한다. 제품의 품질 관리를 위해 100개의 제품을 무작위 추출하여 조사해 보니 표본의 평균용량이 395g이었다. 이 회사의 음료제품의 용량은 정규분포에 따르고 표준편차가 50g이라고 한다. 유의수준 0.05에서 제품의 표준용량이 400g이라고 할 수 있는지 검정하시오.

(2) 이 제품에 소비자의 항의가 있어서 회사에서 새로 50개의 표본을 추출하여 조사한 결과 390g이었다. 회사의 주장대로 표준용량이 400g이라고 할 수 있는지 검정하시오.
(다른 조건은 동일함) 또, 제품 표본이 100개인 경우에도 검정하시오.
단 $P(0 \leq Z \leq 1.96) = 0.475$, $P(0 \leq Z \leq 1.65) = 0.45$

풀 이

(1) 제품의 표준용량을 m이라 하면 다음과 같이 가설을 세우고 검정한다.

① 가설 $H_0 : m = 400$, $H_1 : m \neq 400$.

② 유의수준 0.05인 양측검정, $z = 1.96$,

③ H_0의 채택영역은 $-1.96 \leq Z \leq 1.96$,

④ 통계량계산 $Z = \dfrac{\overline{X} - m_0}{\sigma/\sqrt{n}} = \dfrac{395 - 400}{\dfrac{50}{\sqrt{100}}} = -1.0$,

⑤ 결론 : H_0를 채택한다.

(2) ① 가설 $H_0 : m \geq 400$, $H_1 : m < 400$.

② 유의수준 0.05인 우측단측검정, $0.95 = P(-1.65 \leq Z)$이므로
$$z = -1.65,$$

③ H_0의 채택영역은 $-1.65 \leq Z$,

④ 통계량 계산 $Z = \dfrac{\overline{X} - m_0}{\sigma/\sqrt{n}} = \dfrac{390 - 400}{\dfrac{50}{\sqrt{50}}} = -1.41$,

⑤ 결론 : H_0를 채택한다.

표본의 수가 100개로 늘어나면 (4)의 통계량계산에서 $Z = -2.0$이 되어 H_0를 기각한다.

7.2 가설검정

예 제 30

정규분포에 따르고, 분산이 16인 모집단에서 크기가 64인 표본을 임의 추출하여 조사한 결과, 표본평균이 6.085이었다. 이 때, 가설 "모평균은 5이다."를 기각하기 위한 최소의 유의수준을 구하시오.
(단 $P(0 \leq Z \leq 1.88) = 0.47$, $P(0 \leq Z \leq 1.96) = 0.475$,
$P(0 \leq Z \leq 2.17) = 0.485$, $P(0 \leq Z \leq 2.58) = 0.495$)

풀 이

(1) 가설 $H_0 : m = 5$,
(2) 유의수준 α인 양측검정, $1 - \alpha = P(-z_{\alpha/2} \leq Z \leq z_{\alpha/2})$
$$(\text{즉 } P(0 \leq Z \leq z_{\alpha/2}) = 0.5 - \alpha/2),$$
(3) H_0의 채택영역은 $-z_{\alpha/2} \leq Z \leq z_{\alpha/2}$(즉 $|Z| \leq z_{\alpha/2}$),
(4) $Z = \dfrac{\overline{X} - m}{\sigma/\sqrt{n}} = \dfrac{6.085 - 5}{4/\sqrt{64}} = 2.170$,

따라서 H_0 : 기각
$\Leftrightarrow |Z| = 2.17 > z_{\alpha/2}$
$\Leftrightarrow 0.485 > 0.5 - \alpha/2$
$\Leftrightarrow \alpha > 0.03$.

그러므로 구하는 최소의 유의수준은 $\alpha = 0.03$이다.

예 제 31

어느 제약회사 연구소에서는 간염을 치료할 수 있는 새로운 약을 개발하여 6개월간 그 약을 복용하면 완치율이 기존의 완치율인 80%보다 개선되었다고 주장하고 있다. 이 주장을 확인하기 위하여 100명의 간염환자들에게 그 약을 6개월간 복용시킨 결과 90명이 완치되었다. 이 제약회사 연구소의 주장에 신뢰성이 있는지 유의수준 5%에서 검정하시오. (단 $Z \sim N(0, 1^2)$일 때 $P(0 \leq Z \leq 1.645) = 0.45$)

풀 이

새로운 약을 6개월간 복용하여 완치되는 비율을 p라고 하자.
$\bar{p} = \dfrac{90}{100} = \dfrac{9}{10}$이다.

$n = 100 \geq 30$이므로 정규분포로 근사시켜서 검정할 수 있다.

① 가설 $H_0 : p = 0.8$, $H_1 : p > 0.8$,

② 유의수준 0.05인 단측검정, $z = 1.645$,

③ H_0의 채택영역은 $Z \leq 1.645$,

④ 통계량 계산

$$Z = \frac{0.9 - 0.8}{\sqrt{\frac{0.8 \times 0.2}{100}}} = 2.5,$$

⑤ 결론 : H_0를 기각한다. $((\because)\ Z = 2.5 > 1.645)$

유 제 18 [93년시행기출]

정규분포를 따르고, 분산이 16인 모집단에서 크기가 64인 표본을 임의추출하여 조사한 결과, 표본평균이 6.085이었다. 이 때, 가설 : 「모평균은 5이다.」를 기각하기 위한 최소의 유의수준은?

〈 표 준 정 규 분 포 표 〉

z	$P(0 \leq Z \leq z)$
1.88	0.4700
1.96	0.4750
2.17	0.4850
2.24	0.4875
2.58	0.4950

① 1% ② 2.5% ③ 3% ④ 5%

기출문제 및 해설

95년시행기출

평가영역	확률
평가내용 요소	확률의 계산

1에서 5까지의 번호가 붙여진 학생 5명이 1번부터 번호순으로 세워져 있다. 이 중에서 2명의 학생을 뽑아 서로의 위치를 바꾸어 놓는 시행을 3회 반복하였을 때, 첫 번째 학생이 19번일 확률은?

① $\dfrac{3}{10}$ ② $\dfrac{1}{5}$ ③ $\dfrac{2}{5}$ ④ $\dfrac{7}{25}$

[정 답] ①

[해 설] 전체 경우의 수는
$$_5C_2 \times {}_5C_2 \times {}_5C_2 = 10 \times 10 \times 10 = 1000$$
이다.

(ⅰ) 1번이 이동하지 않는 경우,
1번을 제외한 나머지 네 명의 위치를 바꾸는 시행이므로 경우의 수는
$$_4C_2 \times {}_4C_2 \times {}_4C_2 = 6^3 = 216$$
이다.

(ⅱ) 1번이 한 번 이동하는 경우,
첫 번째 학생이 1번이 될 수는 없으므로 이 경우의 수는 0이다.

(ⅲ) 1번이 두 번 이동하는 경우,
다음과 같은 과정이 이루어진다.
㉠ 1번이 다른 자리로 이동한다.
㉡ 1번이 아닌 다른 두 명이 자리를 교환한다.
㉢ 1번이 다시 첫 번째 자리로 이동한다.
이 때, 각각의 경우의 수는 ㉠이 4가지, ㉡이 $_4C_2 =$ 6가지, ㉢이 1가지이고, 이 과정 중에서 ㉡은 언제 시행되어도 상관이 없으므로 구하는 경우의 수는 $4 \times 6 \times 1 \times 3 = 72$ 이다.

(ⅳ) 1번이 세 번 이동하는 경우,
다음과 같은 과정이 이루어진다.
㉠ 1번이 다른 자리로 이동한다.
㉡ 1번이 첫 번째가 아닌 다른 자리로 이동한다.
㉢ 1번이 첫 번째 자리로 이동한다.
이 때, 각각의 경우의 수는 ㉠이 4가지, ㉡이 3가지, ㉢이 1가지이므로 구하는 경우의 수는 $4 \times 3 = 12$ 이다.

따라서 구하는 확률은 $P = \dfrac{216 + 72 + 12}{1000} = \dfrac{300}{1000} = \dfrac{3}{10}$.

96년시행기출

평가영역	확률
평가내용 요소	확률의 성질, 수학적 확률

5개의 숫자 1, 2, 3, 4, 5를 일렬로 나열할 때, 첫 번째에 1이, 네 번째에 4가 놓여 있지 않을 확률은?

① $\dfrac{2}{5}$ ② $\dfrac{9}{20}$ ③ $\dfrac{3}{5}$ ④ $\dfrac{13}{20}$

[정 답] ④

[해 설] 첫 번째에 1이 놓여 있는 사건을 A, 네 번째에 4가 놓여 있는 사건을 B라 하면
$$|A \cup B| = |A| + |B| - |A \cap B|$$
$$= (5-1)! + (5-1)! - (5-2)!$$
$$= 42.$$
따라서 첫 번째에 1이, 네 번째에 4가 놓여 있지 않을 확률은
$$1 - P(A \cup B) = 1 - \dfrac{42}{5!} = \dfrac{13}{20}.$$

95년시행기출

평가영역	확률
평가내용 요소	확률의 계산

그림과 같은 정삼각형 내부에 있는 임의의 점 P에서 각 변까지의 거리를 각각 x_1, x_2, x_3라 하자. 이 때, x_1, x_2, x_3가 삼각형의 세 변의 길이가 될 확률은?

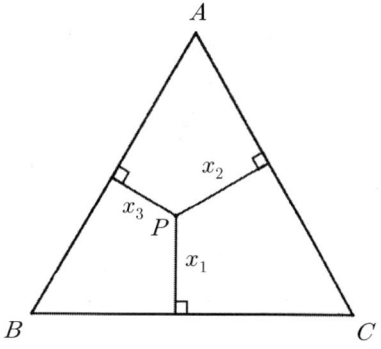

① $\dfrac{1}{2}$ ② $\dfrac{1}{3}$ ③ $\dfrac{1}{4}$ ④ $\dfrac{1}{5}$

[정 답] ③
[해 설] 삼각형의 한 변의 길이를 1이라 하고, 점 P를 지나고 $\overline{BC}$와 평행인 직선과 $\overline{AC}$, $\overline{BC}$와의 교점을 각각 E, F라 하자.

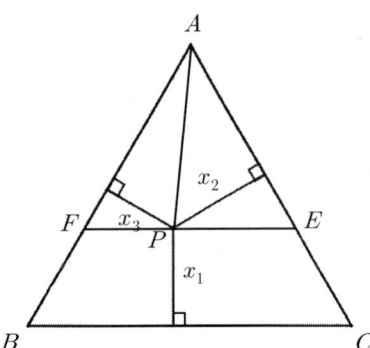

$\triangle AFE$의 높이를 a라 하면 $x_1 + a = \dfrac{\sqrt{3}}{2}$,

$\triangle AFE = \dfrac{1}{2} a \times \overline{FE}$, $\triangle AEP = \dfrac{1}{2} x_2 \times \overline{AE}$,

$\triangle AFP = \dfrac{1}{2} x_3 \times \overline{AF}$이고 $\triangle AFE = \triangle AEP + \triangle AFP$

이므로 정리하면
$$x_2 + x_3 = a$$
이다. 따라서
$$\triangle ABC\text{의 높이} = \dfrac{\sqrt{3}}{2} = x_1 + a = x_1 + x_2 + x_3$$
이다. $x_1 < x_2 + x_3$이므로 $x_1 < \dfrac{\sqrt{3}}{4}$이다. 이에 해당하는 영역은 아래와 같다.

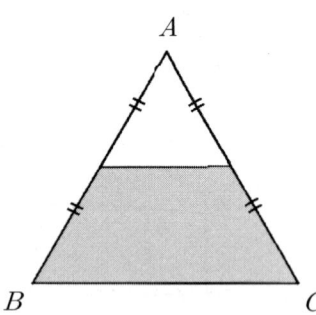

같은 방법으로,

$x_2 < \dfrac{\sqrt{3}}{4}$, $x_3 < \dfrac{\sqrt{3}}{4}$

이고, 이를 만족하는 P는 $\triangle ABC$의 각 변의 중점을 꼭짓점으로 하는 삼각형의 내부가 된다. 따라서 x_1, x_2, x_3가 삼각형의 세 변의 길이가 될 확률은 $\dfrac{1}{4}$이다.

11년시행기출

평가영역	조건부확률과 독립성
평가내용 요소	조건부확률

상자 A에 빨간 공 2개와 흰 공 3개가 들어 있고, 상자 B에 빨간 공 2개와 흰 공 m개가 들어 있다. 상자 A가 선택될 확률이 $\dfrac{1}{3}$이고 상자 B가 선택될 확률이 $\dfrac{2}{3}$이다. 두 상자 A, B 중 하나를 선택하여 그 상자에서 임의로 추출한 한 개의 공이 흰 공일 때, 이 흰 공이 상자 A에서 추출되었을 조건부 확률이 $\dfrac{2}{7}$이다. m의 값은? [2점]

① 5 ② 6 ③ 7 ④ 8
⑤ 9

[정 답] ②
[해 설]
(ⅰ) A : 상자 A를 선택하는 사건, B : 상자 B를 선택하는 사건, E : 흰 공을 추출하는 사건이라 하면,
$$P(A \cap E) = P(A) \cdot P(E|A) = \dfrac{1}{3} \cdot \dfrac{3}{5} = \dfrac{1}{5},$$
$$P(B \cap E) = P(B) \cdot P(E|B)$$
$$= \dfrac{2}{3} \cdot \dfrac{m}{m+2} = \dfrac{2m}{3(m+2)}$$
이므로, 흰 공을 추출할 확률은
$$P(E) = P(A \cap E) + P(B \cap E)$$
$$= \dfrac{1}{5} + \dfrac{2m}{3(m+2)} = \dfrac{13m+6}{15(m+2)}.$$

(ⅱ) $\dfrac{2}{7} = P(A|E) = \dfrac{P(A \cap E)}{P(E)}$
$$= \dfrac{1/5}{(13m+6)/15(m+2)} = \dfrac{3(m+2)}{13m+6}.$$

$\therefore m = 6$.

99년시행기출

평가영역	조건부확률과 독립성
평가내용 요소	조건부확률

어떤 반에서 방학 후 여행에 대한 설문조사를 하였다. 강원도를 다녀 온 학생이 전체의 $\frac{2}{5}$, 제주도를 다녀온 학생이 전체의 $\frac{1}{4}$ 이었다. 강원도를 다녀오지 않은 학생을 임의로 뽑았을 때, 이 학생이 제주도를 다녀오지 않을 조건부확률을 구하시오. [5점] (단, 강원도를 다녀 올 사건과 제주도를 다녀 올 사건은 서로 독립이다.)

[해 설]
A : 강원도 다녀온 학생이 선택되는 사건,
B : 제주도 다녀온 학생이 선택되는 사건이라 하자. 두 사건 A, B가 독립이므로 A^c과 B^c도 독립사건이다.

$$P(A) = \frac{2}{5},\ P(B) = \frac{1}{4}$$

이고, 구하는 사건의 확률은 $P(B^c | A^c)$이다.

$$P(B^c | A^c) = \frac{P(B^c \cap A^c)}{P(A^c)} = \frac{P(B^c) \cap P(A^c)}{P(A^c)}$$
$$= \frac{(1-2/5)(1-1/4)}{1-2/5} = \frac{3}{4}.$$

02년시행기출

평가영역	조건부확률과 독립성
평가내용 요소	조건부확률, 베이즈의 정리

어떤 회사에서는 세 대의 기계 a, b, c로 같은 종류의 빵을 만들고 있다. 세 대의 기계는 각각 총생산량의 20%, 30%, 50%를 생산하고 있으며, 생산품의 불량률은 각각 0.5%, 1%, 2%이다. 생산된 빵을 임의로 한 개 택하여 검사했을 때, 그것이 불량품이었다고 하자. 이 불량품이 기계 a 또는 b에서 생산되었을 확률을 구하시오. [5점]

[해 설]
기계 a, b, c에서 생산된 제품과 불량품들을 각각 사건 A, B, C, E라 두자. 가정에 의해
$P(A) = 0.2$, $P(B) = 0.3$, $P(C) = 0.5$,
$P(E|A) = 0.005$, $P(E|B) = 0.01$,
$P(E|C) = 0.02$,

이다. 이제 조건부 확률의 정의에 의해
$P(A \cap E) = P(A)P(E|A) = 0.2 \times 0.005 = 0.001$,
$P(B \cap E) = P(B)P(E|B) = 0.3 \times 0.01 = 0.003$,
$P(C \cap E) = P(C)P(E|C) = 0.5 \times 0.02 = 0.01$,
$P(E) = P(A \cap E) + P(B \cap E) + P(C \cap E)$
$= 0.014$.

두 기계에 의해 동시에 생산된 제품은 존재하지 않으므로 $A \cap B = \emptyset$ 이다. 따라서 구하는 확률은

$$P(A \cup B | E) = \frac{P((A \cup B) \cap E)}{P(E)}$$
$$= \frac{P(A \cap E) + P(B \cap E)}{P(E)}$$
$$= \frac{0.001 + 0.003}{0.014} = \frac{2}{7}.$$

15년시행기출

평가영역	조건부확률과 독립성
평가내용 요소	조건부확률

앞면이 나올 확률이 $p(0 < p < 1)$인 동전을 학생 A가 n번 던지고, 학생 B가 $2n$번 던진다. 학생 A가 던져서 앞면이 나온 횟수와 학생 B가 던져서 앞면이 나온 횟수의 합이 2일 때, 학생 A가 던져서 앞면이 나온 횟수가 1일 확률이 $\frac{6}{13}$이다. n의 값을 구하시오. [2점]

[해 설]
확률변수 X, Y를 각각
  X : 학생 A가 동전을 던져서 앞면이 나오는 횟수,
  Y : 학생 B가 동전을 던져서 앞면이 나오는 횟수
라 하면 X와 Y는 서로 독립이다. 따라서

$$\frac{6}{13} = P(X=1 | X+Y=2) = \frac{P(X=1, X+Y=2)}{P(X+Y=2)}$$
$$= \frac{P(X=1, Y=1)}{P(X+Y=2)} = \frac{P(X=1) \cdot P(Y=1)}{P(X+Y=2)}$$
$$= \frac{\binom{n}{1}pq^{n-1} \cdot \binom{2n}{1}pq^{2n-1}}{\binom{3n}{2}p^2 q^{3n-2}} = \frac{4n}{9n-3} (단\ q = 1-p).$$

$\therefore n = 9$.

92년시행기출

평가영역	확률변수와 확률분포
평가내용 요소	확률밀도함수

구간 $[0, 1]$에서 독립적으로 세 수 x_1, x_2, x_3를 취하여 이들의 최댓값을 확률변수 X로 할 때, X의 확률밀도함수 $f(x)$는?

① $f(x) = 1$ ② $f(x) = 2x$ ③ $f(x) = 3x^2$ ④ $f(x) = 4x^3$

[정 답] ③

[해 설]

확률변수 X_i (단, $i = 1, 2, 3$)는 구간 $[0, 1]$에서의 모든 실숫값을 취하고 이 사이에서 같은 확률을 가지므로 확률분포는

$$f(x_i) = \begin{cases} 1, & 0 \leq x_i \leq 1 \\ 0, & \text{otherwise} \end{cases}$$

이고, 누적분포함수 $F(x_i)$는

$$F(x_i) = P(X_i < x_i) = \int_{-\infty}^{x_i} f(t) \, dt$$

$$= \int_0^{x_i} 1 \, dt = x_i \; (단 \, i = 1, 2, 3)$$

이 때, 확률변수 X는 $\max\{X_1, X_2, X_3\}$이고 각각은 독립이므로, 확률변수 X의 누적분포함수 $F(x)$는

$$F(x) = P(X < x) = P(\max\{X_1, X_2, X_3\} \leq x)$$
$$= P(X_1 \leq x, X_2 \leq x, X_3 \leq x)$$
$$= P(X_1 \leq x) P(X_2 \leq x) P(X_3 \leq x)$$
$$= x \cdot x \cdot x = x^3.$$

따라서 X의 확률밀도함수는

$$f(x) = \frac{d}{dx} F(x) = \frac{d}{dx} x^3 = 3x^2 \, (0 \leq x \leq 1).$$

09년시행기출

평가영역	확률변수와 확률분포
평가내용 요소	적률생성함수

이산형 확률변수 X의 적률생성함수(moment generating function)가 다음과 같다.

$$M_X(t) = E[e^{tX}] = \frac{2}{5} + \frac{1}{5} e^{-t} + \frac{2}{5} e^t \; (t는 \, 실수)$$

이때 확률변수 $Y = X^2$의 평균과 분산은? [2점]

	평균	분산		평균	분산
①	$\frac{1}{5}$	$\frac{4}{25}$	②	$\frac{1}{5}$	$\frac{6}{25}$
③	$\frac{1}{5}$	$\frac{14}{25}$	④	$\frac{3}{5}$	$\frac{6}{25}$
⑤	$\frac{3}{5}$	$\frac{14}{25}$			

[정 답] ④

[해 설]

$E(Y) = E(X^2)$
$$= \frac{d^2}{dt^2} M_X(t) \bigg|_{t=0} = \left(\frac{1}{5} e^{-t} + \frac{2}{5} e^t \right) \bigg|_{t=0} = \frac{3}{5},$$

$\text{Var}(Y) = E(Y^2) - (E(Y))^2 = E(X^4) - \left(\frac{3}{5} \right)^2$
$$= \frac{d^4}{dt^4} M_X(t) \bigg|_{t=0} - \frac{9}{25} = \frac{6}{25}.$$

12년시행기출

평가영역	확률변수와 확률분포
평가내용 요소	기댓값

연속확률변수 X의 확률밀도함수(probability density function) $f(x)$가

$$f(x) = \frac{2}{3} x \, (1 < x < 2)$$

이다. 확률변수 $Y = \frac{2}{X}$에 대하여 Y의 기댓값 $E[Y]$의 값은? [2점]

① $\frac{1}{3}$ ② $\frac{2}{3}$ ③ 1 ④ $\frac{4}{3}$ ⑤ $\frac{5}{3}$

[정 답] ④

[해 설] $E(Y) = E\left(\frac{2}{X} \right) = \int_1^2 \frac{2}{x} \cdot f(x) \, dx$
$$= \int_1^2 \frac{2}{x} \cdot \frac{2}{3} x \, dx = \frac{4}{3}.$$

08년시행모의평가

평가영역	확률분포
평가내용 요소	확률변수와 기댓값

두 팀이 줄다리기를 하는데 세 번 먼저 이기는 팀이 우승한다. 각 시합에서 두 팀이 이길 확률은 각각 $\frac{1}{2}$이고, 각 시합은 독립적으로 진행된다고 가정한다. 우승팀이 결정될 때까지의 시합 횟수의 기댓값과 가장 가까운 자연수는? [2점]

① 3 ② 4 ③ 5 ④ 6 ⑤ 7

[정 답] ②

[해 설] 우승팀이 결정될 때까지의 시합 횟수를 확률변수 X라고 하자.
(X는 시합의 횟수이므로 X가 취할 수 있는 값은 자연수이다.)

(i) 세 번을 먼저 이겨야 우승을 하므로 $x<3$일 때 $P(X=x)=0$이다.

(ii) 5회의 시합을 치루면 적어도 한 팀은 3회 이상 이기므로 $x>5$일 때 $P(X=x)=0$이다.

(iii) $P(X=3) = \left(\frac{1}{2}\right)^3 + \left(\frac{1}{2}\right)^3 = \frac{1}{4}$,

$P(X=4) = \binom{3}{2}\left(\frac{1}{2}\right)^4 + \binom{3}{2}\left(\frac{1}{2}\right)^4 = \frac{3}{8}$,

$P(X=5) = \binom{4}{2}\left(\frac{1}{2}\right)^5 + \binom{4}{2}\left(\frac{1}{2}\right)^5 = \frac{3}{8}$.

따라서 다음 표를 얻을 수 있다.

x	3	4	5
$P(X=x)$	$\frac{1}{4}$	$\frac{3}{8}$	$\frac{3}{8}$

그러므로 $E(X) = 3 \cdot \frac{1}{4} + 4 \cdot \frac{3}{8} + 5 \cdot \frac{3}{8}$
$= \frac{33}{8} = 4.125$ 이다.

94년시행기출

평가영역	확률변수와 확률분포
평가내용 요소	분산

확률변수 X가 [표]에서 나타난 분포를 따를 때, X의 분산을 최대가 되게 하는 x의 값은?

X	0	3	5
P	y	$\frac{1}{3}$	x

① $\frac{1}{5}$ ② $\frac{3}{10}$ ③ $\frac{1}{2}$ ④ $\frac{2}{3}$

[정 답] ②

[해 설] X의 확률질량함수는
$$f(t) = \begin{cases} y, & t=0 \\ \frac{1}{3}, & t=3 \\ x, & t=5 \\ 0, & \text{그 외} \end{cases}$$
이다.

(i) $1 = \sum_t f(t) = y + \frac{1}{3} + x \ (0 \leq x \leq 1, 0 \leq y \leq 1)$이므로
$$y = \frac{2}{3} - x \ (0 \leq x \leq \frac{2}{3}).$$

(ii) ㉠ $E(X^2) = \sum_t t^2 f(t) = 3^2 \cdot \frac{1}{3} + 5^2 \cdot x = 25x + 3$,

㉡ $E(X) = \sum_t t f(t) = 3 \cdot \frac{1}{3} + 5 \cdot x = 5x + 1$이므로

$Var(X) = E(X^2) - E(X)^2$
$= (25x+3) - (5x+1)^2$
$= -25x^2 + 15x + 2$
$= -25\left(x - \frac{3}{10}\right)^2 + \frac{17}{4} \ \left(0 \leq x \leq \frac{2}{3}\right)$.

그러므로 $x = \frac{3}{10}$에서 $Var(X)$는 최댓값을 갖는다.

07년시행기출

평가영역	확률변수와 확률분포
평가내용 요소	기댓값

동전 n개를 동시에 던져서 모두 앞면이 나오면 n점을 얻고, 그렇지 않으면 0점을 얻는다고 하자. 이 규칙에 따라 동전 n개를 동시에 던지는 시행에서 얻을 수 있는 점수의 기댓값 E_n을 구하고, E_n이 최대가 되는 n을 모두 구하시오. (단, n은 자연수이다.) [4점]

[해 설] n개의 동전을 동시에 던져 모두 앞면이 나오는 사건을 A, 뒷면이 적어도 한 번 나오는 사건을 B라고 하면, $P(A) = \dfrac{1}{2^n}$이다.

따라서 점수의 기댓값
$$E_n = 0 \cdot P(B) + n \cdot P(A) = \dfrac{n}{2^n}$$

이다. $E_1 = E_2 = \dfrac{1}{2}$이고 $n \geq 2$에 대하여
$$E_{n+1} - E_n = \dfrac{n+1}{2^{n+1}} - \dfrac{n}{2^n} = \dfrac{1-n}{2^{n+1}} < 0$$

이므로 $E_1 = E_2 > E_3 > E_4 > \cdots$이다. 따라서 E_n이 최대가 되는 n의 값은 1과 2이다.

96년시행기출

평가영역	확률변수와 확률분포
평가내용 요소	확률밀도함수, 기댓값

확률변수 X의 확률밀도함수 $f(x)$가
$$f(x) = \begin{cases} ke^{-3x} & (x \geq 0) \\ 0 & (x < 0) \end{cases}$$

일 때 k의 값을 결정하고, X의 기댓값 $E(X)$를 구하여라. [5점]

[해 설]

(1) $1 = \displaystyle\int_{-\infty}^{\infty} f(x)dx$
$= \displaystyle\int_{0}^{\infty} ke^{-3x}dx = -\dfrac{k}{3}e^{-3x}\Big]_0^{\infty} = \dfrac{k}{3}$

이므로 $k = 3$.

(2) $E(X) = \displaystyle\int_{-\infty}^{\infty} xf(x)dx = \int_0^{\infty} 3xe^{-3x}dx = \dfrac{1}{3}$.

92년시행기출

평가영역	확률변수와 확률분포
평가내용 요소	이항분포의 기댓값과 분산

두 개의 동전을 동시에 6번 던졌다. 두 개 모두 앞면이 나오는 횟수를 X, 적어도 한 개가 뒷면이 나오는 횟수를 Y라 할 때, $(X-Y)^2$의 기댓값은?

① $\dfrac{27}{2}$　② $\dfrac{27}{4}$　③ $\dfrac{9}{2}$　④ $\dfrac{9}{4}$

[정 답] ①

[해 설]

(i) $E(X) = \dfrac{3}{2}$, $E(X^2) = \dfrac{27}{8}$.

($\because$) $X \sim B\left(6, \dfrac{1}{4}\right)$이다. 따라서
$$E(X) = 6 \times \dfrac{1}{4} = \dfrac{3}{2},\ \text{Var}(X) = 6 \times \dfrac{1}{4} \times \dfrac{3}{4} = \dfrac{9}{8}.$$

$\text{Var}(X) = E(X^2) - E(X)^2 = E(X^2) - \dfrac{9}{4}$이므로
$$E(X^2) = \dfrac{9}{8} + \dfrac{9}{4} = \dfrac{27}{8}.$$

(ii) $X + Y = 6$이므로
$X - Y = X - (6 - X) = 2X - 6$가 되어
$$\begin{aligned}E((X-Y)^2) &= E((2X-6)^2) \\ &= 4E(X^2) - 24E(X) + 36 \\ &= 4 \cdot \dfrac{27}{8} - 24 \cdot \dfrac{3}{2} + 36 = \dfrac{27}{2}.\end{aligned}$$

06년시행기출

평가영역	확률변수와 확률분포
평가내용 요소	이항분포

확률변수 X가 이항분포 $B(n, p)$를 따를 때, X의 평균(기댓값)이 np임을 보이시오. [4점]

[해 설] 확률변수 X는 확률밀도함수
$$f(x) = \binom{n}{x} p^x (1-p)^{n-x} \quad (x = 0, 1, 2, \cdots)$$

를 가지므로 X의 기댓값은
$$E(X) = \sum_{x=0}^{n} xf(x) = \sum_{x=1}^{n} xf(x)$$

$$= \sum_{x=1}^{n} x \binom{n}{x} p^x (1-p)^{n-x}$$
$$= \sum_{x=1}^{n} \frac{n!}{(n-x)!(x-1)!} p^x (1-p)^{n-x}$$
$$= \sum_{x=1}^{n} n \binom{n-1}{x-1} p^x (1-p)^{n-1-x+1}$$
$$= np \sum_{x=1}^{n} \binom{n-1}{x-1} p^{x-1} (1-p)^{n-1-(x-1)}$$
$$= np \sum_{y=0}^{n-1} \binom{n-1}{y} p^y (1-p)^{(n-1)-y}$$
$$(x-1=:y 라 두면)$$
$$= np(p+(1-p))^{n-1} = np.$$

12년시행기출

평가영역	확률변수와 확률분포
평가내용 요소	이산확률변수

동전 3개를 동시에 던져서 모두 앞면이 나오는 경우를 성공이라고 하자. 동전 3개를 동시에 던지는 시행을 독립적으로 반복할 때, 5번 성공할 때까지의 시행 횟수를 확률변수 X라 하자. 옳은 것만을 <보기>에서 있는 대로 고른 것은? [2점]

<보기>
ㄱ. $P(X \leq 4) = 0$
ㄴ. $\sum_{k=1}^{\infty} P(X=k) = 1$
ㄷ. $P(X=13) = {}_{12}C_4 \left(\frac{1}{8}\right)^5 \left(\frac{7}{8}\right)^8$

① ㄴ ② ㄱ, ㄴ ③ ㄱ, ㄷ
④ ㄴ, ㄷ ⑤ ㄱ, ㄴ, ㄷ

[정 답] ⑤
[해 설] ㄱ. ○
(∵) 확률변수 X는 5번 성공할 때까지의 시행 횟수이므로 $X \geq 5$ 이다. 따라서 $P(X \leq 4) = 0$ 이다.
ㄴ. ○
(∵) 확률변수의 정의에 의해 전확률은 1이므로
$$\sum_{k=1}^{\infty} P(X=k) = 1 \text{ 이다.}$$
ㄷ. ○

(∵) $P(X=13) = {}_{12}C_4 \left(\frac{1}{8}\right)^5 \left(\frac{7}{8}\right)^8$ 는 12회 시행까지 성공을 4회, 실패를 8회하고 13회째 시행에서 성공할 확률을 의미하므로 참이다.

93년시행기출

평가영역	확률
평가내용 요소	확률의 계산, 기댓값, 이항분포의 응용

두 선수 A, B가 반복되는 시합을 진행하여, 5번을 먼저 이기는 사람이 우승하고, 우승자에게는 1,600원의 상금을 주도록 하였다. A가 3번, B가 2번 이긴 상태에서 부득이한 사정으로 시합을 중단하였다. 상금 1,600원을 어떻게 배분하여 갖는 것이 타당한가? (단, 각 시합에서 이길 확률은 서로 같고, 비기는 경우는 없다.)

① A : 920원, B : 680원
② A : 960원, B : 640원
③ A : 1,100원, B : 500원
④ A : 1,200원, B : 400원

[정 답] ③
[해 설]
$(X, Y) = (A가 이긴 횟수, B가 이긴 횟수)$라 할 때,
$$P(m, n) = \binom{m+n}{n}\left(\frac{1}{2}\right)^m\left(\frac{1}{2}\right)^n = \binom{m+n}{n}\left(\frac{1}{2}\right)^{m+n}$$
이다. 따라서 A가 우승할 확률은
$$P(1,0) \times \frac{1}{2} + P(1,1) \times \frac{1}{2} + P(1,2) \times \frac{1}{2}$$
$$= \binom{1}{1}\left(\frac{1}{2}\right)^1 \times \frac{1}{2} + \binom{2}{1}\left(\frac{1}{2}\right)^2 \times \frac{1}{2} + \binom{3}{1}\left(\frac{1}{2}\right)^3 \times \frac{1}{2}$$
$$= \frac{11}{16}.$$

따라서 A의 상금의 기댓값은 $1,600 \times \frac{11}{16} = 1,100$(원), B의 상금의 기댓값은 500(원)이다.

18년시행기출

평가영역	확률변수와 확률분포
평가내용 요소	지수분포

두 개의 부품 ㉮와 ㉯로 구성된 시스템이 있다. 이 시스템의 수명은 작동을 시작한 후 두 부품 중 하나가 고장 날 때까지 걸리는 시간이다. 부품 ㉮가 고장 날 때까지 걸린 시간 X와 부품 ㉯가 고장 날 때까지 걸린 시간 Y는 서로 독립이고, 두 확률변수 X, Y의 확률밀도함수는 각각

$$f_X(x) = \frac{1}{5}e^{-\frac{x}{5}} \ (x>0), \ f_Y(y) = \frac{1}{10}e^{-\frac{y}{10}} \ (y>0)$$

이다. 이 시스템의 수명 Z에 대하여 확률 $P(Z>10)$을 구하시오. [2점]

[해 설]
확률변수 $Z = \min\{X, Y\}$이므로
$$P(Z>10) = P(X>10, Y>10)$$
$$= P(X>10) \cdot P(Y>10)$$
$$= \int_{10}^{\infty} \frac{1}{5}e^{-\frac{x}{5}}dx \cdot \int_{10}^{\infty} \frac{1}{10}e^{-\frac{y}{10}}dy = \frac{1}{e^3}.$$

[도움말] $X \sim E(1/5)$(평균 5인 지수분포), $Y \sim E(1/10)$ (평균 10인 지수분포).

95년시행기출

평가영역	확률변수와 확률분포
평가내용 요소	적률생성함수, 기하분포의 분산

확률변수 X의 확률밀도함수(p.d.f)가
$$f(x) = \begin{cases} \left(\frac{1}{2}\right)^x, & (x=1, 2, 3, \cdots) \\ 0, & \text{이외의 경우} \end{cases}$$

으로 정의될 때, X의 분산은?

① 2 ② 4 ③ 6 ④ 8

[정 답] ①
[해 설] (방법1)
(i) $E(X) = \sum_{x=1}^{\infty} x \cdot f(x) = \sum_{x=1}^{\infty} x \left(\frac{1}{2}\right)^x,$
$E(X) = 1\left(\frac{1}{2}\right) + 2\left(\frac{1}{2}\right)^2 + \cdots + n\left(\frac{1}{2}\right)^n + \cdots,$
$\frac{1}{2}E(X) = \left(\frac{1}{2}\right)^2 + 2\left(\frac{1}{2}\right)^3 + \cdots + (n-1)\left(\frac{1}{2}\right)^n + \cdots$
이다. 두 식을 빼면
$\frac{1}{2}E(X) = \frac{1}{2} + \left(\frac{1}{2}\right)^2 + \left(\frac{1}{2}\right)^3 + \cdots = 1, \ E(X) = 2.$
(ii) $E(X^2) = 1\left(\frac{1}{2}\right) + 4\left(\frac{1}{2}\right)^2 + 9\left(\frac{1}{2}\right)^3 + \cdots,$
$\frac{1}{2}E(X^2) = \left(\frac{1}{2}\right)^2 + 4\left(\frac{1}{2}\right)^3 + \cdots$
이다. 두 식을 빼면
$\frac{1}{2}E(X^2) = \frac{1}{2} + 3\left(\frac{1}{2}\right)^2 + 5\left(\frac{1}{2}\right)^3 + \cdots$
$= \sum_{k=1}^{\infty}(2k-1)\left(\frac{1}{2}\right)^k$
$= 2\sum_{k=1}^{\infty} k\left(\frac{1}{2}\right)^k - \sum_{k=1}^{\infty}\left(\frac{1}{2}\right)^k = 2 \cdot 2 - 1 = 3,$
$E(X^2) = 6.$
따라서 X의 분산은
$$\text{Var}(X) = E(X^2) - \{E(X)\}^2 = 6 - 4 = 2.$$

[해 설] (방법2)
(i) X의 적률생성함수는
$M_X(t) = E(e^{tX})$
$= \sum_{x=1}^{\infty} e^{tx} \cdot \left(\frac{1}{2}\right)^x = \sum_{x=1}^{\infty}\left(\frac{e^t}{2}\right)^x = \frac{e^t}{2-e^t}.$
(ii) $E(X) = M_X'(0) = 2, \ E(X^2) = M_X''(0) = 6.$
$\therefore \text{Var}(X) = 6 - 2^2 = 2.$

04년시행기출

평가영역	확률변수와 확률분포
평가내용 요소	연속균등분포

확률변수 X가 구간 $[1, 5]$에서 균등분포(uniform distribution)를 이룰 때, X의 확률밀도함수, 평균, 분산을 각각 구하시오. [3점]

[해 설] X의 확률밀도함수를 구하면
$$f(x) = \begin{cases} \frac{1}{4} & (1 \leq x \leq 5) \\ 0 & (x<1, \ 5<x) \end{cases}$$

이다. 따라서

$$E(X) = \int_{-\infty}^{\infty} x f(x) \, dx = \int_{1}^{5} x \frac{1}{4} dx = 3,$$

$$E(X^2) = \int_{-\infty}^{\infty} x^2 f(x) \, dx = \int_{1}^{5} x^2 \frac{1}{4} dx = \frac{31}{3},$$

$$\text{Var}(X) = E(X^2) - (E(X))^2 = \frac{31}{3} - 3^2 = \frac{4}{3}.$$

19년시행기출

평가영역	확률변수와 확률분포
평가내용 요소	균등분포, 누적분포함수

확률변수 X가 구간 $(0, 3)$에서 균등분포(uniform distribution)를 따른다. 확률변수 Y를 $Y = 2\ln\left(\dfrac{3}{3-X}\right)$이라 할 때, Y의 누적분포함수(cumulative distribution function) $F_Y(y) = P(Y \leq y)$를 풀이 과정과 함께 쓰시오. 또한 Y의 확률밀도함수와 $P(|Y-2| > 2)$의 값을 각각 구하시오.

[정 답] $F_Y(y) = \begin{cases} 0 & (y \leq 0) \\ 1 - e^{-y/2} & (y > 0) \end{cases}.$

$f_Y(y) = \begin{cases} 0 & (y \leq 0) \\ \dfrac{1}{2} e^{-y/2} & (y > 0) \end{cases},\ P(|Y-2| > 2) = \dfrac{1}{e^2}.$

[해 설]

(i) $X \sim U(0, 3)$이므로 X의 확률밀도함수는
$$f_X(x) = \begin{cases} 1/3 & (0 < x < 3) \\ 0 & \text{그 외의 경우} \end{cases}.$$

(ii) 각 $y \in \mathbb{R}$에 대하여
$$F_Y(y) = P(Y \leq y)$$
$$= \begin{cases} 0 & (y \leq 0) \\ P\left(2\ln\left(\dfrac{3}{3-X}\right) \leq y\right) & (y > 0) \end{cases}$$
$$= \begin{cases} 0 & (y \leq 0) \\ \displaystyle\int_0^{3(1-e^{-y/2})} \dfrac{1}{3} dx & (y > 0) \end{cases}$$
$$= \begin{cases} 0 & (y \leq 0) \\ 1 - e^{-y/2} & (y > 0) \end{cases}.$$

이다. 따라서 Y의 확률밀도함수는
$$f_Y(y) = F_Y'(y) = \begin{cases} 0 & (y \leq 0) \\ \dfrac{1}{2} e^{-y/2} & (y > 0) \end{cases}.$$

(iii) $P(|Y-2| > 2) = P(Y < 0 \text{ 혹은 } 4 < Y)$
$$= P(4 < Y) = \int_4^{\infty} \dfrac{1}{2} e^{-y/2} dy = \dfrac{1}{e^2}.$$

[도움말] (iii)을 다른 방법으로 풀이하면
$$P(|Y-2| > 2) = P(Y < 0 \text{ 혹은 } 4 < Y)$$
$$= P(4 < Y) = 1 - F_Y(4) = \dfrac{1}{e^2}.$$

00년시행기출

평가영역	확률변수와 확률분포
평가내용 요소	정규분포

400명이 모집 정원인 공무원 임용 시험에 5,000명이 응시하였다. 응시자 전체의 성적분포는 100점 만점에 평균이 55점, 표준편차가 8점인 정규분포를 이루었다. 이 시험에서 모집정원의 120%를 1차 합격자로 선발하고자 할 때, 1차 합격자의 최저 점수를 구하시오. [4점]
(단, $P(0 \leq Z \leq 1.3) = 0.4040$)

[해 설]

$\dfrac{400 \cdot (1.2)}{5000} = 0.096$이므로 1차 합격자는 상위 0.096이내에 속해야 한다. c를 합격자의 최저점수라 할 때
$$0.096 = P(X \geq c)$$
$$= P\left(Z = \dfrac{X-55}{8} \geq \dfrac{c-55}{8}\right),$$
$$P(Z \geq 1.3) = 0.5 - P(0 \leq Z \leq 1.3) = 0.096$$

이므로 $\dfrac{c-55}{8} = 1.3$이다.

따라서 $c = 65.4$이다.

05년시행기출

평가영역	확률변수와 확률분포
평가내용 요소	이항분포와 정규분포

정육면체 모양의 주사위가 있다. 이 주사위의 두 면에는 3, 나머지 네 면에는 1, 2, 4, 5가 각각 하나씩 적혀 있다. 이 주사위를 288번 던질 때, 짝수 눈이 나오는 횟수를 확률변수 X라 하면, X는 이항분포 $B(n, p)$를 따른다. 이 때, X의 평균 $E(X)$와 분산 $V(X)$를 구하고, 짝수 눈이 88번 이상 112번 이하로 나올 확률 $P(88 \le X \le 112)$를 정규근사시켜 구하시오.
(단, $P(88 \le X \le 112)$를 구하는 과정에서 연속성 수정(continuity-correction)은 하지 않는다. 그리고 Z가 표준정규 확률변수일 때, $P(0 \le Z \le 1) = 0.3413$, $P(0 \le Z \le 2) = 0.4772$이다.) [4점]

[해 설]

(i) $n = 288$, $p = \dfrac{2}{6} = \dfrac{1}{3}$ 이므로

$$E(X) = 288 \times \dfrac{1}{3} = 96,$$

$$\mathrm{Var}(X) = 288 \times \dfrac{1}{3} \times \dfrac{2}{3} = 8^2.$$

(ii) $Z = \dfrac{X-96}{8}$ 는 표준정규분포 $N(0, 1^2)$을 따른다. 따라서

$P(88 \le X \le 112)$
$= P\left(-1 = \dfrac{88-96}{8} \le Z \le \dfrac{112-96}{8} = 2\right)$
$= P(0 \le Z \le 1) + P(0 \le Z \le 2)$
$= 0.3413 + 0.4772 = 0.8185.$

16년시행기출

평가영역	확률변수와 확률분포
평가내용 요소	확률의 계산

연속확률변수 X의 확률밀도함수(probability density function) $f_X(x)$는

$$f_X(x) = \dfrac{2}{9}x - \dfrac{2}{9} \quad (1 < x < 4)$$

이다. X와 같은 분포를 따르고 서로 독립인 2개의 연속확률변수 X_1, X_2에 대하여 $Y = \min\{X_1, X_2\}$일 때, 확률 $P\left(Y < \dfrac{5}{2}\right)$를 구하시오. [2점] (단, $\min\{a, b\}$는 a와 b 중 크지 않은 수이다.)

[해 설]

$P\left(Y < \dfrac{5}{2}\right) = P\left(\min\{X_1, X_2\} < \dfrac{5}{2}\right)$
$= 1 - P\left(\min\{X_1, X_2\} \ge \dfrac{5}{2}\right)$
$= 1 - P\left(X_1 \ge \dfrac{5}{2}, X_2 \ge \dfrac{5}{2}\right)$
$= 1 - P\left(X_1 \ge \dfrac{5}{2}\right) P\left(X_2 \ge \dfrac{5}{2}\right)$
$\quad ((\because)\ X_1, X_2$는 독립$)$
$= 1 - \left(\displaystyle\int_{5/2}^{4} \left(\dfrac{2}{9}x - \dfrac{2}{9}\right) dx\right)^2 = 1 - \left(\dfrac{3}{4}\right)^2 = \dfrac{7}{16}.$

22년시행기출 (일련번호 22-B8)

평가영역	결합확률분포
평가내용 요소	결합확률밀도함수, 누적분포함수

두 확률변수 X와 Y의 결합확률밀도함수(joint probability density function) $f(x, y)$를

$$f(x, y) = \begin{cases} 2, & 0 < x < 2-y < 1 \\ 0, & \text{그 외의 경우} \end{cases}$$

라 하고, 확률변수 Z를 $Z = Y - X$라 하자. Z의 누적분포함수(cumulative distribution function) $G(z)$를 풀이 과정과 함께 쓰시오. 또한 $g(z)$를 Z의 확률밀도함수(probability density function)라 할 때, $P\left(g(Z) > \dfrac{1}{2}\right)$의 값을 풀이 과정과 함께 쓰시오. [4점]

[정 답] $G(z) = \begin{cases} 0, & z \le 0 \\ \dfrac{z^2}{2}, & 0 < z < 1 \\ 1 - \dfrac{(2-z)^2}{2}, & 1 \le z < 2 \\ 1, & 2 \le z \end{cases}$,

$P\left(g(Z) > \dfrac{1}{2}\right) = \dfrac{3}{4}.$

[해 설]
(ⅰ) $G(z) = P(Y-X < z)$
$= 2 \times (\{(x,y) \in \mathbb{R}^2 | 1 \leq y \leq 2-x, 0 \leq x \leq 1, y < x+z\}$의 넓이$)$

$= \begin{cases} 0, & z \leq 0 \\ \dfrac{z^2}{2}, & 0 < z < 1 \\ 1 - \dfrac{(2-z)^2}{2}, & 1 \leq z < 2 \\ 1, & 2 \leq z \end{cases}$

(ⅱ) $g(z) = G'(z) = \begin{cases} 1-|1-z|, & 0 < z < 2 \\ 0, & z \leq 0, 2 \leq z \end{cases}$

이므로 구하는 확률은
$P\left(g(Z) > \dfrac{1}{2}\right) = P\left(1-|1-Z| > \dfrac{1}{2}, 0 < Z < 2\right)$

23년시행기출 (일련번호 23-A11)

평가영역	확률밀도함수
평가내용 요소	확률밀도함수, 누적분포함수

연속확률변수 X의 누적분포함수(cumulative distribution function) $F(x)$가 연속인 순증가함수(strictly increasing function)라 하자. 확률변수 $F(X)$의 확률밀도함수 (probability density function)를 풀이 과정과 함께 쓰시오. 또한, $P(-2 < \ln F(X) < 1)$의 값을 풀이 과정과 함께 쓰시오. [4점]

[정 답]
$g(y) = \begin{cases} 0 & y < 0, 1 < y \\ 1 & 0 \leq y \leq 1 \end{cases}$

$P(-2 \leq \ln F(X) < 1) = 1 - \dfrac{1}{e^2}$.

[해 설] $Y = F(X)$의 누적분포함수를 $G(y) = P(Y \leq y)$이라 하자. 그러면
(ⅰ) ㉠ $y < 0$인 경우, $G(y) = P(Y \leq y) = 0$.
㉡ $1 \leq y$인 경우, $G(y) = P(Y \leq y) = 1$.
㉢ $0 \leq y < 1$인 경우,
$G(y) = P(Y \leq y)$
$= P(F(X) \leq y)$
$= P(X \leq F^{-1}(y))$
$= \int_{-\infty}^{F^{-1}(y)} f(x) dx$
$= F(F^{-1}(y)) = y$.

(ⅱ) $g(y) = G'(y) = \begin{cases} 0 & y < 0, 1 < y \\ 1 & 0 \leq y \leq 1 \end{cases}$

(2) $P(-2 \leq \ln F(X) < 1)$
$= P(e^{-2} \leq F(X) < e)$
$= \int_{e^{-2}}^{e} g(y) dy = \int_{e^{-2}}^{1} 1 dy = 1 - \dfrac{1}{e^2}$.

24년시행기출 (일련번호 24-A4)

서로 독립인 확률변수 $X_1, X_2, \cdots, X_9$가 모두 표준정규분포 $N(0, 1)$을 따른다. 확률변수 Y를 $Y = \sum_{i=1}^{9} (-1)^{i+1} X_i$라고 하면 $P(Y \geq -7) = P(X_1 \leq a)$를 만족시키는 실수 a가 존재한다. 이때, Y의 분산 $V(Y)$와 a의 값을 순서대로 구하시오. [2점]

단원 / 영역	확률과 통계 / 정규분포
평가내용 요소	독립인 정규분포의 성질, 정규분포의 대칭성, 분산

[정 답] $V(Y) = 9$, $a = \dfrac{7}{3}$.

[해 설]
(1) $V(Y) = V(X_1 + (-1)X_2 + \cdots + X_9)$
$= V(X_1) + (-1)^2 V(X_2) + \cdots + V(X_9)$
$= 9 V(X_1) = 9$.

(2) (ⅰ) $E(Y) = E(X_1 + (-1)X_2 + \cdots + X_9)$
$= E(X_1) + (-1) E(X_2) + \cdots + E(X_9)$
$= 0 - 0 + \cdots + 0 = 0$

이므로 $Y \sim N(0, 3^2)$.

(ⅱ) $P(X_1 \leq a) = P(Y \geq -7)$
$= P\left(Z = \dfrac{Y-0}{3} \geq \dfrac{-7-0}{3} = -\dfrac{7}{3}\right)$
$= P\left(Z \geq -\dfrac{7}{3}\right)$
$= P\left(Z \leq \dfrac{7}{3}\right)$

($(\because)$ Z는 표준정규분포를 따르므로 Z의 확률밀도함수는 우

함수이다.) 이므로 $a = \dfrac{7}{3}$.

93년시행기출

평가영역	결합확률분포
평가내용 요소	결합확률밀도함수

확률변수 (X, Y)는 $X \geq 0$, $Y \geq 0$이고,
$$f(x,y) = e^{-(x+y)} \; (x \geq 0, \; y \geq 0)$$
을 확률밀도함수로 한다. $Z = X + Y$일 때, 확률 $\Pr(Z \leq 1)$는?

① $1 - \dfrac{2}{e}$ ② $1 - \sqrt{\dfrac{2}{e}}$ ③ $\dfrac{1}{2}\left(1 + \dfrac{2}{e}\right)$ ④ $\dfrac{1}{2}\left(1 + \sqrt{\dfrac{2}{e}}\right)$

[정 답] ①

[해 설]

(i) $Z = X + Y$ 이므로
$$Z \leq 1 \Leftrightarrow X + Y \leq 1 \Leftrightarrow Y \leq 1 - X.$$

(ii) $\Pr(Z \leq 1) = \displaystyle\int_0^1 \int_0^{1-x} f(x,y)\,dy\,dx$
$$= \int_0^1 e^{-x}\left[-e^{-y}\right]_0^{1-x} dx$$
$$= \int_0^1 (e^{-x} - e^{-1})\,dx = 1 - 2e^{-1}.$$

94년시행기출

평가영역	결합확률분포
평가내용 요소	결합확률밀도함수

확률변수 X와 Y의 결합밀도함수(joint density function)가
$$f(x,y) = 2e^{-(x+2y)} \; (x > 0, \; y > 0)$$
일 때, 확률 $\Pr[X < Y]$은?

① $\dfrac{1}{2}$ ② $\dfrac{1}{3}$ ③ $\dfrac{1}{4}$ ④ $\dfrac{1}{5}$

[정 답] ②

[해 설] $P(X < Y) = \displaystyle\int_0^\infty \int_0^y f(x,y)\,dx\,dy$
$$= \int_0^\infty \int_0^y 2e^{-(x+2y)}\,dx\,dy$$
$$= \int_0^\infty (2e^{-2y} - 2e^{-3y})\,dy$$
$$= \dfrac{1}{3}.$$

95년시행기출

평가영역	결합확률분포
평가내용 요소	결합확률분포

X_1, X_2는 확률식 독립변수(stochastically independent variables)이고,
$$\Pr(a < X_1 < b) = \dfrac{2}{3}, \; \Pr(c < X_2 < d) = \dfrac{5}{8}$$
이다. 이 때, 사건
$$a < X_1 < b, \; -\infty < X_2 < \infty$$
와 사건
$$-\infty < X_1 < \infty, \; c < X_2 < d$$
의 합사건의 확률은?

① $\dfrac{3}{4}$ ② $\dfrac{7}{8}$ ③ $\dfrac{11}{12}$ ④ $\dfrac{19}{24}$

[정 답] ②

[해 설]

두 사건 A, B를 각각
$$A = \{a < X_1 < b, \; -\infty < X_2 < \infty\},$$
$$B = \{-\infty < X_1 < \infty, \; c < X_2 < d\}$$
라 하자.
즉, 사건 $A = \{a < X_1 < b\}$이고 사건 $B = \{c < X_2 < d\}$이다.
두 확률변수 X_1과 X_2는 확률적으로 서로 독립인 변수이므로 두 사건 A와 B는 독립사건이다.
따라서 $P(A \cap B) = P(A)P(B) = \dfrac{5}{12}$ 이다. 그러므로 구하고자 하는 확률은
$$P(A \cup B) = P(A) + P(B) - P(A \cap B)$$
$$= \dfrac{2}{3} + \dfrac{5}{8} - \dfrac{5}{12} = \dfrac{7}{8}.$$

08년시행기출

평가영역	결합확률분포
평가내용 요소	결합확률밀도함수

두 확률변수 X와 Y는 독립이고, 각각 다음과 같은 확률밀도

함수(probability density function)를 동일하게 갖는다.
$$f(t) = \begin{cases} 2t, & 0 \leq t \leq 1 \\ 0, & \text{그 외의 } t \end{cases}$$

이 때, Y가 X와 X^2사이의 값이 될 확률은? [2점]

① $\dfrac{1}{3}$ ② $\dfrac{1}{4}$ ③ $\dfrac{1}{5}$ ④ $\dfrac{1}{6}$ ⑤ $\dfrac{1}{7}$

[정 답] ④

[해 설] (i) X, Y의 주변 확률밀도함수를 각각 f_1, f_2라 할 때,
$$f_1(x) = \begin{cases} 2x, & 0 \leq x \leq 1 \\ 0, & \text{그 외의 } x \end{cases}$$
$$f_2(y) = \begin{cases} 2y, & 0 \leq y \leq 1 \\ 0, & \text{그 외의 } y \end{cases}$$

이다. X와 Y는 독립이므로 이차원 확률변수 (X, Y)의 결합 확률밀도함수는
$$f(x, y) = f_1(x) f_2(y)$$
$$= \begin{cases} 4xy, & 0 \leq x \leq 1,\ 0 \leq y \leq 1 \\ 0, & \text{그 외} \end{cases}$$

(ii) 구하는 확률은
$$P(X^2 \leq Y \leq X)$$
$$= \int_{x=0}^{1} \int_{y=x^2}^{x} f(x, y)\, dy\, dx = \frac{1}{6}.$$

14년시행기출

평가영역	확률변수와 확률분포
평가내용 요소	확률밀도함수, 확률계산

두 연속확률변수 X와 Y는 독립이고, X와 Y의 확률밀도함수(probability density function)를 각각
$$f_X(x) = 2x\,(0 < x < 1),\ f_Y(y) = 1\,(0 < y < 1)$$

이라고 하자. $M = \left[\dfrac{X}{Y}\right]$라 할 때, 확률 $P(M=2)$를 구하시오. (단 $[a]$는 a보다 크지 않은 최대정수이다.) [2점]

[해 설]
$$P(M=2) = P\left(2 \leq \frac{X}{Y} < 3\right) = P(2Y \leq X < 3Y)$$
$$= P\left(\frac{X}{3} \leq Y \leq \frac{X}{2}\right)$$

$$= \int_{x=0}^{1} \int_{y=\frac{x}{3}}^{\frac{x}{2}} f(x, y)\, dy\, dx$$
$$= \int_{x=0}^{1} \int_{y=\frac{x}{3}}^{\frac{x}{2}} 2x\, dy\, dx$$
$$= \int_{x=0}^{1} \frac{1}{3} x^2\, dx = \frac{1}{9} x^3 \Big]_0^1 = \frac{1}{9}.$$

15년시행기출

평가영역	결합확률분포
평가내용 요소	결합확률밀도함수

두 연속확률변수 X, Y가 서로 독립이고, 확률밀도함수(probability density function)가 각각
$$f_X(x) = \frac{1}{2} e^{-\frac{x}{2}}\,(x > 0),\ f_Y(y) = e^{-y}\,(y > 0)$$

이다. 확률변수 $Z = X + 2Y$의 확률밀도함수 $g(z)$를 구하시오. [2점]

[해 설] (i) 확률변수 $Z = X + 2Y$에 대하여 (X, Y)의 결합확률밀도함수는
$$f(x, y) = f_X(x) \cdot f_Y(y)$$
$$= \begin{cases} \dfrac{1}{2} e^{-\frac{x}{2} - y}, & (x > 0, y > 0) \\ 0, & \text{otherwise} \end{cases}$$

(ii) Z의 누적확률분포함수를 $G(z)$라 하면,
$$G(z) = P(X + 2Y \leq z)$$
$$G(z) = \iint_{X+2Y \leq z} f(x, y)\, dx\, dy$$
$$= \int_0^{\frac{z}{2}} \int_0^{z-2y} \frac{1}{2} e^{-\frac{x}{2} - y}\, dx\, dy$$
$$= \int_0^{\frac{z}{2}} \left(e^{-y} - e^{-\frac{z}{2}} \right) dy$$
$$= \left[-e^{-y} \right]_0^{\frac{z}{2}} - \frac{z}{2} e^{-\frac{z}{2}}$$
$$= 1 - e^{-\frac{z}{2}} - \frac{z}{2} e^{-\frac{z}{2}}.$$

즉, $G(z) = \begin{cases} 0, & z \leq 0 \\ 1 - e^{-\frac{z}{2}} - \frac{z}{2}e^{-\frac{z}{2}}, & z > 0 \end{cases}$.

(iii) Z의 확률밀도함수는 $g(z) = \frac{dG}{dz}(z)$이므로

$$g(z) = \frac{z}{4}e^{-\frac{z}{2}}. \text{ (단, } z > 0)$$

16년시행기출

평가영역	결합확률분포
평가내용 요소	결합확률밀도함수, 기댓값

두 연속확률변수 X, Y는 서로 독립이고 각각 구간 $(0, 2)$에서 균등분포(uniform distribution)를 따른다. 확률변수 $Z = X + Y$의 확률밀도함수(probability density function) $f_Z(z)$와 평균 $E[Z]$를 풀이 과정과 함께 쓰시오. [4점]

[해 설] (i) X와 Y는 $(0, 2)$에서 균등분포를 따르므로 X, Y의 주변확률밀도함수는

$$f_X(x) = \frac{1}{2-0} = \frac{1}{2} \ (0 < x < 2),$$

$$f_Y(y) = \frac{1}{2-0} = \frac{1}{2} \ (0 < y < 2).$$

(ii) 확률변수 $Z = X + Y$의 결합확률밀도함수는

$$f(x, y) = f_X(x)f_Y(y) = \frac{1}{4} \ (0 < x < 2, \ 0 < y < 2).$$

Z의 누적확률분포함수를 $F(z)$라 하면

㉠ $z \leq 0$일 때, $F(z) = 0$,

㉡ $0 < z < 2$일 때,

$$F(z) = \int_0^z \int_0^{z-x} \frac{1}{4} dy dx = \frac{z^2}{8},$$

㉢ $2 \leq z < 4$일 때,

$$F(z) = 1 - \int_{z-2}^2 \int_{-x+z}^2 \frac{1}{4} dy dx = -\frac{z^2}{8} + z,$$

㉣ $z \geq 4$일 때, $F(z) = 1$.

그러므로 Z의 확률밀도함수는

$$f_Z(z) = \frac{dF}{dz}(z) = \begin{cases} \frac{z}{4}, & 0 < z < 2 \\ 1 - \frac{z}{4}, & 2 \leq z < 4 \\ 0, & \text{그 외} \end{cases}.$$

(iii) $E(Z) = \int_{-\infty}^{\infty} z f_Z(z) dz$.

$$= \int_0^2 z \cdot \frac{z}{4} dz + \int_2^4 z \cdot \left(1 - \frac{z}{4}\right) dz = 2$$

20년시행기출

평가영역	결합확률분포
평가내용 요소	중앙값, 누적분포함수, 확률밀도함수

X_1, X_2, X_3을 균등분포(uniform distribution) $Unif(0, 1)$로부터의 확률표본(random sample)이라 하고, Y를 X_1, X_2, X_3의 중앙값(median)이라 하자.

이때 Y의 누적분포함수(cumulative distribution function)와 Y의 확률밀도함수(probability density function)를 풀이과정과 함께 쓰시오. [4점]

[해 설] (1) 세 사건
$A_1 = (X_1 \leq y$이고 $X_2 \leq y)$,
$A_2 = (X_2 \leq y$이고 $X_3 \leq y)$, $A_3 = (X_1 \leq y$이고 $X_3 \leq y)$
에 대하여

$P(Y \leq y) = P(A_1 \cup A_2 \cup A_3)$
$= P(A_1) + P(A_2) + P(A_3)$
$- P(A_1 \cap A_2) - P(A_2 \cap A_3) - P(A_1 \cap A_3)$
$+ P(A_1 \cap A_2 \cap A_3)$
$= (y^2 + y^2 + y^2) - (y^3 + y^3 + y^3) + y^3$
$= 3y^2 - 2y^3 (0 \leq y \leq 1)$.

따라서 $F_Y(y) = \begin{cases} 0 & y < 0 \\ 3y^2 - 2y^3 & 0 \leq y \leq 1 \\ 1 & 1 < y \end{cases}$.

(2) $f_Y(y) = \frac{d}{dy} F_Y(y) = \begin{cases} 6y - 6y^2 & 0 \leq y \leq 1 \\ 0 & \text{그 외의 경우} \end{cases}$.

17년시행기출

평가영역	결합확률분포
평가내용 요소	결합확률분포, 표준정규분포, 독립

어느 회사의 입사 시험 지원자들의 필기시험 점수와 면접시험 점수는 각각 정규분포 $N(82, 6^2)$, $N(80, 8^2)$을 따르고 서로 독립이라고 한다. 이 회사의 입사 시험 지원자 중에서 임의로 뽑은 한 지원자의 필기시험 점수를 확률변수 X, 면접시험 점

수를 확률변수 Y라 하자. 이 지원자의 평균 점수를 $T=\dfrac{X+Y}{2}$라 할 때, 평균 점수가 90점 이상일 확률은 $P(T\geq 90)=P(Z\geq k)$이다. 이 때, k의 값을 풀이 과정과 함께 쓰시오. (단, Z는 표준정규분포를 따르는 확률변수이다.) [4점]

[해 설]
서로 독립인 두 확률변수 X, Y는 $X\sim N(82,6^2)$, $Y\sim N(80,8^2)$이다. 따라서, $T=\dfrac{1}{2}(X+Y)$에 대하여

$$E(T)=\frac{1}{2}(E(X)+E(Y))=\frac{1}{2}(82+80)=81,$$

$$Var(T)=\frac{1}{2^2}(Var(X)+Var(Y))$$
$$=\frac{1}{4}(6^2+8^2)=5^2.$$

그러므로 $T\sim N(81,5^2)$가 되고
$$P(Z\geq k)=P(T\geq 90)$$
$$=P\left(z=\frac{T-81}{5}\geq \frac{90-81}{5}=1.8\right).$$

따라서 $k=1.8$이다.

10년시행기출

평가영역	확률변수와 확률분포
평가내용 요소	표본평균, 기댓값

확률밀도함수(probability density function)가 두 상수 a, b에 대하여

$$f(x)=\begin{cases}0, & x<0 \\ a, & 0\leq x<1 \\ be^{1-x}, & 1\leq x<\infty\end{cases}$$

인 분포를 따르는 모집단이 있다. 이 모집단에서 크기가 2인 표본을 임의로 추출하였을 때, 표본평균 $\overline{X}$의 평균이 $\dfrac{3}{2}$이다. a^2+b^2의 값은? [1.5점]

① $\dfrac{1}{9}$ ② $\dfrac{1}{3}$ ③ $\dfrac{5}{9}$ ④ $\dfrac{7}{9}$ ⑤ 1

[정 답] ③
[해 설]
(i) X의 확률밀도함수가 f일 때

$$\frac{3}{2}=E(\overline{X})=E(X)=\int_{-\infty}^{\infty}xf(x)dx$$
$$=\int_0^1 x\cdot a\,dx+\int_1^{\infty}bxe^{1-x}dx$$
$$=\frac{a}{2}+be\cdot 2e^{-1},$$

즉, $a+4b=3\cdots$ ㉠.

(ii) $1=\int_{-\infty}^{\infty}f(x)dx=\int_0^1 a\,dx+\int_1^{\infty}be^{1-x}dx$
$$=a+be[-e^{-x}]_1^{\infty}=a+b,$$

즉, $a+b=1\cdots$ ㉡.

㉠와 ㉡를 연립하여 계산하면 $b=\dfrac{2}{3}$, $a=\dfrac{1}{3}$이므로
$$a^2+b^2=\frac{4+1}{9}=\frac{5}{9}.$$

[도움말] X_1, X_2에 대하여 $\overline{X}=\dfrac{1}{2}(X_1+X_2)$이므로
$$E(\overline{X})=\frac{1}{2}(E(X_1)+E(X_2))$$
$$=\frac{1}{2}(E(X)+E(X))=E(X).$$

23년시행기출 (일련변호 23-B2)

평가영역	확률분포의 예
평가내용 요소	포아송분포, 표본분산의 계산

포아송분포(Poisson distribution) $Poisson(5)$로부터의 확률표본(random sample) $X_1, X_2, \cdots, X_n$에 대하여 $\overline{X}$를 $\overline{X}=\dfrac{1}{n}\sum_{i=1}^{n}X_i$라 하자. $E\left(\sum_{i=1}^{n}(X_i-\overline{X})^2\right)=140$일 때, n의 값을 구하시오. [2점]

※ 다음은 필요하면 사용할 수 있다.

> 확률변수 X가 $Poisson(\lambda)$를 따르면
> $P(X=x)=\dfrac{\lambda^x e^{-\lambda}}{x!}=(x=0,1,2,\cdots)$이다.

[정 답] $n=29$.
[해 설] (i) $X_i\sim Poisson(5)\,(i=1,2,\cdots,n)$이므로
$$E(X_i)=V(X_i)=5\,(\forall i=1,2,\cdots,n).$$

(ii) 표본분산을 $s^2 = \dfrac{1}{n-1}\sum_{i=1}^{n}(X_i - \overline{X})^2$, 표본분산의 평균은 모분산의 평균과 같으므로

$$5 = E(s^2) = \dfrac{1}{n-1}E\left(\sum_{i=1}^{n}(X_i - \overline{X})^2\right) = \dfrac{140}{n-1}.$$

$\therefore n = 29.$

96년시행기출

평가영역	확률변수와 확률분포
평가내용 요소	정규분포, 기댓값과 분산

정규분포 $N(m, \sigma^2)$을 따르는 확률변수 X가 $P(X \leq 5) = P(X \geq 7)$을 만족시키고, $E(X^2) = 45$일 때, $\dfrac{m}{\sigma}$의 값은?

① $\dfrac{3}{2}$ ② 2   ③ $\dfrac{5}{2}$ ④ 3

[정답] ②
[해설]
(i) $Z = \dfrac{X-m}{\sigma} \sim N(0, 1)$에 대하여

$$P\left(Z \leq \dfrac{5-m}{\sigma}\right) = P(X \leq 5) = P(X \geq 7) = P\left(\dfrac{7-m}{\sigma} \leq Z\right)$$

이다. 따라서 $\dfrac{5-m}{\sigma} = -\dfrac{7-m}{\sigma}$, $m = 6$.

(ii) $\sigma^2 = E(X^2) - m^2 = 45 - 36 = 9$이므로

$$\sigma = 3, \ \dfrac{m}{\sigma} = 2.$$

14년시행기출

평가영역	확률변수와 확률분포
평가내용 요소	정규분포

모집단 A는 어떤 지역의 20세 남자들로 이루어져 있다. 모집단 A에 속하는 남자의 키는 평균 175cm, 표준편차 5cm인 정규분포를 따른다고 한다. 모집단 A에서 임의로 뽑은 남자의 키(cm)와 몸무게(kg)를 각각 확률변수 X, Y라 할 때 $Y = \dfrac{2}{5}X + \alpha$가 성립한다고 하자. 여기서, α는 평균 0, 표준편차 $2\sqrt{3}$인 정규분포를 따르는 확률변수이고, X와 α는 독립이다. 확률 $P(Y > 72) = P(Z > k)$일 때, k의 값을 구하시오. [2점]
(단 Z는 표준정규분포를 따르는 확률변수이다.)
[해설]

$X \sim N(175, 5^2)$, $Y = \dfrac{2}{5}X + \alpha$, $\alpha \sim N(0, 12)$이므로

$$Y \sim N\left(\dfrac{2}{5} \times 175 + 0, \ \dfrac{4}{25} \times 5^2 + 12\right) = N(70, 4^2).$$

$Z = \dfrac{Y-70}{4} \sim N(0, 1)$이므로

$$P(Y > 72) = P\left(Z = \dfrac{Y-70}{4} > \dfrac{72-70}{4}\right) = P\left(Z > \dfrac{1}{2}\right).$$

그러므로 $k = \dfrac{1}{2}$이다.

13년시행기출

평가영역	확률변수와 확률분포
평가내용 요소	이항분포의 정규근사

어느 도시의 성인 중 20%가 A 통신사를 이용한다고 한다. 이 도시의 성인 400명을 임의로 조사할 때, A 통신사를 이용하는 성인이 80명 이상 92명 이하가 될 확률을 이항분포의 정규근사를 이용하여 구하면 $P(0 \leq Z \leq k)$이다. k의 값을 구하시오. (단, Z는 표준정규분포를 따르는 확률변수이고 연속성 보정은 하지 않는다.) [2점]
[해설]
(i) $X \sim B(400, 0.2)$이므로

$$m = 400 \times 0.2 = 80, \ \sigma^2 = 400 \times 0.2 \times 0.8 = 64$$

이고, $Z = \dfrac{X-m}{\sigma} = \dfrac{X-80}{8} \sim N(0, 1^2)$.

(ii) 구하는 확률은

$$P(80 \leq X \leq 92)$$
$$= P\left(\dfrac{80-80}{8} \leq Z\left(= \dfrac{X-80}{8}\right) \leq \dfrac{92-80}{8}\right)$$
$$= P\left(0 \leq Z \leq \dfrac{3}{2} = 1.5\right) = P(0 \leq Z \leq k).$$

그러므로 $k = 1.5$이다.

20년시행기출

평가영역	결합확률분포
평가내용 요소	결합확률분포, 표준정규분포, 독립

A 회사와 B 회사에서 생산하는 전기자동차용 배터리의 수명은 각각 정규분포 $N(2500, 80^2)$, $N(2200, 66^2)$을 따른다고 한다. A 회사의 제품에서 100개를 임의로 추출한 표본의 평균수명을 $\overline{X}$, B 회사의 제품에서 121개를 임의로 추출한 표본의 평균수명을 $\overline{Y}$라 할 때, $\overline{X}-\overline{Y}$의 분산 $\mathrm{Var}(\overline{X}-\overline{Y})$는 a 이고,

$$P(\overline{X}-\overline{Y} \leq 320) = P(Z \leq b)$$

이다. 상수 a와 b의 값을 각각 구하시오. (단, 배터리 수명의 단위는 100km이고, Z는 표준정규분포를 따르는 확률변수이다.)[2점]

[해 설] (1) $\overline{X} \sim N(2500, 8^2)$, $\overline{Y} \sim N(2200, 6^2)$이므로 $\overline{X}-\overline{Y} \sim N(300, 10^2)$.
따라서 $a = 100$.

(2) $P(\overline{X}-\overline{Y} \leq 320) = P\left(Z \leq \dfrac{320-300}{10}\right)$
$= P(Z \leq 2)$.

따라서 $b = 2$.

01년시행기출

평가영역	결합확률분포
평가내용 요소	결합확률분포, 공분산, 독립성

동전 2개를 던질 때 앞면이 나오는 개수를 확률 변수 X라 하고, 확률변수 Y를

$$Y = \begin{cases} 0, & X=0, 2 \\ 1, & X=1 \end{cases}$$

으로 정의할 때, 다음 물음에 답하시오. [총 5점]

(1) 다음 표를 완성하시오. [3점]

X의 확률분포 Y의 확률분포 X와 Y의 결합 확률분포

X	$P(X)$
0	
1	
2	
합	1

Y	$P(Y)$
0	
1	
합	1

$X \backslash Y$	0	1	합
0			
1			
2			
합			

(2) X와 Y의 공분산(covariance) σ_{XY}를 구하여라. [1점]

(3) X와 Y의 독립성 여부를 판별하시오. [1점]

[해 설] (1)

X의 확률분포 Y의 확률분포 X와 Y의 결합 확률분포

X	$P(X)$
0	$\frac{1}{4}$
1	$\frac{1}{2}$
2	$\frac{1}{4}$
합	1

Y	$P(Y)$
0	$\frac{1}{2}$
1	$\frac{1}{2}$
합	1

$X \backslash Y$	0	1	합
0	$\frac{1}{4}$	0	$\frac{1}{4}$
1	0	$\frac{1}{2}$	$\frac{1}{2}$
2	$\frac{1}{4}$	0	$\frac{1}{4}$
합	$\frac{1}{2}$	$\frac{1}{2}$	1

(2) 위의 표를 이용하여 $E(XY)$, $E(X)$, $E(Y)$를 구하면

$E(XY) = \sum_{x,y} xy P(X=x, Y=y) = \dfrac{1}{2}$,

$E(X) = \sum_x x P(X=x) = 0 \cdot \dfrac{1}{4} + 1 \cdot \dfrac{1}{2} + 2 \cdot \dfrac{1}{4} = 1$,

$E(Y) = \sum_y y P(Y=y) = 0 \cdot \dfrac{1}{2} + 1 \cdot \dfrac{1}{2} = \dfrac{1}{2}$,

X와 Y의 공분산은 $\sigma_{XY} = E(XY) - E(X)E(Y)$
$= \dfrac{1}{2} - 1 \cdot \dfrac{1}{2}$
$= 0$.

(3) 확률변수 X와 Y가 독립이기 위해서는
$P(X=x, Y=y) = P(X=x)P(Y=y) \ (\forall (x,y))$
를 만족하여야 한다. 그러나
$P(X=0, Y=0) = \dfrac{1}{4}$,

$P(X=0)P(Y=0) = \dfrac{1}{4} \cdot \dfrac{1}{2} = \dfrac{1}{8}$.

따라서 X와 Y가 독립이 아니다.

21년시행기출 (일련번호 21-1)

평가영역	조건부확률
평가내용 요소	확률의 정의와 성질, 주변확률질량함수, 조건부확률

두 확률변수 X와 Y의 결합확률질량함수(joint probability massfunction)가 다음과 같다.

X \ Y	1	2	3	4
0	p	$\frac{1}{24}$	$\frac{1}{12}$	$\frac{1}{8}$
1	0	$\frac{1}{12}$	$\frac{1}{8}$	$\frac{1}{24}$
2	$\frac{1}{12}$	$\frac{1}{8}$	$\frac{1}{12}$	q

X의 기댓값이 $E(X) = \frac{11}{12}$일 때, $p \times \frac{1}{q}$의 값과 조건부확률 $P(X+Y \leq 4 | Y-X=2)$의 값을 순서대로 쓰시오.[2점]

[정 답] $p \times \frac{1}{q} = 4$, $P(X+Y \leq 4 | Y-X=2) = 4/5$.

[해 설]

(1) (i) $P(X=0) = p + \frac{1}{24} + \frac{1}{12} + \frac{1}{8} = p + \frac{1}{4}$,

$P(X=1) = \frac{1}{12} + \frac{1}{8} + \frac{1}{24} = \frac{1}{4}$,

$P(X=2) = \frac{1}{12} + \frac{1}{8} + \frac{1}{12} + q = \frac{7}{24} + q$

이므로 $1 = \sum_{i=0,1,2} P(X=i) = \frac{19}{24} + p + q$.

(ii) $\frac{11}{12} = E(X)$
$= 0 \cdot P(X=0) + 1 \cdot P(X=1) + 2 \cdot P(X=2)$
$= \frac{1}{4} + \frac{7}{12} + 2q$.

따라서 $p = \frac{1}{6}$, $q = \frac{1}{24}$ 이므로 $p \times \frac{1}{q} = 4$.

(2) $P(Y-X=2)$
$= P(X=0, Y=2) + P(X=1, Y=3) + P(X=2, Y=4)$
$= \frac{1}{24} + \frac{1}{8} + q = \frac{5}{24}$,

$P(X+Y \leq 4, Y-X=2)$
$= P(X=0, Y=2) + P(X=1, Y=3)$
$= \frac{1}{24} + \frac{1}{8} = \frac{1}{6}$

이므로 $P(X+Y \leq 4 | Y-X=2)$
$= \frac{P(X+Y \leq 4, Y-X=2)}{P(Y-X=2)} = \frac{4}{5}$.

24년시행기출 (일련번호 24-B6)

두 확률변수 X와 Y의 결합확률밀도함수(joint probability density function)가

$$f(x,y) = \begin{cases} \frac{1}{\sqrt{2\pi}} e^{-\frac{1}{2}(x+y^2)}, & x > 0, y > 0 \\ 0, & \text{그 외의 경우} \end{cases}$$

일 때, 확률변수 X와 Y가 서로 독립인지를 판별하고 그 이유를 쓰시오.
또한 조건부확률 $P(X \leq 2 | Y \leq 2)$의 값을 풀이 과정과 함께 쓰시오. [4점]

※ 다음은 필요하면 사용할 수 있다.

$$\frac{1}{\sqrt{2\pi}} \int_{-\infty}^{\infty} e^{-\frac{t^2}{2}} dt = 1$$

평가영역	결합확률밀도함수
평가내용 요소	정규분포의 결합확률밀도함수, 두 확률변수의 독립성, 조건부 확률

[정 답] $P(X \leq 2 | Y \leq 2) = 1 - \frac{1}{e}$.

[해 설]

(1) (i)
$f_X(x) = \int_{-\infty}^{\infty} f(x,y) dy = \int_0^{\infty} \frac{1}{\sqrt{2\pi}} e^{-\frac{1}{2}(x+y^2)} dy$

$= \frac{e^{-\frac{x}{2}}}{\sqrt{2\pi}} \int_0^{\infty} e^{-\frac{1}{2}y^2} dy$

$= \frac{1}{2} e^{-\frac{x}{2}} \quad (x > 0)$,

$f_Y(y) = \int_{-\infty}^{\infty} f(x,y) dx = \int_0^{\infty} \frac{1}{\sqrt{2\pi}} e^{-\frac{1}{2}(x+y^2)} dx$

$= \frac{1}{\sqrt{2\pi}} e^{-\frac{y^2}{2}} \int_0^{\infty} e^{-\frac{x}{2}} dx$

$$= \frac{2}{\sqrt{2\pi}} e^{-\frac{y^2}{2}} \ (y > 0).$$

(ii) $f_X(x) f_Y(y)$
$$= \begin{cases} \frac{1}{\sqrt{2\pi}} e^{-\frac{1}{2}(x+y^2)}, & x>0, y>0 \\ 0, & \text{그 외의 경우} \end{cases} = f(x,y)$$

이므로 X, Y는 독립이다.

(2) $P(X \le 2 \mid Y \le 2) = P(X \le 2)$
$$((\because) \ X, \ Y \text{는 독립이다.})$$
$$= \int_{-\infty}^{2} f_X(x) dx$$
$$= \int_{0}^{2} \frac{1}{2} e^{-\frac{x}{2}} dx = 1 - \frac{1}{e}.$$

92년시행기출

평가영역	조건부확률과 독립성
평가내용 요소	조건부확률

주머니 속에 앞면이 나올 확률이 각각 $\frac{1}{4}$, $\frac{1}{2}$, $\frac{3}{4}$인 동전 C_1, C_2, C_3가 한 개씩 들어있다. 이 주머니에서 임의로 한 개의 동전을 꺼내 4번을 던졌더니 앞면이 2번 나왔다. 균형잡힌 동전 C_2가 꺼내졌을 확률은?

① $\frac{6}{17}$ ② $\frac{7}{17}$ ③ $\frac{8}{17}$ ④ $\frac{9}{17}$

[정 답] ③

[해 설] C_1 : 동전 C_1이 나오는 사건, C_2 : 동전 C_2가 나오는 사건, C_3 : 동전 C_3가 나오는 사건, H : 동전의 앞면이 2번 나오는 사건이라 하자.

구하는 확률은 $P(C_2 \mid H) = \frac{P(C_2 \cap H)}{P(H)}$ 이다.

$$P(C_1 \cap H) = \frac{1}{3} \times {}_4C_2 \left(\frac{1}{4}\right)^2 \left(\frac{3}{4}\right)^2 = \frac{9}{128},$$
$$P(C_2 \cap H) = \frac{1}{3} \times {}_4C_2 \left(\frac{1}{2}\right)^2 \left(\frac{1}{2}\right)^2 = \frac{1}{8},$$
$$P(C_3 \cap H) = \frac{1}{3} \times {}_4C_2 \left(\frac{3}{4}\right)^2 \left(\frac{1}{4}\right)^2 = \frac{9}{128}$$

이므로
$$P(H) = P(C_1 \cap H) + P(C_2 \cap H) + P(C_3 \cap H)$$
$$= \frac{17}{64}.$$

따라서 $P(C_2 \mid H) = \frac{P(C_2 \cap H)}{P(H)} = \frac{1/8}{17/64} = \frac{8}{17}$.

10년시행기출

평가영역	조건부분포와 조건부기댓값
평가내용 요소	베이즈 정리, 조건부 확률함수

한 개의 주사위를 던져 나온 눈의 수를 X라 하고, 나온 눈의 수와 같은 개수의 동전을 던져 나오는 앞면의 수를 Y라 하자. $X = m$이 주어질 때 Y의 조건부 확률함수(조건부 확률질량함수, conditional probability function)를 $p_{Y|X}(n|m)$, Y의 확률함수를 $p_Y(n)$이라고 하자. $p_{Y|X}(n|m)$, $p_Y(0)$을 옳게 나타낸 것은? [2.5점]

	$p_{Y|X}(n|m)$	$p_Y(0)$		$p_{Y|X}(n|m)$	$p_Y(0)$
①	$\frac{{}_mC_n}{6 \cdot 2^m}$	$\frac{67}{6 \cdot 64}$	②	$\frac{{}_mC_n}{6 \cdot 2^m}$	$\frac{63}{6 \cdot 64}$
③	$\frac{{}_mC_n}{2^m}$	$\frac{67}{6 \cdot 64}$	④	$\frac{{}_mC_n}{2^m}$	$\frac{63}{6 \cdot 64}$
⑤	$\frac{{}_mC_n}{2^n}$	$\frac{61}{6 \cdot 64}$			

[정 답] ④

[해 설]
$$p_{Y|X}(n|m) = \frac{p(X=m, Y=n)}{p(X=m)}$$
$$= \frac{\frac{1}{6} \times {}_mC_n \left(\frac{1}{2}\right)^n \left(\frac{1}{2}\right)^{m-n}}{\frac{1}{6}}$$
$$= \frac{{}_mC_n}{2^m}.$$

$$p_Y(0) = \sum_{x \in X} p(X=x, Y=0)$$
$$= p(X=1, Y=0) + p(X=2, Y=0)$$
$$\quad + p(X=3, Y=0) + p(X=4, Y=0)$$
$$\quad + p(X=5, Y=0) + p(X=6, Y=0)$$
$$= \frac{1}{6} \left\{ {}_1C_0 \left(\frac{1}{2}\right) + {}_2C_0 \left(\frac{1}{2}\right)^2 + {}_3C_0 \left(\frac{1}{2}\right)^3 + {}_4C_0 \left(\frac{1}{2}\right)^4 \right.$$
$$\left. + {}_5C_0 \left(\frac{1}{2}\right)^5 + {}_6C_0 \left(\frac{1}{2}\right)^6 \right\}$$

$$= \frac{63}{6 \cdot 64}.$$

17년시행기출

평가영역	이산확률변수
평가내용 요소	조건부 기댓값

두 이산확률변수 X, Y의 결합확률분포가 다음과 같다.

X \ Y	0	1	2	3
0	$\frac{1}{15}$	$\frac{2}{15}$	0	$\frac{1}{5}$
1	0	$\frac{1}{5}$	$\frac{2}{15}$	$\frac{1}{15}$
2	$\frac{1}{15}$	$\frac{1}{15}$	$\frac{1}{15}$	0

조건 $Y=1$이 주어졌을 때, 확률변수 X의 조건부기댓값 $E[X|Y=1]$을 구하시오.

[해 설]

(ⅰ) $f(X=x|Y=1) = \frac{f(x,y)}{f_Y(1)}$

$$= \frac{5}{2}f(x,1) = \begin{cases} \frac{1}{3} & (x=0) \\ \frac{1}{2} & (x=1) \\ \frac{1}{6} & (x=2) \end{cases}$$

(ⅱ) $E(X|Y=1) = \sum_{x} xf(X=x|Y=1) = \frac{5}{6}$.

11년시행기출

평가영역	결합이산확률분포
평가내용 요소	조건부 기댓값

두 이산형 확률변수 X와 Y의 결합확률질량함수(joint probability mass-function) $f(x,y) = P(X=x, Y=y)$를

$$f(x,y) = \frac{3x-y}{12}, \ x=1, 2 \ 3 \ y=1, 2$$

라 하자. $Y=1$일 때, X의 조건부 기댓값(조건부 평균) $E(X|Y=1)$의 값은? [2점]

① $\frac{5}{4}$ ② $\frac{4}{3}$ ③ $\frac{13}{9}$ ④ $\frac{12}{7}$ ⑤ $\frac{9}{5}$

[정 답] ④
[해 설]

x \ y	1	2	$f_X(x)$
1	$\frac{1}{6}$	$\frac{1}{12}$	$\frac{1}{4}$
2	$\frac{5}{12}$	$\frac{1}{3}$	$\frac{3}{4}$
$f_Y(y)$	$\frac{7}{12}$	$\frac{5}{12}$	1

$E(X|Y=1) = \sum_{x} xf(X=x|Y=1)$

$$= \sum_{x} x \frac{f(x,1)}{f_Y(1)}$$

$$= 1 \cdot \frac{f(1,1)}{f_Y(1)} + 2 \cdot \frac{f(2,1)}{f_Y(1)}$$

$$= 1 \cdot \frac{1/6}{7/12} + 2 \cdot \frac{5/12}{7/12} = \frac{12}{7}.$$

13년시행기출

평가영역	결합연속확률분포
평가내용 요소	조건부확률변수, 조건부기댓값

두 연속확률변수 X와 Y의 결합확률밀도함수(joint probability density function) $f(x, y)$를

$$f(x,y) = \begin{cases} \frac{1}{5}xy(1-x+y) &, 0<x<1, 1<y<3 \\ 0 &, \text{그 외의 경우} \end{cases}$$

라 하자. Y의 주변확률밀도함수(marginal probability density function) $f_Y(y)$를 구하고, 이를 이용하여 $Y=2$가 주어졌다는 가정 하에 X의 조건부확률밀도함수(conditional probability density function) $f_{X|Y}(x|2)$와 X의 조건부기댓값(conditional expectation) $E[X|Y=2]$를 구하시오. [3점]

[해 설]

(ⅰ) $f_{X|Y}(x|2) = \left(\dfrac{P(X=x, Y=2)}{P(Y=2)}\right) = \dfrac{f(x,2)}{f_y(2)}$

$= \dfrac{f(x,2)}{\int_{-\infty}^{\infty} f(x,y)|_{y=2}\, dx}$

$= \begin{cases} \dfrac{\frac{2}{5}x(3-x)}{\int_0^1 \frac{2}{5}x(3-x)\, dx} = \dfrac{6}{7}x(3-x) & (0<x<1) \\ 0 & (\text{otherwise}) \end{cases}$

(ⅱ) $E(X|Y=2) = \int_{-\infty}^{\infty} x \cdot f_{X|Y}(x|2)\, dx$

$= \int_0^1 x \cdot \dfrac{6}{7}x(3-x)\, dx = \dfrac{9}{14}$.

98년시행 추가임용기출

평가영역	확률변수와 확률분포
평가내용 요소	이항분포와 정규분포

인구가 10만인 도시에서 시정(市政)에 대한 여론을 조사하였더니 남자 성인의 80%와 여자 성인의 90%가 시정(市政)을 지지하였다. 이 도시에서 남자 성인 400명과 여자 성인 400명을 임의로 뽑았을 때, 다음의 확률을 구하시오. [총 5점]
(1) 적어도 700명이 시정(市政)에 대하여 지지할 확률 [3점]
(2) 시정(市政)에 대한 지지자 중 여자가 남자보다 25명 더 많을 확률 [2점]

<표준정규분포표>

k	0.00	0.01	0.02	0.03	0.004	0.05	0.06	0.07	0.08	0.09
1.5	.4332	.4354	.4357	.4370	.4382	.4394	.4406	.4418	.4429	.4441
1.6	.4452	.4463	.4474	.4484	.4495	.4505	.4515	.4525	.4535	.4545
1.7	.4554	.4564	.4573	.4528	.4591	.4599	.4608	.4616	.4625	.4633
1.8	.4941	.4649	.4656	.4664	.4671	.4678	.5686	.4688	.4699	.4706
1.9	.4713	.4719	.4726	.4732	.4738	.4744	.4750	.4756	.4761	.4767
2.0	.4772	.4778	.4783	.4788	.4793	.4798	.4803	.4808	.4812	.4817
2.1	.4821	.4826	.4830	.4834	.4838	.4842	.4846	.4850	.4854	.4857

[해 설]
(1) 남자 성인 지지자를 X, 여자 성인의 지지자를 Y라 하면, X, Y는 각각 이항분포 $B(n,p)$를 따르므로
$X \sim B(400, 0.8)$, $Y \sim B(400, 0.9)$.
이제 $E(X) = 400 \times 0.8 = 320$,
$\text{Var}(X) = 400 \times 0.8 \times 0.2 = 64$,
$E(Y) = 400 \times 0.9 = 360$,
$\text{Var}(X) = 400 \times 0.9 \times 0.1 = 36$,
이므로 $X \sim N(320, 8^2)$, $Y \sim N(360, 6^2)$.
적어도 700명이 시정에 대하여 지지할 확률은 $P(X+Y \geq 700)$이므로

$P(X+Y \geq 700) = P\left(Z \geq \dfrac{700 - E(X+Y)}{\sqrt{\text{Var}(X+Y)}}\right)$

$= P\left(Z \geq \dfrac{700 - (320+360)}{\sqrt{100}}\right)$

$= P(Z \geq 2)$

$= 0.5 - P(0 \leq Z \leq 2)$

$= 0.5 - 0.4772 = 0.0228$.

(2) X, Y는 서로 독립이므로
$E(Y-X) = E(Y) - E(X) = 360 - 320 = 40$,
$\text{Var}(Y-X) = 1^2\text{Var}(Y) + (-1)^2\text{Var}(X)$
$= 6^2 + 8^2 = 10^2$,
따라서 $Y-X \sim N(40, 10^2)$.
$P(Y-X = 25)$
$= P(Y-X \leq 25) - P(Y-X \leq 24)$
$= P\left(Z \leq \dfrac{25-40}{10}\right) - P\left(Z \leq \dfrac{24-40}{10}\right)$
$= P(Z \leq -1.5) - P(Z \leq -1.6)$
$= P(Z \geq 1.5) - P(Z \geq 1.6)$
$= (0.5 - 0.4332) - (0.5 - 0.4452)$
$= 0.0668 - 0.0548 = 0.0120$.

11년시행기출

평가영역	확률변수와 확률분포
평가내용 요소	모평균차의 신뢰구간, 신뢰구간의 길이

정규분포 $N(\mu_1,36)$과 $N(\mu_2,64)$를 각각 따르는 두 모집단 X,Y가 서로 독립이라 하자. 모집단 X에서 추출된 크기가 n인 확률표본의 표본평균을 $\overline{X}$, 모집단 Y에서 추출된 크기가 n인 확률표본의 표본평균을 $\overline{Y}$라 하자.
모평균의 차 $\mu_1-\mu_2$에 대한 95% 신뢰구간의 길이가 4.9일 때, n의 값은?
(단, $Z \sim N(0,1)$일 때, $P(|Z| \leq 1.96)=0.95$이다.) [2점]

① 36 ② 49 ③ 64 ④ 81 ⑤ 100

[정 답] ③
[해 설]
(i) $X \sim N(\mu_1,36)$, $Y \sim N(\mu_2,64)$이고 X와 Y는 각각 독립이므로
$$\overline{X}-\overline{Y} \sim N\left(\mu_1-\mu_2, \frac{10^2}{n}\right).$$
$(\because) \ E(\overline{X}-\overline{Y})=E(\overline{X})-E(\overline{Y})$
$$=\frac{1}{n}(E(X_1)+\cdots+E(X_n))$$
$$-\frac{1}{n}(E(Y_1)+\cdots+E(Y_n))$$
$$=\mu_1-\mu_2,$$
$\mathrm{Var}(\overline{X}-\overline{Y})=\mathrm{Var}(\overline{X})+\mathrm{Var}(\overline{Y})$
$$=\frac{1}{n}\cdot 36+\frac{1}{n}\cdot 64=\frac{10^2}{n}.$$
따라서 $\overline{X}-\overline{Y} \sim N\left(\mu_1-\mu_2,\left(\frac{10}{\sqrt{n}}\right)^2\right)$.

(ii) $\mu_1-\mu_2$의 95% 신뢰구간의 길이는
$$4.9=2\cdot 1.96 \cdot \frac{10}{\sqrt{n}}$$
이므로 $n=\left(\frac{2\times 1.96 \times 10}{4.9}\right)^2=8^2=64$.

03년시행기출

평가영역	추정과 가설검정
평가내용 요소	모평균의 구간추정, 대표본, 소표본

2003년도 전국학력평가에 응시한 수험생 중에서 자연계 수험생 64명, 인문계 수험생 9명을 임의로 선택하여 수리 영역의 점수를 조사하였다. 그 결과 자연계 수험생은 평균이 48점, 표준편차가 5.6점이었고, 인문계 수험생은 평균이 42점, 표준편차가 7.5점이었다. 자연계와 인문계에 응시한 수험생 전체의 수리 영역 점수가 각각 정규분포를 이룬다고 가정하고 두 집단의 평균점수를 추정하려 한다. 다음 물음에 답하시오. [총 5점]

(1) 아래의 표준정규분포표를 이용하여 자연계 수험생 전체의 수리영역 평균점수를 신뢰도 95%의 신뢰구간으로 추정하시오. [2점]

표준정규분포표($P(0 \leq Z \leq z)$)

z	.05	.06
1.6	.4505	.4515
1.7	.4599	.4608
1.8	.4678	.4686
1.9	.4744	.4750

(2) 아래의 $t-$ 분포표를 이용하여 인문계 수험생 전체의 수리 영역 평균점수를 신뢰도 95%의 신뢰구간으로 추정하시오. [3점]

$t-$ 분포표($P(t \geq t_\alpha)=\alpha$)

자유도 \ α	0.05	0.025
7	1.895	2.365
8	1.860	2.306
9	1.833	2.262
10	1.812	2.228

[해 설]
(1) 자연계 수험생 전체의 모평균 m의 95%의 신뢰구간을 추정하면
$$46.628=48-1.96\frac{5.6}{\sqrt{8^2}}=\overline{X}-z_{\frac{0.05}{2}}\frac{\sigma}{\sqrt{n}}$$
$$\leq m \leq \overline{X}+z_{\frac{0.05}{2}}\frac{\sigma}{\sqrt{n}}=48+1.96\frac{5.6}{\sqrt{8^2}}$$
$$=49.372.$$
따라서 구하는 신뢰구간은 $[46.628, 49.372]$이다.

(2) 자유도는 $v = n-1 = 9-1 = 8$,
인문계 수험생 전체의 모평균 m의 95%의 신뢰구간을 추정하면
$$36.235 = 42 - 2.306 \frac{7.5}{\sqrt{9}} = \overline{X} - t_{\frac{0.05}{2}} \frac{\sigma}{\sqrt{n}}$$
$$\leq m \leq \overline{X} + t_{\frac{0.05}{2}} \frac{\sigma}{\sqrt{n}} = 42 + 2.306 \frac{7.5}{\sqrt{9}}$$
$$= 47.765.$$
따라서 구하는 신뢰구간은 [36.235, 47.765]이다.

97년시행기출

평가영역	추정과 가설검정
평가내용 요소	모평균의 구간추정, 표본크기의 결정

평균이 m, 분산이 4인 정규분포를 따르는 모집단에서 n인 임의표본을 추출하여 그 표본에서 얻은 평균을 $\overline{X}$라고 할 때, 다음 물음에 답하시오. [총 5점]

(1) $n = 100$, $\overline{X} = 10$일 때, 신뢰도 95%로 m의 신뢰구간을 구하시오. [2점]

(2) $|\overline{X} - m| \leq \frac{1}{2}$인 확률이 95%이상이 되게 하려면 n의 크기를 얼마로 하면 되는지 구하시오. [3점]

[해 설]

(1) 신뢰구간이 $|m - \overline{X}| \leq k \frac{\sigma}{\sqrt{n}}$이므로

$\sigma = 2$, $\overline{X} = 10$, $n = 100$이면 신뢰도 95%이므로

$|m - 10| \leq 1.96 \frac{2}{\sqrt{100}}$, $|m - 10| \leq 0.392$.

따라서 $9.608 \leq m \leq 10.392$.

(2) $|X - m| \leq 1.96 \frac{2}{\sqrt{n}}$이므로 주어진 조건에 의해서

$$|X - m| \leq 1.96 \frac{2}{\sqrt{n}} \leq \frac{1}{2}$$

이다. 따라서 $n \geq 61.467$이므로 n의 크기는 62이상으로 하면 된다.

08년시행기출

평가영역	확률변수와 확률분포
평가내용 요소	정규분포, 중심극한정리

1, 2, 3, 4의 숫자가 중복되지 않게 한 개씩 각 면에 새겨져 있는 사각연필이 있다. 이 사각연필을 굴렸을 때 각 면이 나올 확률이 같다고 하자.
이 사각연필을 80번 굴렸을 때 윗면에 나온 수의 합이 216 이상일 확률을 x라 할 때, 표준정규분포함수 $\Phi(z)$를 이용하여 x를 가장 가깝게 나타낸 것은? [2점]
(단, '표준정규분포함수'는 Z가 표준정규확률변수일 때 확률 $\Phi(z) = \mathrm{P}(Z \leq z)$로 정의된다.)

① $1 - \Phi(0.2)$　　② $\Phi(0.2)$　　③ $1 - \Phi(0.9)$
④ $\Phi(0.9)$　　⑤ $1 - \Phi(1.6)$

[정 답] ⑤

[해 설]

(i) X_i를 i번째 사각 연필을 굴렸을 때 나온 수 $(1 \leq i \leq 80)$라 하자.

X_i의 확률 분포는 다음과 같다.

X_i	1	2	3	4
$\mathrm{P}(X_i)$	$\frac{1}{4}$	$\frac{1}{4}$	$\frac{1}{4}$	$\frac{1}{4}$

이때

$$E(X_i) = 1 \cdot \frac{1}{4} + 2 \cdot \frac{1}{4} + 3 \cdot \frac{1}{4} + 4 \cdot \frac{1}{4} = \frac{10}{4} = \frac{5}{2},$$

$$E(X_i^2) = \frac{1}{4}(1^2 + 2^2 + 3^2 + 4^2) = \frac{15}{2}$$이므로

$$\mathrm{Var}(X_i) = E(X_i^2) - [E(X_i)]^2 = \frac{15}{2} - \left(\frac{5}{2}\right)^2 = \frac{5}{4}.$$

(ii) $\overline{X} = \frac{1}{80} \sum_{n=1}^{80} X_i$라 하면

$$E(\overline{X}) = E(X_i) = \frac{5}{2}, \quad \mathrm{Var}(\overline{X}) = \frac{1}{80} \mathrm{Var}(X_i) = \frac{1}{8^2}.$$

$n = 80$이 충분히 크므로 중심극한 정리에 의해 $\overline{X}$는 정규분포를 따른다.

즉, $\overline{X} \sim N(\frac{5}{2}, \left(\frac{1}{8}\right)^2)$.

(iii) 사각연필을 80번 굴렸을 때 윗면에 나온 수의 합이 216 이상일 확률은

$$x = P(X_1 + X_2 + \cdots + X_{80} \geq 216)$$
$$= P(\overline{X} \geq 2.7) = P(Z \geq 1.6) = 1 - \Phi(1.6).$$

96년시행기출

평가영역	극한정리
평가내용 요소	포아송 분포, 중심극한정리

독립적인 확률변수 $X_1, X_2, \cdots, X_n$ 각각이 모수 (parameter) λ를 갖는 포아송 분포를 이루고 $S_n = X_1 + X_2 + \cdots + X_n$일 때, 중심극한정리(central limit theorem)를 이용하여

$$\lim_{n\to\infty} P\left(\frac{S_n - n\lambda}{\sqrt{n\lambda}} \leq x\right), \quad -\infty < x < \infty$$

의 값을 구하시오.

[해 설]
X_i는 모수 λ를 갖는 포아송 분포이므로 $E(X_i) = \lambda(=m)$, $Var(X_i) = \lambda(=\sigma^2)$이다. 따라서

$$\lim_{n\to\infty} P\left(\frac{S_n - n\lambda}{\sqrt{n\lambda}} \leq x\right) = \lim_{n\to\infty} P\left(\frac{S_n - n\lambda}{\sqrt{n\lambda}} \leq x\right)$$

$$= \lim_{n\to\infty} P\left(\frac{S_n/n - \lambda}{\sqrt{\lambda}/\sqrt{n}} \leq x\right)$$

$$= \lim_{n\to\infty} P\left(\frac{\overline{X} - m}{\sigma/\sqrt{n}} \leq x\right)$$

$$= P(Z \leq x) \text{ (단, } Z \sim N(0,1)\text{)}.$$

21년시행기출 (일련번호 21-2)

평가영역	적률생성함수, 확률분포, 중심극한정리
평가내용 요소	적률생성함수, 정규분포, 중심극한정리, 확률변수의 표준화

확률변수 X의 적률생성함수(moment generating function) $M_X(t)$가

$$M_X(t) = \frac{1}{(1-2t)^4} \quad \left(t < \frac{1}{2}\right)$$

이다. 확률변수 X의 분산을 풀이 과정과 함께 쓰시오. 또한, $X_1, X_2, \cdots, X_{100}$이 적률생성함수가 $M_X(t)$인 분포로부터 뽑힌 확률표본일 때, 이들의 평균 $\overline{X} = \frac{1}{100}\sum_{i=1}^{100} X_i$에 대하여 $\overline{X}$가 9이상이 될 확률은 중심극한정리(central limit theorem)를 적용하면 근사적으로 $P(Z \geq c)$이다. 상수 c의 값을 풀이 과정과 함께 쓰시오. (단, Z는 표준정규분포를 따르는 확률변수이다.) [4점]

[정 답] $Var(X) = 16$, $c = \frac{5}{2}$.

[해 설] (1) (i) $E(X) = M_X'(0) = \left.\frac{8}{(1-2t)^5}\right|_{t=0} = 8$.

(ii) $E(X^2) = M_X''(0) = \left.\frac{80}{(1-2t)^6}\right|_{t=0} = 80$,

따라서 $Var(X) = E(X^2) - (E(X))^2 = 16$.

(2) (i) $E(\overline{X}) = 8$, $Var(\overline{X}) = \frac{16}{100}$이므로 중심극한정리에 의해

$$\overline{X} \sim N(8, 16/100), \quad Z = \frac{\overline{X} - 8}{\sqrt{16/100}} \sim N(0,1).$$

(ii) $P(\overline{X} \geq 9) = P\left(Z \geq \frac{9-8}{\sqrt{16/100}}\right) = P\left(Z \geq \frac{5}{2}\right)$이

므로 $c = \frac{5}{2}$.

12년시행기출

평가영역	추정과 가설검정
평가내용 요소	모비율의 신뢰구간

어느 지역의 성인 300명을 대상으로 조사한 결과, 영양제를 주 2회 이상 복용하는 사람이 180명이었다. 이 지역의 성인 중 영양제를 주 2회 이상 복용하는 사람의 비율에 대한 99% 신뢰구간은? [2점]

(단, $\sqrt{2}$는 1.41로 계산하고, $Z \sim N(0,1)$일 때 $P(|Z| \leq 2.58) = 0.99$이다. 소수점 아래 다섯째 자리에서 반올림한다.)

① (0.5472, 0.6528) ② (0.5372, 0.6628)
③ (0.5272, 0.6728) ④ (0.5172, 0.6828)
⑤ (0.5072, 0.6928)

[정 답] ③

[해 설]
(i) $\hat{p} = \frac{180}{300} = \frac{3}{5}$ 이고, $\hat{q} = 1 - \hat{p} = \frac{2}{5}$이므로

$$\frac{\hat{p}(1-\hat{p})}{n} = \frac{\hat{p}\hat{q}}{n} = \frac{1}{5^4 \cdot 2}.$$

(ii) p의 99% 신뢰구간은

$$\left(\hat{p} - 2.58\sqrt{\frac{\hat{p}\hat{q}}{n}},\ \hat{p} + 2.58\sqrt{\frac{\hat{p}\hat{q}}{n}}\right)$$

$$= \left(\frac{3}{5} - 2.58 \cdot \frac{\sqrt{2}}{50}, \frac{3}{5} + 2.58 \cdot \frac{\sqrt{2}}{50}\right)$$
$$= (0.5272, 0.6728).$$

18년시행기출

평가영역	추정과 가설검정
평가내용 요소	모평균의 신뢰구간, 대표본

어느 지역 고등학생들의 몸무게(kg)는 정규분포 $N(\mu, 9^2)$을 따른다고 한다. 이 지역의 고등학생 중에서 임의로 추출한 36명의 몸무게에 대한 표본평균을 $\overline{X}$라 하자.
$$P(|\overline{X} - \mu| > c) = 0.1$$
을 만족시키는 상수 c의 값을 풀이 과정과 함께 쓰시오.
또한 36명의 표본으로부터 관측된 표본평균의 값이 60일 때, 모평균 μ에 대한 90% 신뢰구간(confidence interval)을 풀이 과정과 함께 쓰시오.
(단, 표준정규분포를 따르는 확률변수 Z에 대하여 $P(Z < 1.64) = 0.95$이고, 모평균에 대한 신뢰구간은 양면신뢰구간(two-sided confidence interval)을 의미한다.) [4점]

[해 설]
(i) $\text{Var}(\overline{X}) = \dfrac{9^2}{36} = 1.5^2$이므로
$\overline{X}$는 정규분포 $N(\mu, 1.5^2)$를 따른다.
$$0.1 = P(|\overline{X} - \mu| > c) = P\left(|z| > \frac{c}{1.5}\right)$$
이므로 $\dfrac{c}{1.5} = 1.64$, $c = 2.46$.

(ii) $0.9 = P(|Z| < 1.64)$
$$= P\left(\left|\frac{\overline{X} - \mu}{9/\sqrt{36}}\right| < 1.64\right)$$
$$= P\left(\left|\frac{60 - \mu}{9/\sqrt{36}}\right| < 1.64\right)$$
$$= P\left(60 - 1.64\frac{9}{\sqrt{36}} \leq \mu \leq 60 + 1.64\frac{9}{\sqrt{36}}\right)$$
이다. 따라서 모평균 μ에 대한 90% 신뢰구간은
$$\left(60 - 1.64\frac{9}{\sqrt{36}}, 60 + 1.64\frac{9}{\sqrt{36}}\right) = (57.54, 62.46).$$

22년시행기출 (일련번호 22-A4)

평가영역	추정과 가설검정
평가내용 요소	모비율의 구간추정

어떤 정책에 대한 A, B 두 도시 시민의 의견을 알아보기 위하여 각 도시에서 확률표본을 선택하여 이 정책에 대한 찬성 여부를 알아본 결과는 다음과 같다.

	A 도시	B 도시
표본의 수	350명	160명
정책에 찬성한 비율	0.7	0.8

A, B 두 도시의 이 정책에 대한 찬성 비율을 각각 p_1, p_2라 할 때, 찬성 비율의 평균 $\dfrac{p_1 + p_2}{2}$에 대한 90% 신뢰구간은 $(a - 1.645 \times b, a + 1.645 \times b)$이다. a, b의 값을 각각 구하시오.
(단, 확률변수 Z가 $N(0, 1)$을 따를 때, $P(0 \leq Z \leq 1.645) = 0.45$로 계산한다.) [2점]

[정 답] $a = 0.75$, $b = 0.02$.

[해 설] 확률변수 $X = \dfrac{p_1 + p_2}{2}$에 대하여
$$m = E(X) = \frac{0.7 + 0.8}{2} = 0.75,$$
$$\text{Var}(X) = \frac{1}{2^2}(\text{Var}(p_1) + \text{Var}(p_2))$$
$$= \frac{1}{2^2}\left(\frac{0.7 \cdot 0.3}{350} + \frac{0.8 \cdot 0.2}{160}\right) = 0.02^2$$
이므로 근사적으로 $X \sim N(0.75, 0.02^2)$.
따라서 p의 90% 신뢰구간은
$$(m - z_{0.05}\sigma_X, m + z_{0.05}\sigma_X)$$
$$= (0.75 - 1.645 \times 0.02, 0.75 + 1.645 \times 0.02).$$

[보충설명] $Z = \dfrac{X - m}{\sigma_X} \sim N(0, 1)$이므로
$$0.9 = P(-z_{0.05} \leq Z \leq z_{0.05})$$
$$= P(m - z_{0.05}\sigma_X \leq X \leq m + z_{0.05}\sigma_X)$$
$$= P(0.75 - 1.645 \times 0.02 \leq X \leq 0.75 + 1.645 \times 0.02)$$
임을 의미한다.

08년시행모의평가

평가영역	추정과 가설검정
평가내용 요소	모비율의 구간추정, 표본의 크기 결정

어떤 TV 프로그램의 시청률을 조사하기 위하여 임의표본으로 n가구를 선택하려고 한다. 과거의 경험으로 볼 때 이와 비슷한 프로그램의 시청률은 20%를 넘지 않는다는 것을 알고 있다. 95% 신뢰도로 표본조사에서 얻은 표본비율과 실제 시청률의 차이가 5% 이하가 되도록 하는 최소 표본크기 n이 속하는 구간은? [2점]

(단, $33^2 = 1089$이고, 39.2^2은 1537로 계산한다.

또 $\Phi(z) = \int_{-\infty}^{z} \frac{1}{\sqrt{2\pi}} e^{-\frac{x^2}{2}} dx$일 때 $\Phi(1.65) = 0.95$, $\Phi(1.96) = 0.975$이다.)

① [100, 200]   ② [200, 300]   ③ [300, 400]
④ [400, 500]   ⑤ [500, 600]

[정 답] ②

[해 설]

$100(1-\alpha) = 95$이므로 $\alpha = 0.05$이고, $z_{\alpha/2} = 1.96$이다.
실제 시청률을 p, 표본비율을 $\overline{p} = 0.2$라 할 때

$$|p - \overline{p}| = z_{\alpha/2} \sqrt{\frac{\overline{p}(1-\overline{p})}{n}} \le 0.05.$$

따라서

$$n \ge \overline{p}(1-\overline{p}) \left(\frac{z_{\alpha/2}}{0.05}\right)^2 = 0.2 \cdot 0.8 \cdot 39.2^2 = 245.92$$

이고 최소 표본크기 n이 속하는 구간은 [200, 300]이다.

93년시행기출

평가영역	추정과 가설검정
평가내용 요소	가설검정, 유의수준, 양측검정

정규분포를 따르고, 분산이 16인 모집단에서 크기가 64인 표본을 임의추출하여 조사한 결과, 표본평균이 6.085이었다.
이 때, 가설 : 「모평균은 5이다.」를 기각하기 위한 최소의 유의수준은?

〈 표 준 정 규 분 포 표 〉

z	$P(0 \le Z \le z)$
1.88	0.4700
1.96	0.4750
2.17	0.4850
2.24	0.4875
2.58	0.4950

① 1%   ② 2.5%   ③ 3%   ④ 5%

[정 답] ③

[해 설]

표본의 크기가 충분히 큰 집단이므로 정규분포에 따라 검정한다.

(ⅰ) 표본평균 $\overline{X} \sim N\left(\mu, \left(\frac{1}{2}\right)^2\right)$

(ⅱ) 귀무가설 $H_0 : \mu = 5$, 대립가설 $H_1 : \mu \ne 5$.

(ⅲ) 검정통계량 $Z = \dfrac{6.085 - 5}{1/2} = 2.17$

(ⅳ) 기각역 $R : |Z| \ge z_{\alpha/2}$

이때 $|Z| = |2.17| = 2.17 \ge z_{\alpha/2}$,
즉 $\alpha/2 \ge 0.015$일 때 귀무가설 H_0을 기각한다.
그러므로 최소의 유의 수준은 3%이다.

09년시행기출

평가영역	추정과 가설검정
평가내용 요소	모평균의 가설검정, 대표본, 우측단측검정

과거 조사에 의하면 어느 지역의 초등학교 5학년 학생들의 신장은 평균 141.0 cm이었다. 줄넘기 운동이 또래 아이들의 신장 발육에 도움이 되는지를 알아보고자 체육 활동에서 이 운동을 적극 권장하여 실시하여 왔다. 이 운동을 꾸준하게 실시한 또래 아이들 중 임의로 추출한 81명의 신장을 조사한 결과 평균 142.2cm, 표준편차 6.0cm이었다. 줄넘기 운동이 아이들의 신장 발육에 도움이 된다고 할 수 있는지를 유의수준 $\alpha = 0.05$로 다음 단계와 같이 검정할 때, (가), (나), (다)에 알맞은 것은? (단, 이 지역 아이들의 과거와 현재의 생활 환경과 영양 섭취 등은 같고, 아이들의 신장은 정규분포를 따른다고 가정한다.) [2점]

<1단계> 가설설정
  귀무가설 H_0에 대한 대립가설 H_1 : (가)
<2단계> 검정통계량과 분포
  표본의 크기가 $n = 81$로 충분히 크므로
  귀무가설 H_0가 참이라는 가정 하에서 검정통계량
  $Z = \dfrac{\overline{X} - \mu}{S/\sqrt{n}}$는 표준정규분포 $N(0,1)$에 근사한다.
  (단, $\overline{X}$는 표본평균, μ는 모평균, S는 표본 표준편차이다.)
<3단계> 유의수준 $\alpha = 0.05$에 대한 기각역은 (나)
<4단계> 검정통계량의 관측값을 구한다.
<5단계> 결론
  검정통계량의 관측값을 기각역과 비교한 결과
  줄넘기 운동이 신장 발육에 (다)

※ 참고 : $Z \sim N(0,1)$일 때,
  $P(|Z| \leq 1.645) = 0.90$,
  $P(|Z| \leq 1.96) = 0.95$ 이다.

	(가)	(나)	(다)
①	$\mu > 141.0$	$Z \geq 1.645$	도움이 된다고 할 수 있다.
②	$\mu > 141.0$	$Z \geq 1.96$	도움이 된다고 할 수 있다.
③	$\mu > 141.0$	$|Z| \geq 1.96$	도움이 된다고 할 수 있다.
④	$\mu > 142.2$	$Z \geq 1.96$	도움이 된다는 충분한 증거가 없다.
⑤	$\mu > 142.2$	$Z \geq 1.645$	도움이 된다는 충분한 증거가 없다.

[정 답] ①

[해 설] <1단계> 가설설정
  H_0(귀무가설) : $\mu = 141.0$ (or $\mu \leq 141.0$)
  H_1(대립가설) : $141.0 < \mu$ (가)
<2단계> 유의수준 $\alpha = 0.05$에 대한 임계값 ∴ $Z = 1.645$
<3단계> 귀무가설의 채택영역
  (귀무가설의 기각역은 $1.645 \leq Z$(나))
  $Z \leq 1.645$
<4단계> 통계량의 계산
  $Z = \dfrac{\overline{X} - \mu}{\sigma/\sqrt{n}}$
  $= \dfrac{142.2 - 141.0}{\sigma/\sqrt{81}} = 1.8 \notin$ (귀무가설의 채택영역)
<5단계> 결론 : H_0는 기각되고 H_1는 채택된다.
(즉, 줄넘기 운동은 신장발육에 도움이 된다.(다))

연습문제

1. 확률
1.2 확률의 정의와 성질

1. 길이가 1인 철사를 임의로 두 곳을 잘라 세 조각의 철사를 얻었다. 이때 세 조각의 철사로 삼각형을 만들 수 있을 확률을 구하시오.

2. 제부도의 바닷길은 하루 6시간동안 열려있다고 한다. 바닷길에 대한 정보를 전혀 알지 못하는 K씨가 친구와 제부도를 찾았을 때 바닷길이 열려있었다고 할 때 1시간이 소요되는 일주코스를 돌고 안전하게 돌아올 확률을 구하시오.

2. 조건부확률과 독립성
2.1 조건부확률

3. K씨는 n일과 $n+1$일에 출근할 때 이용하는 교통수단을 다음과 같은 확률로 선택하고 매주 월요일은 버스와 지하철을 같은 확률로 탄다고 한다. 어느 화요일에 K씨가 버스를 타고 출근했다면 그 전날에도 버스를 타고 출근했을 확률을 구하시오.

n일	$n+1$일	확률
지하철	지하철	2/3
지하철	버스	1/3
버스	지하철	1/4
버스	버스	3/4

4. 작은 상자에 빨간 공 2개와 흰 공 3개가 들어있고, 큰 상자에 빨간 공 2개와 흰 공 m개가 들어 있다. 작은 상자가 선택될 확률이 $\frac{1}{3}$이고 큰 상자가 선택될 확률이 $\frac{2}{3}$이다. 두 상자 중 하나를 선택하여 그 상자에서 임의로 추출한 한 개의 공이 흰 공일 때, 이 흰 공이 작은 상자에서 추출되었을 조건부 확률이 $\frac{2}{7}$이다. 이 때 m의 값을 구하시오.

5. 어떤 양궁선수가 이전에 명중하고 다음에 명중할 확률은 0.8, 이전에 명중하지 않고 다음에서 명중할 확률은 0.4라고 한다. 이 선수가 n번째에 명중할 확률을 P_n이라 할 때 $\lim_{n\to\infty} P_n$을 구하시오.

6. 국가대표사격선수인 K군은 이전의 사격에서 명중한 경우에 다음 사격에서 명중할 확률은 0.9, 이전의 사격에서 명중하지 않은 경우에 다음 사격에서 명중할 확률은 0.5라고 한다. n번째의 사격에서 명중할 확률을 P_n이라 할 때 다음의 물음에 답하시오.

6-1 확률 P_n에 관한 극한값 $\lim_{n\to\infty} P_n$을 구하시오.

6-2 확률 P_3를 구하시오. (단, $P_1 = 0.5$ 이다.)

연습문제

7. 흰 색과 검은 색으로 구성된 5개의 공이 주머니 안에 있다. 임의로 2개의 공을 꺼냈더니 하나는 흰 공이고 나머지 하나는 검은 공이었다고 한다. 이때 이 주머니에 4개 이상의 흰 공이 들어있었을 확률을 구하시오.

8. 각 면이 나타날 확률이 동일한 주사위를 던져서 나타나는 눈의 수를 X라 하고, X의 눈의 수만큼 주사위를 던져서 짝수가 나타나는 횟수를 Y라고 하자. 확률변수 X, Y에 관한 다음의 물음에 답하시오.

8-1 확률 $P(Y=1)$를 구하시오.
8-2 Y의 기댓값 $E(Y)$를 구하시오.

9. 철수와 희진이의 주머니에는 6개의 숫자가 하나씩 적혀있는 여섯 개의 구슬이 각각 들어 있다. 철수와 희진이는 주머니에서 각자 구슬을 임의로 한 개씩 꺼내어 두 구슬에 적혀있는 숫자를 확인한 후 다시 넣지 않는다. 위와 같은 시행을 반복하는 실험에 대하여 첫 번째 시행에서 서로 같은 숫자가 나오는 사건을 사건 A, 두 번째 시행에서 서로 같은 숫자가 나오는 사건을 사건 B라 할 때 다음 물음에 답하시오.

9-1 확률 $P(A^c \cap B^c)$를 구하시오.
9-2 확률 $P(A \cap B^c)$를 구하시오.
9-3 확률 $P(A^c \cap B)$를 구하시오.

10. 어떤 질문에 거짓말을 할 확률이 50%인 사람이 있다. 이 사람이 사건의 용의자로 지목되어 거짓말탐지기로 검사를 받는다. 이 거짓말탐지기는 98%의 정확도를 가진다고 할 때 다음 물음에 답하시오.

10-1 이 사람의 진술이 거짓말이고 탐지기가 거짓이라고 판별결과를 낼 확률을 구하시오.
10-2 이 사람의 진술에 대해 탐지기가 거짓이라고 판별결과를 낼 확률을 구하시오.
10-3 이 사람의 진술에 대해 탐지기가 거짓말이라고 판별했다면 그 사람이 실제로 거짓말을 했을 확률을 구하시오.

2.2 사건의 독립성

11. 표본공간이 $\Omega = \{w_1, w_2, w_3, w_4\}$이고
$$P(\{w_i\}) = \frac{1}{4} \ (i=1, 2, 3, 4)$$
일 때, 사건 A, B, C가 다음과 같다.
$$A = \{w_1, w_2\}, \ B = \{w_1, w_3\}, \ C = \{w_1, w_4\}$$
세 사건 A, B, C는 독립인지 말하고 증명하시오.

12. 확률 P에 대하여 세 사건 A, B, C가 서로 독립이고
$$P(A) = 0.1, \ P(B) = 0.2, \ P(C) = 0.5$$
이다.
$$p_1 = P((A \cup B) \setminus C), \ p_2 = P(A \cap (B^c \cap C^c))$$
라 할 때 $p_1 + p_2$를 구하시오.

13. 3개의 독립된 성분으로 구성된 시스템에서 적어도 한 개의 성분이 작동하면 이 시스템이 작동하는 병렬 시스템이 있다고 한다. 각 성분은 다른 성분들과 독립적으로 작동하고 i번째($i=1, 2, 3$) 성분이 작동할 확률이 각각

$$p_1 = \frac{1}{3},\ p_2 = \frac{1}{3},\ p_3 = \frac{1}{2}$$

일 때 이 시스템이 정상적으로 작동할 확률을 구하시오.

14. 비행기의 프로펠러는 서로 독립적으로 작동한다고 한다. 1개의 프로펠러가 비행 중에 정지하는 확률은 p이다. 비행기가 안전하게 비행하는 것은 반수 이상의 프로펠러가 작동하는 경우라고 한다. 프로펠러가 2개인 비행기가 4개인 비행기 보다 안전한 p의 범위를 구하시오.

3. 확률변수와 확률분포
3.1 확률변수의 확률분포

15. 확률변수 X의 확률밀도함수가

$$f(x) = \begin{cases} \dfrac{1}{3} & (0 < x < 3) \\ 0 & (그\ 외) \end{cases}$$

일 때 확률변수 $Y = 2X^2$의 확률밀도함수 $g(y)$를 구하시오.

16. 확률변수 X의 확률밀도함수가

$$f(x) = \begin{cases} cx & (0 \leq x \leq 3) \\ 0 & (그\ 외) \end{cases}$$

일 때 다음 물음에 답하시오.
16-1 상수 c의 값을 구하시오.
16-2 $Y = |X - 1|$의 확률밀도함수 $g(y)$를 구하시오.

17. 가정주부가 전화를 할 때 통화의 길이 X(분)는 다음의 확률밀도함수를 갖는 확률변수이다.

$$f(x) = \begin{cases} ce^{-x} & (x > 0) \\ 0 & (x \leq 0) \end{cases}.$$

이 때 다음 물음에 답하시오.
17-1 상수 c의 값을 구하시오.
17-2 전화통화의 길이가 3분 이내일 확률을 구하시오.
17-3 X의 평균 $E(X)$를 구하시오.
17-4 X의 분산 $Var(X)$를 구하시오.

3.2 확률변수의 기댓값과 분산

18. 다음의 연속확률변수 X에 대한 확률 밀도함수가

$$f(x) = \begin{cases} 10e^{-10x} & (x > 0) \\ 0 & (x \leq 0) \end{cases}$$

일 때, 다음의 물음에 답하시오.
18-1 X에 대한 적률생성함수 $M(t)$를 구하시오.
18-2 X에 대한 적률생성함수 $M(t)$를 이용하여 X의 기댓값 $E(X)$를 구하시오.
18-3 X에 대한 적률생성함수 $M(t)$를 이용하여 X의 분산 $Var(X)$를 구하시오.

19. 음이 아닌 어떤 확률변수 X의 적률생성함수는
$$M(t) = (1-2t)^{-1} \quad \left(t < \frac{1}{2}\right)$$
이다. 이때 이 분포로부터 $n=36$개의 표본을 무작위로 추출하여 표본평균 $\overline{X}$를 관찰한다고 할 때 다음의 물음에 답하시오.
(단, Z가 표준정규분포 $N(0,1)$을 따를 때 $P(1.96 < Z) = 0.025$, $P(1.64 < Z) = 0.05$이다.)
19-1 $\overline{X}$의 평균과 분산의 합을 구하시오.
19-2 확률 $P\left(\dfrac{4}{3} < \overline{X} < \dfrac{8}{3}\right) > 0.95$임을 정규분포를 이용하여 구하시오.
19-3 확률변수 $Y = X^3 + 2X - 1$의 기댓값 $E(Y)$를 구하시오.

20. 확률변수 X, Y에 대하여 X와 Y의 결합확률밀도함수 f가
$$f(x,y) = \begin{cases} 6e^{-2x-3y} & (x \geq 0, y \geq 0) \\ 0 & (\text{그 외}) \end{cases}$$
를 만족한다고 할 때 다음 물음에 답하시오.
20-1 X와 Y의 결합적률생성함수 $M(s,t)$를 구하시오.
20-2 X와 Y의 분산 $Var(X)$, $Var(Y)$를 구하시오.
20-3 $Z = X^2 Y^3$이라 할 때 Z의 기댓값 $E(Z)$를 구하시오.

3.3 확률변수의 예

21. 동전을 12회 던지는 실험에서 앞면의 개수를 X라고 할 때 확률변수
$$Y = (X-1)^2$$
의 기댓값을 구하시오.

22. 명중률이 $\dfrac{1}{3}$인 양궁선수가 9발의 화살을 쏘았을 때 명중한 회수를 확률변수 X라 하자. 이때 확률변수
$$Y = 2X^2 - 3X + 1$$
의 기댓값을 구하시오.

23. 국가대표 양궁 선수가 표적에 명중시킬 확률이 $\dfrac{3}{4}$이라 하자. 5개의 화살을 쏘았을 때 표적에 명중시킨 횟수를 X라 할 때 다음 물음에 답하시오.
23-1 X의 확률질량함수를 구하시오.
23-2 정확히 3개가 명중될 확률을 구하시오..
23-3 적어도 2개 이상 명중될 확률을 구하시오.
23-4 5개의 화살 중 명중되는 화살 수의 기댓값을 구하시오.
23-5 5개의 화살 중 명중되는 화살 수의 분산을 구하시오.

24. 24-1 40개의 제품 중에서 3개의 불량품이 들어 있다. 40개의 제품으로부터 5개의 제품을 비복원 임의 추출하였을 때 그 중 1개가 불량품일 확률을 구하시오.

24-2 자동차 타이어 제조회사가 지방 대리점에 출고한 3만개의 타이어 중에 1만개가 결점이 있는 것으로 알려졌다. 이 대리점에서 임의로 10개의 타이어를 구입했을 때 그 중 3개 이상이 결점이 있는 타이어일 확률을 이항근사를 이용하여 구하시오.

25. K씨는 당첨확률이 $\frac{1}{5}$인 복권을 구입하려 한다. 한 장을 구입하는데 드는 비용은 10,000원이고 당첨되면 복권을 더 이상 구입하지 않는다고 할 때 다음의 물음에 답하시오.

25-1 K씨가 복권을 구입하는데 드는 비용의 기댓값을 구하시오.

25-2 복권의 당첨금이 40,000원 이라고 할 때 복권을 구입하여 손해를 보지 않을 확률을 구하시오.

26. 어떤 실험을 하는 데 10,000원의 비용이 든다. 실패하면 다음 실험을 시행하기 위하여 3,000원의 추가비용이 든다. 실험이 성공할 확률은 0.2이고 각 실험은 독립이다. 이때 최초로 성공하기까지 실험을 계속 할 때 실험비용의 기댓값을 구하시오.

27. 방문판매원 A씨는 한 번의 고객의 방문에서 물건을 팔게 될 확률이 $\frac{1}{3}$이라 한다. 다음 물음에 답하시오.

27-1 A씨가 최초로 판매에 성공하기까지 고객을 방문하는 횟수를 확률변수 X라 할 때 $E(X)+\text{Var}(X)$를 구하시오.
(단 $E(X)$와 $\text{Var}(X)$는 각각 X의 기댓값과 분산이다.)

27-2 p_1을 3번째 방문에서 처음으로 판매에 성공할 확률, p_2를 처음 10번의 방문에서 판매하지 못하였을 때 그 이후 3번째 방문에서 처음으로 판매에 성공할 확률이라 할 때 $p_1 - p_2$를 구하시오.

27-3 A씨가 2번의 판매에 성공하기까지의 방문횟수를 확률변수 Y라 할 때 $P(Y \geq 5)$를 구하시오.

28. K씨의 양계장에는 10만 마리의 암닭을 기르고 있다. 그 중 2만 마리는 계란을 낳지 못한다고 할 때 다음 물음에 답하시오.

28-1 100마리의 닭을 골랐을 때 30마리 이상의 닭이 계란을 낳지 못할 확률을 구하시오.
(단, 정규분포에 근사하여 구하되 연속성보정은 하지 않는다.)

< 표준정규분포표 >

z	2.37	2.375	2.38	2.385
$P(0 \leq Z \leq z)$	0.4911	0.4912	0.4913	0.4914
z	2.39	2.5	2.6	2.7
$P(0 \leq Z \leq z)$	0.4916	0.4938	0.4953	0.4965

28-2 5만 마리에 1마리 꼴로 나타나는 희귀병을 가진 닭이 K씨의 양계장에 2마리 이상일 확률을 구하시오.
(단, $e^{-2} = 0.1$로 계산하고 포아송분포에 근사하여 구하시오.)

29. 어느 집단에서 1%의 사람들이 특별한 유전자를 갖고 있다고 한다. 이 집단에서 200명을 추출하여 그 중 2명 이상이 그 유전자를 갖고 있을 확률을 구하려고 한다. 이 확률에 대한 근삿값을 포아송분포를 이용하여 구하시오.

30. 한국사능력검정시험에서 3급에 합격하기 위해서는 전체 문항중 70%의 문항에서 점수를 획득하여야 한다. 한국사능력검정시험은 4지선다형으로 50문항이 출제된다고 할 때 다음 물음에 답하시오. (단, 확률의 계산에서 연속성보정은 하지 않고 Z가 표준정규분포를 따를 때 아래와 같은 확률이 알려져 있다.)

< 표준정규분포표 >

z	$\sqrt{2}$	$\sqrt{3}$	2	$\sqrt{5}$	$\sqrt{6}$
$P(0 \leq Z \leq z)$	0.4207	0.4591	0.4772	0.4878	0.4929

30-1 K씨는 한국사능력검정시험에서 정확히 30문항의 답을 알고 나머지 20문항은 임의로 선택하였다고 할 때 3급에 합격할 확률을 정규분포로 근사하여 구하시오.

30-2 B씨는 한국사능력검정시험에서 모든 문항을 임의로 선택하였다고 할 때 40%이상의 문항에서 점수를 획득할 확률을 정규분포로 근사하여 구하시오.

31. 어떤 제품이 5개의 부품으로 되어 있다고 한다. 한 부품이 파손되기까지의 시간을 확률변수 T라 할 때 T는 평균이 5(년)인 지수분포를 따른다고 한다. 이 제품이 8년 후에 제품이 작동할 확률을 구하시오.
(단, 부품 중 적어도 하나가 작동하지 않으면 이 제품도 작동하지 않는다.)

32. 전구수명 X의 평균이 $E(X)=600$(시간)인 지수분포라 가정하자. 공장장은 전구의 평균수명이 1000시간이라 주장하고 만일 전구수명이 800시간 이전에 고장이 나면 환불하여 준다고 홍보하였다. 전구의 생산비용이 200원이면 이 회사가 손해를 보지 않기 위한 최소의 가격은 얼마인지 구하시오.

33. 어떤 인터넷 홈페이지에서 특정정보에 대한 검색 요구들이 데이터베이스 시스템에 접수되고 있다. 이 시스템의 응답시간 T(초)는 평균이 10인 지수분포를 따른다고 한다. 어떤 한 건의 요구에 대한 응답시간이 6초이상 걸릴 확률을 p_1, 검색 요구에 대한 응답을 위하여 이미 5초이상 기다렸다면 그 후로 응답을 받기 위하여 8초 이상 더 시간을 소비할 확률을 p_2라 할 때 확률 p_1, p_2의 곱 $p_1 p_2$를 구하시오.

34. 어느 버스 정류장에서 매시 0분, 20분, 40분에 각 1회씩 버스가 발차한다. 한 사람이 우연히 이 정거장에 와서 버스가 발차할 때까지 기다리는 시간의 기댓값을 구하시오.

4. 결합확률분포
4.1 결합확률분포

35. 어떤 회사원이 오전 8시에서 8시 30분 사이에 출발하여 40분에서 50분 걸려 사무실에 도착한다. 이 사람이 오전 9시 이전에 회사에 도착할 확률을 구하시오.
(단, 출발시간과 소요시간은 서로 독립이다.)

36. 두 확률변수 X, Y의 결합확률밀도함수가
$$f(x,y) = 6xy^2 \ (0 \le x \le 1, \ 0 \le y \le 1)$$
이라 할 때 다음의 물음에 답하시오.
36-1 두 확률변수는 서로 독립인지 판정하시오.
36-2 $Y = \dfrac{1}{2}$인 조건하에서 $\dfrac{1}{2} \le X \le 1$의 조건부 확률을 구하시오.
36-3 Y의 기댓값을 구하시오.

37. 2차원 확률변수 (X, Y)의 결합확률밀도함수 $f(x, y)$가
$$f(x,y) = \begin{cases} e^{-x-y} & (0 < x, \ 0 < y) \\ 0 & (\text{그 외}) \end{cases}$$
일 때 다음의 물음에 답하시오.

37-1 t에 관한 이차방정식
$$xt^2 + 2xt + y = 0$$
가 실근을 가질 확률을 구하시오.
37-2 확률변수 X, Y는 서로 독립인지 판정하시오.
37-3 조건부확률 $P(X > 1 \mid 1 < Y^2 < 2)$을 구하시오.

4.2 기댓값과 공분산

38. 결합확률변수 (X, Y)의 결합누적분포함수 F가
$$F(x, y) = P(X \le x, Y \le y)$$
$$= \frac{1}{2}(x^2 y + xy^2) \ (0 < x < 1, \ 0 < y < 1)$$
일 때 확률변수 $X + Y$의 기댓값 $E(X + Y)$을 구하시오.

39. 이차원 확률변수 (X, Y)의 결합누적분포함수 F가

$$F(x,y) = \begin{cases} 1 & (1 \le x < \infty, 1 \le y < \infty) \\ x^2 & (0 < x < 1, 1 \le y < \infty) \\ y^2 & (1 \le x < \infty, 0 < y < 1) \\ x^2 y^2 & (0 < x < 1, 0 < y < 1) \\ 0 & (\text{그 외의 경우}) \end{cases}$$

이라 하자. 확률변수 $X+2Y$의 기댓값 $E(X+2Y)$을 구하시오.

40. 결합연속확률변수 (X, Y)의 결합확률밀도함수가

$$f(x, y) = \begin{cases} 2(x+y) & (0 < x < y < 1) \\ 0 & (\text{그 외}) \end{cases}$$

이다. X와 Y의 공분산 $\text{Cov}(X, Y)$를 구하시오.

5. 조건부분포와 조건부기댓값
5.1 조건부분포

41. 연속인 두 확률변수 X, Y에 대하여 $Y=y$일 때, X의 조건부확률밀도함수는

$$f(x \mid y) = \begin{cases} cx/y^2 & (0 < x < y, 0 < y < 1) \\ 0 & (\text{그 외}) \end{cases}$$

이며, Y의 확률밀도함수는

$$g(y) = \begin{cases} dy^4 & (0 < y < 1) \\ 0 & (\text{그 외}) \end{cases}$$

이다. 다음 물음에 답하시오. (단 c, d는 실수인 상수이다.)

41-1 $c+d$를 구하시오.

41-2 $P\left(\dfrac{1}{4} < X < \dfrac{1}{2} \mid Y = \dfrac{5}{8}\right)$를 구하시오.

41-3 $P\left(0 < X < \dfrac{1}{2}\right)$를 구하시오.

5.2 조건부기댓값

42. 한 개의 동전을 3번 던질 때 X는 두 번 던질 때까지의 앞면의 수이고 Y는 세 번째 던졌을 때까지의 앞면의 수라 할 때 다음 물음에 답하시오.

42-1 이차원 확률변수 (X, Y)의 결합확률질량함수 $f(x, y)$에 관한 다음 표의 빈칸을 채우시오.

x \ y	0	1	2	3	$f_X(x)$
0					
1					
2					
$f_Y(y)$					1

42-2 X와 Y의 독립성을 말하고 그 이유를 쓰시오.

42-3 (X, Y)의 공분산 $\text{Cov}(X, Y)$와 상관계수 ρ_{XY}를 구하시오.

42-4 조건부 확률질량함수
$$f_Y(y \mid 1) = P(Y = y \mid X = 1) \quad (y = 0, 1, 2, 3)$$
를 구하시오.

42-5 조건부기댓값 $E(Y \mid X = 1)$을 구하시오.

43. 결합연속인 확률변수 (X, Y)의 결합확률밀도함수가 다음과 같이 주어져 있을 때 다음 물음에 답하시오.

$$f(x, y) = \begin{cases} cxy & (0 \le y \le 2x \le 2) \\ 0 & (\text{그 외}) \end{cases}$$

43-1 상수 c의 값을 구하시오.

43-2 조건부확률밀도함수 $f(Y = y \mid X = 1/2)$을 구하시오.

43-3 조건부기댓값 $E(Y \mid X = 1/2)$을 구하시오.

43-4 조건부 확률 $P(1/3 \le Y \mid X = 1/2)$을 구하시오.

43-5 조건부확률밀도함수 $f(X = x \mid Y = X^2)$을 구하시오.

44. 연속확률변수 X, Y의 결합확률밀도함수가
$$f(x,y) = \begin{cases} e^{-(x+y)} & (x \geq 0, y \geq 0) \\ 0 & (\text{그 외}) \end{cases}$$
일 때 다음 물음에 답하시오.
44-1 조건부확률 $P(X > Y | 3X > Y)$를 구하시오.
44-2 조건부확률 $P(X > 2 | Y = 1)$을 구하시오.
44-3 확률변수 $Z = X + Y$의 확률밀도함수 $g(z)$를 구하시오.
44-4 조건부 기댓값 $E(X | Y = 2X)$의 값을 구하시오.

45. 두 이산형 확률변수 X와 Y의 결합확률질량함수 $f(x,y)$를
$$f(x,y) = \frac{3x - y}{12} \quad (x = 1, 2 \; y = 1, 2)$$
라 하자. $Y = 1$일 때, X의 조건부 기댓값 $E(X | Y = 1)$의 값을 구하시오.

6. 극한정리
6.3 대수의 법칙과 중심극한정리

46. A공장에서 생산하는 전자제품의 평균수명은 500(시간)이고 표준편차는 20(시간)이라고 한다. 이 공장에서 생산한 제품 1000개 중에서 100개를 임의 추출하여 수명의 표본평균을 계산할 때 495시간 이내일 확률을 구하시오.

< 표준정규분포표 >

z	2.37	2.375	2.38	2.385
$P(0 \leq Z \leq z)$	0.4911	0.4912	0.4913	0.4914
z	2.39	2.5	2.6	2.7
$P(0 \leq Z \leq z)$	0.4916	0.4938	0.4953	0.4965

47. A회사와 B회사에서 만든 컴퓨터 모니터의 평균 수명은 각각 12년, 9.1년이고 표준편차는 각각 2년, $\sqrt{3}$년이다. A회사 제품에서 1000개, B회사 제품에서 500개의 임의표본을 추출했을 때 A회사의 표본평균수명이 B회사의 표본평균 수명보다 적어도 3년 이상 길 확률을 구하시오.

< 표준정규분포표 >

z	0.6	0.7	0.8	0.9	1.0
$P(0 \leq Z \leq z)$	0.2257	0.2580	0.2881	0.3158	0.3413

7. 추정과 가설검정
7.1 구간추정

48. 미국임상영양학회지에 실린 한 기록에 의하면, 중앙아메리카의 원주민을 대상으로 $n = 49$명의 표본조사를 한 결과 혈청 내의 콜레스테롤 양이 표본평균 $\overline{X} = 157(\text{mg/L})$, 표본표준편차는 $s = 28(\text{mg/L})$이었다. 다음 물음에 답하시오.
48-1 원주민 전체에서 혈청 내의 콜레스테롤 양의 평균 m에 대하여 95%신뢰구간을 구하시오.
48-2 모평균 m에 대한 95% 추정의 오차한계를 5(mg/L)이하로 하기를 원할 때 표본크기의 최솟값을 구하시오.

49. 어느 공장에서 생산되고 있는 제품은 평균 사용시간이 2000(시간)이고, 표준편차는 200(시간)으로 품질관리를 하고 있다. 현재 생산되고 있는 제품의 평균 사용시간의 95% 추정오차의 한계가 40시간 이내가 되기 위해서 필요한 표본의 크기의 최솟값을 구하시오.(단, 확률변수 Z가 표준정규분포를 따를 때 $P(0 \leq Z \leq 1.645) = 0.4500$, $P(0 \leq Z \leq 1.96) = 0.4750$이다.)

50. 시중에서 인기 있는 B회사 우유의 용량을 조사하기 위하여 다음 자료를 얻었다. 평균 용량의 98% 신뢰구간을 구하시오.
(단, 우유의 용량은 정규분포를 따른다.)

200, 206, 203, 197, 196, 199, 199, 200, 200

t-분포표($P(t \geq t_\alpha) = \alpha$)

자유도 \ α	0.05	0.01
7	1.895	2.998
8	1.860	2.896
9	1.833	2.821
10	1.812	2.764

51. 시중에서 판매되는 컴퓨터의 불량률을 추정하려한다. 400대의 컴퓨터를 임의 추출하여 조사하였더니 불량품이 8대였다. 판매되는 컴퓨터의 불량률에 대한 90% 신뢰구간을 구하시오.
(단 $Z \sim N(0, 1)$일 때 $P(1.64 \leq Z) = 0.05$이다.)

52. Y 리서치 회사에서는 대통령 선거에 출마한 K후보의 지지율을 알아 보려한다. 다음 물음에 답하시오.
52-1 지지율의 95% 추정오차의 한계를 7%로 하기 위해서는 적어도 몇 명의 유권자를 조사하여야 하는가?
52-2 기존의 조사에서 이 후보의 지지율이 25%로 알려져 있을 때 추정오차의 한계를 7%로 하기 위해서는 적어도 몇 명의 유권자를 조사하여야 하는가?

53. 어느 지역교육청에서는 이번 여름방학에 300명의 교사에게 연수를 실시하여 점수에 따라 상위 36명을 뽑아 해외 연수의 기회를 제공하고자 한다. 연수점수는 평균이 83점, 표준편차가 5점인 정규분포를 따른다고 할 때, 해외 연수의 기회를 얻기 위한 최소점수를 아래 표준정규분포표를 이용하여 구하시오.
(단, 연수 점수는 최소 0점에서 최대 100점 사이의 정수이다.)

z	$P(0 \leq Z \leq z)$
1.0	0.34
1.1	0.36
1.2	0.38
1.3	0.40

7.2 가설검정

54. 한 타이어 회사에서 현재 생산하는 타이어를 사용한 차량의 10L당 주행거리를 조사하였을 때 평균이 155.0km이었다. 이 공장에서 개발된 새로운 제품이 기존의 제품보다 주행거리가 개선되었는지 알아보려고 한다. 새로운 제품을 사용한 차량들 중 임의로 추출한 64대의 주행거리를 조사한 결과 평균 156.8km, 표준편차 6.0km이었다.
새로운 제품이 기존 제품에 비해 10L당 주행거리를 개선되었다고 할 수 있는지를 유의수준 $\alpha = 0.025$로 다음 단계와 같이 검정할 때, (가), (나), (다)에 들어갈 것을 차례대로 구하시오.
(단, 주행거리의 측정에서 타이어를 제외한 다른 조건은 모두 같고, 주행거리는 정규분포를 따른다고 가정한다.)

<1단계> 가설의 설정
　귀무가설 H_0에 대한 대립가설 H_1 : (가)
<2단계> 검정통계량과 분포
　표본의 크기가 $n=64$로 충분히 크므로 귀무가설 H_0가 참이라는 가정 하에서 검정통계량
$$Z = \frac{\overline{X} - \mu}{S/\sqrt{n}}$$
는 표준정규분포 $N(0,1)$에 근사한다.
(단, $\overline{X}$는 표본평균, μ는 모평균, S는 표본 표준편차이다.)
<3단계> 귀무가설의 기각역
　유의수준 $\alpha = 0.025$에 대한 기각역은 (나)
<4단계> 검정통계량의 관측 값을 구한다.
<5단계> 결론
　검정통계량의 관측 값을 기각역과 비교한 결과 새로운 제품이 주행거리를 개선하는데 (다)
※ 참고 : $Z \sim N(0,1)$일 때,
$P(|Z| \leq 1.645) = 0.90$, $P(|Z| \leq 1.96) = 0.95$
이다.

55. 어느 상품의 표지에 내용물의 무게가 200(g)이라고 표시되어 있다. 이를 확인하기 위하여 임의로 49개의 상품을 추출하여 그 내용물의 무게를 측정해 본 결과 평균 무게는 195(g)이었다. 이 상품의 표지에 적혀 있는 내용물의 무게가 정확한 것인지를 유의수준 5%에서 검정하시오.
(단, 그 상품의 내용물의 무게의 분산은 $\sigma^2 = 9(g)$으로 알려져 있다.)

56. 음료수 회사에서 용량이 작다는 소비자의 항의를 받고 조사에 착수하였다. 임의로 100개의 제품을 추출하여 조사하여 내용물의 무게를 측정해 본 결과 평균 무게는 196(g)이고 표준편차는 20이었다. 이 제품의 표준용량이 200(g)으로 표시되어 있다고 할 때 소비자의 항의는 정당한 것인지 유의수준 1%에서 검정하시오.
(단, Z가 평균이 0, 표준편차가 1인 정규분포를 따를 때 $P(0 \leq Z \leq 2.58) = 0.495$, $P(0 \leq Z \leq 2.34) = 0.49$이다.)

57. B전구회사에서는 특정모델의 수명이 300일로 알려져 있다. 이 모델의 개선된 제조방법을 적용한 전구가 품질향상이 되었는지 확인하려고 한다. 아래의 물음에 답하시오.

<조사결과>

| 302, 308, 305, 299, 298, 301, 301, 302, 302 |

t-분포표($P(t \geq t_\alpha) = \alpha$)

자유도 \ α	0.05	0.01
7	1.895	2.998
8	1.860	2.896
9	1.833	2.821
10	1.812	2.764

57-1 유의수준 $\alpha = 0.025$의 가설검정에서 n개의 제품을 조사한 결과 평균수명이 301일, 표준편차가 5일이었다. 그러면 이 모델이 품질개선이 되었다고 결론짓기 위한 n의 최솟값을 구하시오.
(단, Z가 표준정규분포를 따를 때 $P(1.96 \leq Z) = 0.25$이다.)

57-2 9개의 제품의 수명을 조사한 결과가 아래와 같을 때 유의수준 $\alpha = 0.05$의 가설검정에서 이 전구의 품질개선이 되었다고 볼 수 있는지 없는지 판정하시오.
(단, 전구의 수명은 정규분포를 따른다.)

58. 2011년 현재의 고등학교 3학년 남학생의 신장을 알아보고자 한다. 어느 고등학교 고3 남학생의 신장을 측정한 결과 다음 자료를 얻었다. 신장이 정규분포를 이룬다고 가정할 때 다음의 물음에 답하시오.

< 측정한 신장 >

| 175, 181, 178, 172, 171, 174, 174, 175, 175 |

t-분포표($P(t \geq t_\alpha) = \alpha$)

자유도 \ α	0.05	0.01
7	1.895	2.998
8	1.860	2.896
9	1.833	2.821
10	1.812	2.764

58-1 고3 남학생들의 신뢰도 98%의 신뢰구간의 길이를 l이라고 할 때, l과 가장 가까운 정수를 구하시오.

58-2 유의수준 1%의 가설검정에서 5년전 고3 남학생의 평균신장이 $173(cm)$이었다면 현재의 평균신장이 커진 것이라 볼 수 있는지 없는지 판단하시오.

연습문제 해설

1	평가영역	기하학적 확률
	평가내용요소	기하학적 확률, 표본공간과 사건

길이를 선분 $[0, 1]$이라 하고 자르는 두 점을 x, y $(0 < x < y < 1)$ 이라 할 때 세 철사의 길이는 x, $y-x$, $1-y$이다.

표본공간을 $S = \{(x, y) \in \mathbb{R}^2 \mid 0 < x < y < 1\}$이라 두자.

세 조각의 철사가 삼각형이 되는 사건을 A라 하면
$A = \{(x, y) \in S \mid x < (y-x) + (1-y),$
$\quad y-x < x+(1-y),\ 1-y < x+(y-x)\}$ 이다.

따라서 $x < \dfrac{1}{2}$, $y < x + \dfrac{1}{2}$, $\dfrac{1}{2} < y$ $(0 < x < y < 1)$

가 되어

구하는 확률 $P(A) = \dfrac{A\text{의 면적}}{S\text{의 면적}} = \dfrac{1/8}{1/2} = \dfrac{1}{4}$.

2	평가영역	기하학적 확률
	평가내용요소	기하학적 확률, 표본공간과 사건

가정에서 바닷길이 열려있었으므로 표본공간을 $S = [0, 6]$이라 하자.
제부도에 도착한 시간을 확률변수 X라 할 때 1시간이 소요되는 일주코스를 돌고 안전하게 돌아오기 위해선 제부도에 도착한 후 1시간 이상 바닷길이 열려있어야 하므로
구하는 사건의 사건공간은 $0 \leq X \leq 5$ 이다.
따라서 구하는 확률은
$P(0 \leq X \leq 5) = \dfrac{5-0}{6-0} = \dfrac{5}{6}$ 이다.

3	평가영역	베이즈의 공식
	평가내용요소	베이즈의 공식, 조건부 확률

A_1, B_1를 각각 월요일, 화요일에 지하철을 타는 사건, A_2, B_2를 각각 월요일, 화요일에 버스를 타는 사건이라 하자.

(i) $P(A_1 \cup A_2) = 1$, $P(A_1) = P(A_2)$이므로
$$P(A_1) = P(A_2) = \dfrac{1}{2}.$$

(ii) $P(B_1|A_1) = \dfrac{2}{3}$, $P(B_2|A_1) = \dfrac{1}{3}$,
$\quad P(B_1|A_2) = \dfrac{1}{4}$, $P(B_2|A_2) = \dfrac{3}{4}$.

(iii) 월요일에 교통수단을 이용하는 표본공간을 S라 할 때
$P(B_2) = P(S \cap B_2)$
$\quad = P((A_1 \cup A_2) \cap B_2)$
$\quad = P((A_1 \cap B_2) \cup (A_2 \cap B_2))$
$\quad = P(A_1 \cap B_2) + P(A_2 \cap B_2)$
$\quad = P(A_1) \cdot P(B_2|A_1) + P(A_2) \cdot P(B_2|A_2)$
$\quad = \dfrac{1}{2} \cdot \dfrac{1}{3} + \dfrac{1}{2} \cdot \dfrac{3}{4}$.

$\therefore P(A_2|B_2) = \dfrac{P(A_2 \cap B_2)}{P(B_2)}$
$\quad = \dfrac{P(A_2) \cdot P(B_2|A_2)}{P(B_2)}$
$\quad = \dfrac{1/2 \cdot 3/4}{1/2 \cdot 1/3 + 1/2 \cdot 3/4} = \dfrac{9}{13}$.

4	평가영역	베이즈의 공식
	평가내용요소	베이즈의 공식, 조건부 확률

작은 상자가 선택되는 사건을 A, 큰 상자가 선택되는 사건을 B, 상자에서 흰 공을 추출하는 사건을 E라 하자.

(i) $P(A \cap E) = P(A) \cdot P(E|A) = \dfrac{1}{3} \cdot \dfrac{3}{5} = \dfrac{1}{5}$.
$\quad P(B \cap E) = P(B) \cdot P(E|B)$
$\quad\quad = \dfrac{2}{3} \cdot \dfrac{m}{m+2} = \dfrac{2m}{3(m+2)}$.

$P(A \cup B) = 1$ 이므로
$P(E) = P(A \cap E) + P(B \cap E)$
$\quad = \dfrac{1}{5} + \dfrac{2m}{3(m+2)} = \dfrac{13m+6}{15(m+2)}$.

(ii) $\dfrac{2}{7} = P(A|E) = \dfrac{P(A \cap E)}{P(E)}$
$\quad = \dfrac{1/5}{(13m+6)/15(m+2)}$
$\quad = \dfrac{3(m+2)}{13m+6}$.

$\therefore m = 6$.

연습문제

5	평가영역	베이즈의 공식
	평가내용요소	베이즈의 공식, 조건부 확률

E_k를 k번째의 화살이 명중하는 사건 $(k \in \mathbb{N})$이라 하자.
$P_k = P(E_k)$ $(k \in \mathbb{N})$ 이라 할 때
$$P_n = P(E_n)$$
$$= P(E_n \cap E_{n-1}) + P(E_n \cap E_{n-1}^c)$$
$$= P(E_{n-1}) \cdot P(E_n | E_{n-1})$$
$$+ P(E_{n-1}^c) \cdot P(E_n | E_{n-1}^c)$$
$$= P_{n-1} \times 0.8 + (1 - P_n) \times 0.4 \text{ 이다.}$$
$\therefore \lim_{n \to \infty} P_n = P$라 할 때 $P = P \times 0.8 + (1-P) \times 0.4$
가 되어
$$P = \frac{2}{3}.$$

6	평가영역	조건부확률
	평가내용요소	조건부확률

6-1 k번째의 사격에서 명중하는 사건 $(k \in \mathbb{N})$을 E_k라 하자.
$$P_n = P(E_n)$$
$$= P(E_n \cap E_{n-1}) + P(E_n \cap E_{n-1}^c)$$
$$= P(E_{n-1}) \cdot P(E_n | E_{n-1})$$
$$+ P(E_{n-1}^c) \cdot P(E_n | E_{n-1}^c)$$
$$= P_{n-1} \times 0.9 + (1 - P(E_{n-1})) \times 0.5$$
$$= 0.4 \times P_{n-1} + 0.5.$$
$\lim_{n \to \infty} P_n = P$라 할 때
$$P = \lim_{n \to \infty} P_n$$
$$= \lim_{n \to \infty} (0.4 \times P_{n-1} + 0.5)$$
$$= 0.4 \times P + 0.5.$$
$\therefore P = \frac{5}{6}.$

6-2 $P_1 = \frac{1}{2}$
$$P_2 = 0.4 \times P_1 + 0.5 = 0.4 \times \frac{1}{2} + 0.5 = 0.7$$
이므로 $P_3 = 0.4 \times 0.7 + 0.5 = 0.28 + 0.5 = 0.78.$

7	평가영역	베이즈의 공식
	평가내용요소	베이즈의 공식, 조건부 확률

B_k를 주머니에 흰 공이 k개 들어있는 사건 $(k = 0, 1, 2, 3, 4, 5)$,
A를 주머니에서 2개의 공을 꺼냈을 때 흰 공과 검은 공이 각각 하나씩인 사건이라 하자.

(i)
$$P(A|B_k) = \begin{cases} \dfrac{\binom{k}{1}\binom{5-k}{1}}{\binom{5}{2}} = \dfrac{k(5-k)}{10} & (k=1,2,3,4) \\ 0 & (k=0,5) \end{cases}$$
이고
$P(B_0) = P(B_1) = \cdots = P(B_5)$이므로
$P(B_k) = \dfrac{1}{6}$ $(k = 0, 1, \cdots, 5).$

(ii) $P(A) = \sum_{k=0}^{5} P(A \cap B_k)$
$$= \sum_{k=0}^{5} P(B_k) \cdot P(A|B_k)$$
$$= \frac{1}{6} \sum_{k=0}^{5} \frac{k(5-k)}{10}$$
$$= \frac{1}{6} \left(0 + \frac{2}{5} + \frac{3}{5} + \frac{3}{5} + \frac{2}{5} + 0\right) = \frac{1}{3}.$$
$\therefore$ 구하는 확률은
$$P(B_4 \cup B_5 | A) = \frac{P((B_4 \cup B_5) \cap A)}{P(A)}$$
$$= \frac{P(B_4 \cap A) + P(B_5 \cap A)}{P(A)}$$
$$= \frac{P(B_4) \cdot P(A|B_4) + P(B_5) \cdot P(A|B_5)}{P(A)}$$
$$= \frac{1/6 \cdot 4/10 + 1/6 \cdot 0/10}{1/3}$$
$$= \frac{4}{20} = \frac{1}{5}.$$

8	평가영역	베이즈의 공식
	평가내용요소	베이즈의 공식, 조건부 확률

8-1 $P(Y=1) = \sum_{x=1}^{6} P(X=x, Y=1)$

$= \sum_{x=1}^{6} P(Y=1|X=x)P(X=x)$

$= \sum_{x=1}^{6} \binom{x}{1}\left(\frac{1}{2}\right)^1 \left(1-\frac{1}{2}\right)^{x-1} \cdot \frac{1}{6}$

$= \frac{1}{6} \sum_{x=1}^{6} x \left(\frac{1}{2}\right)^x = \frac{5}{16}$.

8-2 (i) $y=1, 2, \cdots, 6$에 대하여

$P(Y=y) = \sum_{x=y}^{6} P(X=x, Y=y)$

$= \sum_{x=y}^{6} P(Y=y|X=x)P(X=x)$

$= \sum_{x=y}^{6} \binom{x}{y}\left(\frac{1}{2}\right)^y \left(1-\frac{1}{2}\right)^{x-y} \cdot \frac{1}{6}$

$= \frac{1}{6} \sum_{x=y}^{6} \binom{x}{y}\left(\frac{1}{2}\right)^x$.

(ii) $E(Y)$

$= \sum_{y=0}^{6} y P(Y=y)$

$= \sum_{y=1}^{6} y P(Y=y)$

$= \frac{1}{6} \sum_{y=1}^{6} \sum_{x=y}^{6} y \binom{x}{y}\left(\frac{1}{2}\right)^x$

$= \frac{1}{6}\left(1 \cdot \binom{1}{1}\left(\frac{1}{2}\right)^1 + 1 \cdot \binom{2}{1}\left(\frac{1}{2}\right)^2 + 1 \cdot \binom{3}{1}\left(\frac{1}{2}\right)^3 + \cdots + 1 \cdot \binom{6}{1}\left(\frac{1}{2}\right)^6 \right.$

$\qquad + 2 \cdot \binom{2}{2}\left(\frac{1}{2}\right)^2 + 2 \cdot \binom{3}{2}\left(\frac{1}{2}\right)^3 + \cdots + 2 \cdot \binom{6}{2}\left(\frac{1}{2}\right)^6$

$\qquad + 3 \cdot \binom{3}{3}\left(\frac{1}{2}\right)^3 + \cdots + 3 \cdot \binom{6}{3}\left(\frac{1}{2}\right)^6$

$\qquad \vdots$

$\qquad \left. + 6 \cdot \binom{6}{6}\left(\frac{1}{2}\right)^6 \right)$

$= \frac{1}{6}\left(\sum_{y=1}^{1} y \cdot \binom{1}{y}\left(\frac{1}{2}\right)^1 + \sum_{y=1}^{2} y \cdot \binom{2}{y}\left(\frac{1}{2}\right)^2 + \cdots + \sum_{y=1}^{6} y \cdot \binom{6}{y}\left(\frac{1}{2}\right)^6 \right)$

(($\because$) 세로로 더한다.)

$= \frac{1}{6}\left(\sum_{x=1}^{6} \sum_{y=1}^{x} y \cdot \binom{x}{y}\left(\frac{1}{2}\right)^x \right)$

$= \frac{1}{6} \sum_{x=1}^{6} \frac{x}{2} \quad ((\because) \text{ 이항분포의 평균공식})$

$= \frac{7}{4}$.

9	평가영역	조건부확률
	평가내용요소	조건부확률, 곱의 법칙

$P(A) = \frac{6}{36} = \frac{1}{6}$,

$P(B|A) = \frac{5}{25} = \frac{1}{5}$, $P(B|A^c) = \frac{4}{25}$,

$P(B^c|A) = 1 - P(B|A) + 1 - \frac{1}{5} = \frac{4}{5}$,

$P(B^c|A^c) = 1 - P(B|A^c) = 1 - \frac{4}{25} = \frac{21}{25}$.

9-1 $P(A^c \cap B^c) = P(A^c) \cdot P(B^c|A^c)$

$= \left(1 - \frac{1}{6}\right) \cdot \frac{21}{25} = \frac{7}{10}$.

9-2 $P(A \cap B^c) = P(A) \cdot P(B^c|A)$

$= \frac{1}{6} \cdot \frac{4}{5} = \frac{2}{15}$.

9-3 $P(A^c \cap B) = P(A^c) \cdot P(B|A^c)$

$= \left(1 - \frac{1}{6}\right) \cdot \frac{4}{25} = \frac{2}{15}$.

연습문제

10	평가영역	조건부확률
	평가내용요소	조건부확률

A를 거짓말을 하는 사건, B를 탐지기가 진술을 거짓말이라 판정하는 사건이라 하자.

10-1 구하는 확률 $P(A \cap B) = P(A) \cdot P(B|A)$
$$= \frac{1}{2} \times 0.98 = 0.49.$$

10-2 구하는 확률 $P(B) = P(B \cap A) + P(B \cap A^c)$
$$= 0.49 + P(A^c) \cdot P(B|A^c)$$
$$= 0.49 + (1 - \frac{1}{2})(1 - 0.98)$$
$$= \frac{1}{2}.$$

10-3 구하는 확률 $P(A|B) = \frac{P(A \cap B)}{P(B)}$
$$= \frac{0.49}{1/2} = \frac{49}{50}.$$

11	평가영역	사건의 독립성
	평가내용요소	세 사건의 독립성, 포함배제의 원리, 확률의 정의

$P(A \cap B \cap C) = P(\{w_1\}) = \frac{1}{4}$,

$P(A) \cdot P(B) \cdot P(C) = \frac{2}{4} \cdot \frac{2}{4} \cdot \frac{2}{4} = \frac{1}{8}$

이므로 $P(A \cap B \cap C) \neq P(A)P(B)P(C)$.
∴ A, B, C는 독립이 아니다.

12	평가영역	사건의 독립성
	평가내용요소	확률의 정의, 사건의 독립성

(i) A, B, C가 독립이므로
$p_1 = P((A \cup B) \setminus C)$
$= P((A \cup B) \cap C^c)$
$= (P(A) + P(B) - P(A \cap B)) \cdot (1 - P(C))$
$= (P(A) + P(B) - P(A)P(B)) \cdot (1 - P(C))$
$= (0.1 + 0.2 - 0.02) \cdot (1 - 0.5)$
$= 0.14.$

(ii) $p_2 = P(A \cap (B^c \cap C^c))$
$= P(A \cap B^c \cap C^c)$
$= P(A) \cdot (1 - P(B)) \cdot (1 - P(C))$
$= 0.1 \times 0.8 \times 0.5$
$= 0.04.$

∴ $p_1 + p_2 = 0.14 + 0.04 = 0.18 = \frac{9}{50}$.

13	평가영역	사건의 독립성
	평가내용요소	사건의 독립성, 확률의 정의

$A_i (i = 1, 2, 3)$을 i번째 성분이 작동하는 사건이라 하자. A_1, A_2, A_3가 서로 독립이므로 A_1^c, A_2^c, A_3^c도 서로 독립이다.

따라서 구하는 확률은
$P(A_1 \cup A_2 \cup A_3) = 1 - P(A_1^c \cap A_2^c \cap A_3^c)$
$= 1 - P(A_1^c) \cdot P(A_2^c) \cdot P(A_3^c)$
$= 1 - \frac{2}{3} \times \frac{2}{3} \times \frac{1}{2} = \frac{7}{9}.$

14	평가영역	사건의 독립성
	평가내용요소	사건의 독립성

(프로펠러가 2개인 비행기가 안전하게 비행할 확률)
$= 1 - p^2.$

(프로펠러가 4개인 비행기가 안전하게 비행할 확률)
$= 1 - \left(\binom{4}{3} p^3 (1-p)^{4-3} + \binom{4}{4} p^4 (1-p)^{4-4} \right)$
$= 1 - 4p^3(1-p) - p^4.$

∴ $1 - p^2 > 1 - \left(\binom{4}{3} p^3 (1-p)^{4-3} + \binom{4}{4} p^4 (1-p)^{4-4} \right).$

∴ 구하는 p의 범위는 $\frac{1}{3} < p < 1$.

15	평가영역	연속확률변수
	평가내용요소	연속확률변수, 확률분포

Y의 누적분포함수를 $G(y)$라 하자.
$G(y) = P(Y \leq y)$
$= P(2X^2 \leq y)$
$= P(0 \leq X \leq \sqrt{\frac{y}{2}})$
$= \begin{cases} 1 & (18 \leq y) \\ \int_0^{\sqrt{y/2}} \frac{1}{3} dx & (0 \leq y < 18) \\ 0 & (y < 0) \end{cases}$

이므로 $g(y) = G'(y)$

$$= \begin{cases} 0 & (y<0,\ 18\leq y) \\ \dfrac{1}{6\sqrt{2y}} & (0\leq y<18) \end{cases}.$$

4	평가영역	연속확률변수
	평가내용요소	연속확률변수, 확률분포

16-1 $1=\int_{-\infty}^{\infty}f(x)\,dx=\int_{0}^{3}cx\,dx=c\cdot\dfrac{9}{2}$.

$\therefore\ c=\dfrac{2}{9}$.

16-2 Y의 누적분포함수를 $G(y)$라 하자.

$G(y)=P(Y\leq y)$
$\quad = P(|X-1|\leq y)$
$\quad = \begin{cases} 0 & (y\leq 0) \\ P(-y+1\leq X\leq y+1) & (0<y<2) \\ 1 & (2\leq y) \end{cases}$
$\quad = \begin{cases} 0 & (y\leq 0) \\ \int_{1-y}^{1+y}\dfrac{2}{9}x\,dx=\dfrac{4}{9}y & (0<y\leq 1) \\ \int_{0}^{1+y}\dfrac{2}{9}x\,dx=\dfrac{1}{9}(y+1)^2 & (1<y<2) \\ 1 & (2\leq y) \end{cases}$

이므로 $g(y)=G'(y)$

$\quad = \begin{cases} 0 & (y\leq 0,\ 2\leq y) \\ \dfrac{4}{9} & (0<y\leq 1) \\ \dfrac{2}{9}(y+1) & (1<y<2) \end{cases}.$

17	평가영역	연속확률변수
	평가내용요소	연속확률변수, 확률분포

17-1

$1=\int_{-\infty}^{\infty}f(x)\,dx=\int_{0}^{\infty}ce^{-x}\,dx=c$ 이므로 $c=1$.

17-2 $P(X\leq 3)=\int_{-\infty}^{3}f(x)\,dx$
$\qquad\qquad\qquad = \int_{0}^{3}e^{-x}\,dx=1-e^{-3}$.

17-3 $E(X)=\int_{-\infty}^{\infty}xe^{-x}\,dx$
$\qquad\qquad = -xe^{-x}\big]_{0}^{\infty}-\int_{0}^{\infty}-e^{-x}\,dx$
$\qquad\qquad = -(x+1)e^{-x}\big]_{0}^{\infty}$
$\qquad\qquad = e^{-0}=1$.

17-4 $E(X^2)=\int_{-\infty}^{\infty}x^2f(x)\,dx$
$\qquad\qquad = \int_{0}^{\infty}x^2e^{-x}\,dx$
$\qquad\qquad = -x^2e^{-x}\big]_{0}^{\infty}-\int_{0}^{\infty}-2xe^{-x}\,dx$
$\qquad\qquad = 0+2E(X)$
$\qquad\qquad = 2$.

이므로 $Var(X)=E(X^2)-(E(X))^2=2-1^2=1$.

18	평가영역	적률생성함수
	평가내용요소	적률생성함수

18-1 X에 대한 적률생성함수를 $M(t)$라 할 때

$M(t)=E(e^{tx})$
$\qquad = \int_{-\infty}^{\infty}e^{tx}f(x)\,dx$
$\qquad = \int_{0}^{\infty}e^{tx}\cdot 10e^{-10x}\,dx$
$\qquad = \int_{0}^{\infty}10e^{(t-10)x}\,dx$
$\qquad = \dfrac{10}{10-t}\ (-1\leq t\leq 1)$.

18-2 X의 기댓값은 $E(X)=M'(0)$
$\qquad\qquad\qquad\qquad = \dfrac{10}{(10-t)^2}\bigg|_{t=0}$
$\qquad\qquad\qquad\qquad = \dfrac{1}{10}$.

18-3 X의 분산은

$Var(X)=E(X^2)-(E(X))^2$
$\qquad\quad = M''(0)-(M'(0))^2$
$\qquad\quad = \dfrac{10\cdot 2(10-t)}{(10-t)^4}\bigg|_{t=0}-\left(\dfrac{1}{10}\right)^2$
$\qquad\quad = \dfrac{1}{50}-\dfrac{1}{100}$
$\qquad\quad = \dfrac{1}{100}$.

연습문제

19	평가영역	적률생성함수
	평가내용요소	적률생성함수, 중심극한정리

19-1 $E(\overline{X}) = E(X) = M^{(1)}(0)$
$= (-1)(1-2t)^{-2}(-2)|_{t=0}$
$= 2.$

$Var(\overline{X}) = \dfrac{1}{36} Var(X)$
$= \dfrac{1}{36}(E(X^2) - E(X)^2)$
$= \dfrac{1}{36}(M^{(2)}(0) - (M^{(1)}(0))^2)$
$= \dfrac{1}{36}(8 - 2^2)$
$= \dfrac{1}{9}.$

$\therefore E(X) + Var(\overline{X}) = 2 + \dfrac{1}{9} = \dfrac{19}{9}.$

19-2 $E(X) = 2$, $Var(X) = 4$ 이므로

$Z = \dfrac{\overline{X} - m}{\sigma/\sqrt{n}} = \dfrac{\overline{X} - 2}{2/\sqrt{36}}$ 이라 하면

Z는 표준정규분포 $N(0,1)$을 따른다.

따라서 $P\left(\dfrac{4}{3} < \overline{X} < \dfrac{8}{3}\right) = P\left(-2 < \dfrac{\overline{X}-2}{1/3}(=Z) < 2\right)$
$> P(-1.96 < Z < 1.96)$
$= 0.95.$

19-3 Y의 기댓값 $E(Y) = E(X^3 + 2X - 1)$
$= E(X^3) + 2E(X) - 1$
$= M^{(3)}(0) + 2M^{(1)}(0) - 1$
$= 51.$

20	평가영역	연속확률변수
	평가내용요소	연속확률변수, 확률분포

20-1 $M(s,t) = E(e^{sx+ty})$
$= \int_0^\infty \int_0^\infty e^{sx+ty} f(x,y) dy dx$
$= 6 \int_0^\infty \int_0^\infty e^{(s-2)x+(t-3)y} dy dx$
$= 6\left(\dfrac{1}{2-s}\right)\left(\dfrac{1}{3-t}\right)$
$(-1 \leq s \leq 1, -1 \leq t \leq 1).$

20-2 $E(X) = \dfrac{d}{ds}M(s,t)\bigg|_{(s,t)=(0,0)} = \dfrac{1}{2},$

$E(X^2) = \dfrac{d^2}{ds^2}M(s,t)\bigg|_{(s,t)=(0,0)} = \dfrac{1}{2},$

$E(Y) = \dfrac{d}{dt}M(s,t)\bigg|_{(s,t)=(0,0)} = \dfrac{1}{3},$

$E(Y^2) = \dfrac{d^2}{dt^2}M(s,t)\bigg|_{(s,t)=(0,0)} = \dfrac{2}{9}$ 이므로

$Var(X) = E(X^2) - E(X)^2 = \dfrac{1}{2},$

$Var(Y) = E(Y^2) - E(Y)^2 = \dfrac{1}{9}.$

20-3 $E(Z) = E(X^2 Y^3)$
$= \dfrac{d^5}{ds^2 dt^3}M(s,t)\bigg|_{(s,t)=(0,0)}$
$= \dfrac{1}{9}.$

21	평가영역	이산확률변수의 예
	평가내용요소	이항분포

$X \sim B\left(12, \dfrac{1}{2}\right)$ 이므로

$E(X) = 12 \times \dfrac{1}{2} = 6$

$Var(X) = 12 \times \dfrac{1}{2} \times \left(1 - \dfrac{1}{2}\right) = 3.$

$3 = Var(X) = E(X^2) - (E(X))^2 = E(X^2) - 36.$

$\therefore E(X^2) = 39$

$\therefore$ Y의 기댓값은
$E(Y) = E(X^2 - 2X + 1)$
$= E(X^2) - 2E(X) + 1$
$= 39 - 2 \cdot 6 + 1 = 28.$

22	평가영역	이산확률변수의 예
	평가내용요소	이항분포

(i) $X \sim B\left(9, \dfrac{1}{3}\right)$ 이므로

$E(X) = 9 \times \dfrac{1}{3} = 3$, $Var(X) = 9 \times \dfrac{1}{3} \times \dfrac{2}{3} = 2,$

$E(X^2) = Var(X) + E(X)^2 = 11.$

(ii) $Y = 2X^2 - 3X + 1$에 대하여

$$E(Y) = 2E(X^2) - 3E(X) + 1$$
$$= 2 \cdot 11 - 3 \cdot 3 + 1$$
$$= 14.$$

23	평가영역	이산확률변수의 예
	평가내용요소	이항분포

23-1

$X \sim B\left(5, \dfrac{3}{4}\right)$ 이므로 X의 확률질량함수 f는

$$f(x) = P(X = x)$$
$$= \binom{5}{x}\left(\dfrac{3}{4}\right)^x \left(1 - \dfrac{3}{4}\right)^{5-x} \ (x = 0, 1, \cdots, 5).$$

23-2 구하는 확률은

$$P(X = 3) = f(3) = \binom{5}{3}\left(\dfrac{3}{4}\right)^3 \left(1 - \dfrac{3}{4}\right)^{5-3} = \dfrac{135}{512}.$$

23-3 구하는 확률은

$$P(X \geq 2) = 1 - P(X \leq 1)$$
$$= 1 - (f(0) + f(1))$$
$$= \dfrac{63}{64}.$$

23-4 X의 기댓값은 $E(X) = 5 \cdot \dfrac{3}{4} = \dfrac{15}{4}$.

23-5 X의 분산은 $Var(X) = 5 \cdot \dfrac{3}{4} \cdot \dfrac{1}{4} = \dfrac{15}{16}$.

24	평가영역	이산확률변수의 예
	평가내용요소	이항분포, 초기하분포, 초기하분포의 이항근사

24-1 비복원 임의추출한 5개의 제품 중 불량품의 개수를 X라 하자.

$X \sim H(40, 5, 3)$ 이므로 X의 확률질량함수는

$$f(x) = P(X = x) = \dfrac{\binom{3}{x}\binom{40-3}{5-x}}{\binom{40}{5}}$$

이다.

$$\therefore P(X = 1) = f(1) = \dfrac{\binom{3}{1}\binom{40-3}{4}}{\binom{40}{5}} = \dfrac{595}{1976}.$$

24-2 구입한 10개의 타이어중 결점이 있는 타이어의 개수를 X라 하면

$X \sim H(3\text{만}, 10, 1\text{만}) \fallingdotseq B\left(10, \dfrac{1}{3}\right)$ 이다.

$$\left(\because \dfrac{N-n}{N-1} = \dfrac{30000-10}{30000-1} \fallingdotseq 1\right)$$

따라서 $P(X \geq 3) \fallingdotseq \sum_{k=3}^{10} \binom{10}{k}\left(\dfrac{1}{3}\right)^k \left(1 - \dfrac{1}{3}\right)^{10-k}$

$$= \dfrac{3^9 - 23 \cdot 2^8}{3^9} = \dfrac{13795}{19683}.$$

25	평가영역	이산확률변수의 예
	평가내용요소	기하분포

25-1 구입하는 복권의 수를 X라 하면 $X \sim G\left(\dfrac{1}{5}\right)$

이므로 X의 확률질량함수는

$$f(x) = P(X = x)$$
$$= \left(1 - \dfrac{1}{5}\right)^{x-1}\left(\dfrac{1}{5}\right) \ (x = 1, 2, \cdots) \text{ 이다.}$$

따라서 X의 기댓값 $E(X) = \dfrac{1}{5}\sum_{x=1}^{\infty} x\left(\dfrac{4}{5}\right)^{x-1} = 5.$

$$\left(\because S = 1\left(\dfrac{4}{5}\right)^0 + 2\left(\dfrac{4}{5}\right)^1 + 3\left(\dfrac{4}{5}\right)^2 + \cdots\right.$$

$$\dfrac{4}{5}S = \qquad 1\left(\dfrac{4}{5}\right)^1 + 2\left(\dfrac{4}{5}\right)^2 + \cdots$$

이므로 $\dfrac{1}{5}S = \left(\dfrac{4}{5}\right)^0 + \left(\dfrac{4}{5}\right)^1 + \cdots = 5$가 되어 $\left.S = 25\right).$

그러므로 복권 구입 비용의 기댓값 : $5 \times 10000 = 50000.$

25-2 (당첨금이 구매비용 이상일 확률)

$$= P(40000 \geq 10000X)$$
$$= P(4 \geq X)$$
$$= \sum_{x=1}^{4} f(x) = \dfrac{\dfrac{1}{5}\left(1 - \left(\dfrac{4}{5}\right)^4\right)}{1 - \dfrac{4}{5}} = \dfrac{369}{625}.$$

26	평가영역	이산확률변수의 예
	평가내용요소	기하분포

성공할 때까지 실험의 시행횟수를 확률변수 X라 하면

$X \sim G\left(\dfrac{1}{5}\right)$이고 $E(X) = \dfrac{1}{1/5} = 5$이다.

연습문제

Y를 실험비용이라고 하면
$Y = 10000 + 3000(X-1) = 3000X + 7000$ 이므로
Y의 기댓값은
$E(Y) = E(3000X + 7000)$
$\quad\quad = 3000E(X) + 7000 = 22000$.

27	평가영역	이산확률변수의 예
	평가내용요소	기하분포, 기하분포의 무기억성, 여사건의 확률

27-1 $X \sim G\left(\dfrac{1}{3}\right)$ 이므로 $E(X) = \dfrac{1}{1/3} = 3$,
$Var(X) = \dfrac{1}{(1/3)^2} - \dfrac{1}{1/3} = 9 - 3 = 6$ 이다.
$\therefore E(X) + Var(X) = 9$

27-2 $X \sim G\left(\dfrac{1}{3}\right)$ 이므로 기하분포의 무기억성에 의해
$p_1 = P(X=3) = P(X=10+3 \mid X > 10) = p_2$ 이다.
$\therefore p_1 - p_2 = 0$

27-3 $P(Y=1) = 0$, $P(Y=2) = \dfrac{1}{3} \cdot \dfrac{1}{3} = \dfrac{1}{9}$,
$P(Y=3) = \binom{2}{1}\left(\dfrac{1}{3}\right)^1\left(1-\dfrac{1}{3}\right)^1\left(\dfrac{1}{3}\right) = \dfrac{4}{27}$,
$P(Y=4) = \binom{3}{1}\left(\dfrac{1}{3}\right)^1\left(1-\dfrac{1}{3}\right)^2\left(\dfrac{1}{3}\right) = \dfrac{4}{27}$.
$\therefore P(Y \geq 5) = 1 - \dfrac{11}{27} = \dfrac{16}{27}$.

28	평가영역	확률변수의 예
	평가내용요소	이항분포의 정규근사, 포아송근사

28-1 100마리의 닭을 골랐을 때 계란을 낳지 못하는 닭의 수를 X라 하면
$X \sim H(10\text{만}, 100, 2\text{만})$
$\quad \fallingdotseq B\left(100, \dfrac{2\text{만}}{10\text{만}}\right) \quad \left(\because \dfrac{10\text{만}-100}{10\text{만}-1} \fallingdotseq 1\right)$
$\quad \fallingdotseq N\left(100 \times \dfrac{1}{5}, 100 \times \dfrac{1}{5} \times \dfrac{4}{5}\right) = N(20, 4^2)$.

따라서 $Z = \dfrac{X-20}{4}$ 라고 하면 Z는 표준정규분포를 따르므로
$P(X \geq 30) = P\left(Z = \dfrac{X-20}{4} \geq \dfrac{30-20}{4} = 2.5\right)$
$\quad\quad\quad\quad = 0.5 - P(0 \leq Z \leq 2.5)$
$\quad\quad\quad\quad = 0.5 - 0.4938$
$\quad\quad\quad\quad = 0.0062$.

28-2 K씨의 양계장에 있는 희귀병을 가진 닭의 수를 X라 하면
$X \sim B\left(10\text{만}, \dfrac{1}{5\text{만}}\right)$
$\quad \fallingdotseq P\left(10\text{만} \times \dfrac{1}{5\text{만}}\right) = P(2)$ (평균이 2인 포아송분포)

이므로 구하는 확률은
$P(X \geq 2) = 1 - (f(0) + f(1))$
$\quad\quad\quad\quad = 1 - \left(e^{-2}\dfrac{2^0}{0!} + e^{-2}\dfrac{2^1}{1!}\right)$
$\quad\quad\quad\quad = 1 - \dfrac{3}{e^2} \fallingdotseq 0.7$

(단 $f(x) = e^{-2}\dfrac{m^x}{x!} \quad (x = 0, 1, 2, \cdots)$)

29	평가영역	이산확률변수의 예
	평가내용요소	포아송분포

집단에서 특별한 유전자를 가진 사람의 수를 X라 하면
$X \sim B\left(200, \dfrac{1}{100}\right)$
$\quad \fallingdotseq P\left(200 \times \dfrac{1}{100}\right) = P(2)$. (평균이 2인 포아송분포)

이므로 구하는 확률은
$P(X \geq 2) = 1 - P(X \leq 1)$
$\quad\quad\quad\quad = 1 - (f(0) + f(1))$
$\quad\quad\quad\quad = 1 - \left(e^{-2}\dfrac{2^{-2}}{0!} + e^{-2}\dfrac{2^1}{1!}\right)$
$\quad\quad\quad\quad = 1 - 3e^{-2}$.

(단 $f(x) = e^{-2}\dfrac{m^x}{x!} \quad (x = 0, 1, 2, \cdots)$.)

30	평가영역	이항분포의 정규근사
	평가내용요소	이항분포의 정규근사

30-1 20문항을 임의로 선택했을 때 맞춘 문항의 수를 확률변수 X라 하면 $X \sim B\left(20, \dfrac{1}{4}\right)$이므로
$X \sim B\left(20, \dfrac{1}{4}\right)$

$$\simeq N\left(20\times\frac{1}{4},\ 20\times\frac{1}{4}\times\frac{3}{4}\right)=N\left(5,\left(\frac{\sqrt{15}}{2}\right)^2\right)$$

이다.
3급에 합격하기 위해선 5문항을 더 맞춰야 하므로 구하는 확률은

$$P(X\geq 5)=P\left(\frac{X-5}{\sqrt{15}/2}\geq\frac{5-5}{\sqrt{15}/2}\right)$$
$$=P(Z\geq 0)=0.5.$$

30-2 50문항을 임의로 선택했을 때 맞춘 문항의 수를 확률변수 X라고 하면

$$X\sim B\left(50,\ \frac{1}{4}\right)$$
$$\simeq N\left(50\times\frac{1}{4},\ 50\times\frac{1}{4}\times\frac{3}{4}\right)=N\left(\frac{25}{2},\left(\frac{5\sqrt{6}}{4}\right)^2\right)$$

이므로 $Z=\dfrac{X-(25/2)}{5\sqrt{6}/4}$ 라 하면 Z는 표준정규분포를 따른다.
따라서 구하는 확률은

$$P(X\geq 20)=P\left(\frac{X-(25/2)}{5\sqrt{6}/4}\geq\frac{20-(25/2)}{5\sqrt{6}/4}\right)$$
$$=P(Z\geq\sqrt{6})$$
$$=0.5-P(0\leq Z\leq\sqrt{6})$$
$$=0.5-0.4929=0.0071.$$

31	평가영역	연속확률변수의 예
	평가내용요소	지수분포

(i) $T\sim E\left(\dfrac{1}{2}\right)$ 이므로 T의 확률밀도함수는

$$f(x)=\begin{cases}\dfrac{1}{5}e^{-\frac{1}{5}x} & (x\geq 0)\\ 0 & (x<0)\end{cases}$$

이다. 따라서 하나의 부품이 8년 이상 작동할 확률은

$$P(T\geq 8)=\int_8^\infty f(x)\,dx$$
$$=\int_8^\infty \frac{1}{5}e^{-\frac{1}{5}x}dx=e^{-\frac{8}{5}}.$$

제품이 작동하기 위해선 모든 부품이 작동해야 하므로
(8년 후에 제품이 작동할 확률)
=(8년 후에 5개의 부품이 모두 작동할 확률)
$$=(P(T\geq 8))^5=(e^{-\frac{8}{5}})^5=e^{-8}.$$

32	평가영역	연속확률변수의 예
	평가내용요소	지수분포

X가 평균이 600인 지수분포를 따르므로
$X\sim E\left(\dfrac{1}{600}\right)$ 이다.
따라서 X의 확률밀도함수는

$$f(x)=\begin{cases}\dfrac{1}{600}e^{-\frac{x}{600}} & (x\geq 0)\\ 0 & (x<0)\end{cases}$$

이다.
전구의 판매가격을 a, 한 전구를 팔았을 때 회사의 수익을 확률변수 Y라 할 때

$$Y=\begin{cases}a-200 & (x\geq 800)\\ -200 & (x<800)\end{cases}$$

이므로 Y의 기댓값은
$$E(Y)=(a-200)P(X\geq 800)+(-200)P(X<800)$$
$$=(a-200)\int_{800}^\infty \frac{1}{600}e^{-\frac{x}{600}}dx$$
$$+(-200)\int_0^{800}\frac{1}{600}e^{-\frac{x}{600}}dx$$
$$=(a-200)e^{-\frac{4}{3}}+(-200)(1-e^{-\frac{4}{3}})$$
$$=ae^{-\frac{4}{3}}-200.$$

$\therefore\ 0\leq E(Y)=ae^{-\frac{4}{3}}-200$ 이므로 $200e^{\frac{4}{3}}\leq a$ 이다.

$\therefore\ 200e^{\frac{4}{3}}$ (원).

33	평가영역	연속확률변수의 예
	평가내용요소	지수분포, 지수분포의 무기억성

$T\sim E\left(\dfrac{1}{10}\right)$ 이므로 X의 확률밀도함수는

$$f(x)=\begin{cases}\dfrac{1}{10}e^{-\frac{x}{10}} & (x\geq 0)\\ 0 & (x<0)\end{cases}$$

이다.

연습문제

따라서 $p_1 = P(X \geq 6) = \int_6^\infty \frac{1}{10} e^{-\frac{x}{10}} dx = e^{-\frac{3}{5}}$ 이다.

또한 지수분포의 무기억성에 의해
$p_2 = P(X \geq 5+8 | X \geq 5)$
$\quad = P(X \geq 8)$
$\quad = \int_8^\infty \frac{1}{10} e^{-\frac{x}{10}} dx = e^{-\frac{4}{5}}$.

$\therefore p_1 p_2 = e^{-\frac{7}{5}}$.

34	평가영역	연속확률변수의 예
	평가내용요소	균등분포

표본공간을 $S = [0, 20]$이라 하고 사람의 도착시간을 X라 하면 $X \sim U(0, 20)$이다.
따라서 X의 확률밀도함수는
$$f(x) = \begin{cases} \frac{1}{20-0} & (0 \leq x \leq 20) \\ 0 & (\text{그 외}) \end{cases}$$
이다.
사람이 기다리는 시간을 Y라 할 때 $Y = 20 - X$이므로
$E(Y) = E(20 - X)$
$\quad\quad = E(20) - E(X)$
$\quad\quad = 20 - \int_0^{20} x \frac{1}{20} dx = 10$.

35	평가영역	결합확률분포
	평가내용요소	결합확률분포, 균등분포, 확률변수의 독립성

출발하는 시각을 확률변수 X, 소요시간을 확률변수 Y라 하면 $X \sim U(0, 30)$, $Y \sim U(40, 50)$이다.
따라서 X와 Y의 확률밀도함수는
$$f_X(x) = \begin{cases} \frac{1}{30-0} & (0 \leq x \leq 30) \\ 0 & (\text{그 외}) \end{cases},$$
$$f_Y(y) = \begin{cases} \frac{1}{50-40} & (40 \leq y \leq 50) \\ 0 & (\text{그 외}) \end{cases}$$
이다.
X와 Y가 서로 독립이므로 X와 Y의 결합확률밀도함수 $f(x, y)$는

$f(x, y) = f_X(x) f_Y(y)$
$\quad\quad = \begin{cases} \frac{1}{300} & (0 \leq x \leq 30, 40 \leq y \leq 50) \\ 0 & (\text{그 외}) \end{cases}$

이므로 구하는 확률은
$P(X + Y \leq 60) = \int_{-\infty}^\infty \int_{-\infty}^{60-x} f(x, y) dy dx$
$\quad\quad\quad\quad\quad\quad = \int_{-\infty}^\infty \int_{-\infty}^{60-y} f(x, y) dx dy$
$\quad\quad\quad\quad\quad\quad = \int_{40}^{50} \int_0^{60-y} \frac{1}{300} dx dy = \frac{1}{2}$.

36	평가영역	결합확률밀도함수
	평가내용요소	독립, 조건부확률, 기댓값

X의 주변확률밀도함수는
$f_X(x) = \int_{-\infty}^\infty f(x, y) dy$
$\quad\quad = \begin{cases} \int_0^1 6xy^2 dy = 2x & (0 \leq x \leq 1) \\ 0 & (\text{그 외}) \end{cases}$.

Y의 주변확률밀도함수는
$f_Y(y) = \int_{-\infty}^\infty f(x, y) dx$
$\quad\quad = \begin{cases} \int_0^1 6xy^2 dx = 3y^2 & (0 \leq y \leq 1) \\ 0 & (\text{그 외}) \end{cases}$.

36-1 두 확률변수는 서로 독립이다.
($\because$) $f_X(x) \cdot f_Y(y)$
$\quad\quad = \begin{cases} 2x \cdot 3y^2 & (0 \leq x \leq 1, 0 \leq y \leq 1) \\ 0 & (\text{그 외}) \end{cases}$

36-2 $P\left(\frac{1}{2} \leq X \leq 1 \mid Y = \frac{1}{2}\right) = \frac{3}{4}$ 이다.

($\because$) $P\left(\frac{1}{2} \leq X \leq 1 \mid Y = \frac{1}{2}\right)$
$= \dfrac{\int_{1/2}^1 f(x, y)\Big|_{y=1/2} dx}{f_Y(1/2)} = \dfrac{\int_{1/2}^1 6/4 \, x \, dx}{3/4} = \dfrac{3}{4}$.

36-3 $E(Y) = \frac{3}{4}$ 이다.

($\because$) $E(Y) = \int_{-\infty}^\infty y f_Y(y) dy = \int_0^1 y \cdot 3y^2 dy$

$$= \left[\frac{3}{4}y^4\right]_0^1 = \frac{3}{4}.$$

37	평가영역	결합확률밀도함수
	평가내용요소	독립, 조건부확률

37-1 실근을 가질 확률은 $\frac{1}{2}$이다.

($\because$) (i) $D/4 = x^2 - xy = x(x-y) \geq 0$
$\Leftrightarrow x \geq y$.

(ii) $P(X \geq Y) = \int_{x=0}^{\infty}\left(\int_{y=0}^{x} e^{-x-y}dy\right)dx$

$= \int_0^{\infty} e^{-x} - e^{-2x}dx$

$= \frac{1}{2}.$

37-2 X, Y는 서로 독립이다.

($\because$) $f_X(x) = \int_{y=0}^{\infty} f(x,y)dy = e^{-x}\int_0^{\infty} e^{-y}dy$

$= \begin{cases} e^{-x} & (x > 0) \\ 0 & (x \leq 0) \end{cases}.$

$f_Y(y) = \int_{x=0}^{\infty} f(x,y)dx = e^{-y}\int_0^{\infty} e^{-x}dx$

$= \begin{cases} e^{-y} & (y > 0) \\ 0 & (y \leq 0) \end{cases}.$

$\therefore f(x,y) = \begin{cases} e^{-x} \cdot e^{-y} & (x > 0, y > 0) \\ 0 & (x \leq 0 \text{ or } y \leq 0) \end{cases}$

$= f_X(x) \cdot f_Y(y).$

37-3 조건부확률 $P(X > 1 | 1 < Y^2 < 2) = e^{-1}$이다.

($\because$)
$P(X > 1 | 1 < Y^2 < 2) = P(X > 1)$ (← X, Y:독립이라서)

$= \int_{x=1}^{\infty}\int_{y=0}^{\infty} f(x,y)dydx$

$= \int_1^{\infty} e^{-x}dx$

$= e^{-1}.$

38	평가영역	이차원 확률변수
	평가내용요소	결합누적분포함수, 기댓값

기댓값 $E(X+Y) = \frac{7}{6}$이다.

($\because$) $f(x,y) = \frac{\partial^2 F(x,y)}{\partial x \partial y}$

$= \begin{cases} \frac{1}{2}(2x+2y) = x+y & (0 < x < 1, 0 < y < 1) \\ 0 & (\text{그 외}) \end{cases}.$

따라서 확률변수 $X+Y$의 기댓값은

$E(X+Y) = \int_{-\infty}^{\infty}\int_{-\infty}^{\infty}(x+y)f(x,y)dydx$

$= \int_0^1\int_0^1 (x+y)(x+y)dydx$

$= \int_0^1 x^2 + x + \frac{1}{3}dx$

$= \frac{7}{6}.$

39	평가영역	이차원 확률변수
	평가내용요소	결합누적분포함수, 기댓값

확률변수 $X+2Y$의 기댓값은 2이다.

($\because$) (i) $f(x,y) = \frac{\partial^2 F}{\partial x \partial y}$

$= \begin{cases} 4xy & (0 < x < 1, 0 < y < 1) \\ 0 & (\text{그 외}) \end{cases}.$

(ii) $E(X+2Y) = \int_{-\infty}^{\infty}\int_{-\infty}^{\infty}(x+2y)f(x,y)dydx$

$= 4\int_0^1\int_0^1 (x+2y)(xy)dydx$

$= 4\int_0^1 \frac{1}{2}x^2 + \frac{2}{3}x dx$

$= 2.$

40	평가영역	이차원 확률변수
	평가내용요소	공분산

(i) $E(XY) = \int_{-\infty}^{\infty}\int_{-\infty}^{\infty} xyf(x,y)dydx$

$= \int_0^1\int_x^1 2xy(x+y)dydx$

$$= \int_0^1 \frac{2}{3}x + x^2 - \frac{5}{3}x^4 dx$$
$$= \frac{1}{3}.$$

(ii) ① $f_X(x) = \int_{-\infty}^{\infty} f(x,y)dy$
$$= \int_x^1 2(x+y)dy$$
$$= 1 + 2x - 3x^2. \ (0 < x < 1)$$

따라서 $E(X) = \int_{-\infty}^{\infty} x f_X(x)dx$
$$= \int_0^1 x + 2x^2 - 3x^3 dx$$
$$= \frac{5}{12}.$$

② $f_Y(y) = \int_{-\infty}^{\infty} f(x,y)dx$
$$= \int_0^y 2(x+y)dx$$
$$= 3y^2. \ (0 < y < 1)$$

따라서 $E(Y) = \int_{-\infty}^{\infty} y f_Y(y)dy$
$$= \int_0^1 3y^3 dy$$
$$= \frac{3}{4}.$$

(iii) $Cov(X,Y) = E(XY) - E(X)E(Y)$
$$= \frac{1}{3} - \frac{5}{12} \cdot \frac{3}{4}$$
$$= \frac{1}{48}.$$

41	평가영역	조건부분포
	평가내용요소	조건부분포

41-1 (i) $1 = \int_{-\infty}^{\infty} f(x|y)dx$
$$= \int_0^y c\frac{x}{y^2}dx = \frac{c}{y^2} \cdot \frac{1}{2}x^2 \Big]_0^y = \frac{c}{2}.$$

∴ $c = 2$.

(ii) $1 = \int_{-\infty}^{\infty} g(y)dy = d\int_0^1 y^4 dy = \frac{d}{5}.$

∴ $d = 5$.
∴ $c + d = 7$.

41-2
$$P\left(\frac{1}{4} < X < \frac{1}{2} \ \Big| \ Y = \frac{5}{8}\right) = \int_{1/4}^{1/2} f\left(x \ \Big| \ \frac{5}{8}\right)dx$$
$$= \left(\frac{8}{5}\right)^2 \int_{1/4}^{1/2} 2x\, dx = \frac{12}{25}.$$

41-3 (i) X와 Y의 결합확률밀도함수를 $f(x,y)$라 하면
$$f(x,y) = f(Y=y) \cdot f(X=x|Y=y)$$
$$= g(y) \cdot f(x|y)$$
$$= \begin{cases} \frac{2x}{y^2} \cdot 5y^4 = 10xy^2 & (0 < x < y < 1) \\ 0 & (\text{그 외}) \end{cases}$$

(ii)
$$f_X(x) = \int_{-\infty}^{\infty} f(x,y)dy$$
$$= \begin{cases} \int_x^1 10xy^2 dy = \frac{10}{3}(x - x^4) & (0 < x < 1) \\ 0 & (\text{그 외}) \end{cases}$$

이므로
$$P\left(0 < X < \frac{1}{2}\right) = \frac{10}{3}\int_0^{1/2}(x - x^4)dx$$
$$= \frac{10}{3} \cdot \frac{1}{8} \cdot \frac{19}{20} = \frac{19}{48}.$$

42	평가영역	조건부기댓값
	평가내용요소	조건부기댓값, 공분산, 확률변수의 독립성

42-1

x \ y	0	1	2	3	$f_X(x)$
0	$\frac{1}{8}$	$\frac{1}{8}$	0	0	$\frac{1}{4}$
1	0	$\frac{1}{4}$	$\frac{1}{4}$	0	$\frac{1}{2}$
2	0	0	$\frac{1}{8}$	$\frac{1}{8}$	$\frac{1}{4}$
$f_Y(y)$	$\frac{1}{8}$	$\frac{3}{8}$	$\frac{3}{8}$	$\frac{1}{8}$	1

42-2 $f(2,3) = \dfrac{1}{8} \neq \dfrac{1}{4} \cdot \dfrac{1}{8} = f_X(2) \cdot f_Y(3)$ 이므로
$f(x,y) \neq f_X(x)f_Y(y)$.
$\therefore$ X와 Y는 독립이 아니다.

42-3 (i) $E(XY) = \displaystyle\sum_{x,y} xyf(x,y)$
$\qquad = 1 \cdot \dfrac{1}{4} + 2 \cdot \dfrac{1}{4} + 4 \cdot \dfrac{1}{8} + 6 \cdot \dfrac{1}{8}$
$\qquad = 2.$

$E(X) = \displaystyle\sum_x xf_X(x) = 1$, $E(Y) = \displaystyle\sum_y yf_Y(y) = \dfrac{3}{2}.$

이므로
$Cov(X,Y) = E(XY) - E(X)E(Y)$
$\qquad = 2 - 1 \cdot \dfrac{3}{2} = \dfrac{1}{2}.$

(ii) $\sigma_X = \sqrt{E(X^2) - E(X)^2} = \dfrac{1}{\sqrt{2}}$,
$\sigma_Y = \sqrt{E(Y^2) - E(Y)^2} = \dfrac{\sqrt{3}}{2}.$

이므로
$\sigma_{X,Y} = \dfrac{Cov(X,Y)}{\sigma_X \cdot \sigma_Y} = \dfrac{\dfrac{1}{2}}{\dfrac{1}{\sqrt{2}} \cdot \dfrac{\sqrt{3}}{2}} = \sqrt{\dfrac{2}{3}}.$

42-4 $f_Y(y|1) = P(Y=y | X=1)$
$\qquad = \dfrac{P(Y=y, X=1)}{P(X=1)}$
$\qquad = \dfrac{f(1,y)}{f_X(1)}$
$\qquad = 2f(1,y)$
$\qquad = \begin{cases} 0 & (y=0) \\ \dfrac{1}{2} & (y=1) \\ \dfrac{1}{2} & (y=2) \\ 0 & (y=3) \end{cases}.$

42-5 $E(Y|X=1) = \displaystyle\sum_{y=0}^{3} yf_Y(y|X=1)$
$\qquad = 0 \cdot 1 + 1 \cdot \dfrac{1}{2} + 2 \cdot \dfrac{1}{2} + 3 \cdot 0$
$\qquad = \dfrac{3}{2}.$

43	평가영역	조건부기댓값
	평가내용요소	조건부기댓값, 조건부분포

43-1 $1 = \displaystyle\int_{-\infty}^{\infty}\int_{-\infty}^{\infty} f(x,y)\,dy\,dx$
$\qquad = \displaystyle\int_0^1 \int_0^{2x} cxy\,dy\,dx = \dfrac{c}{2}.$
$\therefore c = 2.$

43-2 X의 주변확률밀도함수는
$f_X(x) = \displaystyle\int_{-\infty}^{\infty} f(x,y)\,dy$
$\qquad = \displaystyle\int_0^{2x} 2xy\,dy = \begin{cases} 4x^3 & (0 \leq x \leq 1) \\ 0 & (\text{그 외}) \end{cases}$

이므로
$f\left(Y=y \mid X=\dfrac{1}{2}\right) = \dfrac{f\left(\dfrac{1}{2}, y\right)}{f_X\left(\dfrac{1}{2}\right)} = \dfrac{f\left(\dfrac{1}{2}, y\right)}{\dfrac{1}{2}}$
$\qquad = 2f\left(\dfrac{1}{2}, y\right) = \begin{cases} 2y & (0 \leq y \leq 1) \\ 0 & (\text{그 외}) \end{cases}$

43-3 $E\left(Y \mid X=\dfrac{1}{2}\right) = \displaystyle\int_{-\infty}^{\infty} yf\left(Y=y \mid X=\dfrac{1}{2}\right) dy$
$\qquad = \displaystyle\int_0^1 y \cdot 2y\,dy = \dfrac{2}{3}y^3 \Big|_0^1 = \dfrac{2}{3}.$

43-4 $P\left(\dfrac{1}{3} \leq Y \mid X=\dfrac{1}{2}\right) = \displaystyle\int_{\frac{1}{3}}^{\infty} f\left(Y=y \mid X=\dfrac{1}{2}\right) dy$
$\qquad = \displaystyle\int_{\frac{1}{3}}^1 2y\,dy = \dfrac{3}{4}.$

43-5 $f(X=x | Y=X^2) = \dfrac{f(x,y)\big|_{y=x^2}}{\displaystyle\int_{-\infty}^{\infty} f(x,y)\big|_{y=x^2}\,dx}$

$$= \begin{cases} \dfrac{2x \cdot x^2}{\int_0^1 2x \cdot x^2 dx} = 4x^3 & (0 \leq x \leq 1) \\ 0 & (\text{그 외}) \end{cases}$$

44	평가영역	조건부기댓값
	평가내용요소	조건부기댓값, 조건부분포

44-1 $P(X > Y | 3X > Y) = \dfrac{P(X > Y, 3X > Y)}{P(3X > Y)}$

$$= \dfrac{\int_0^\infty \int_0^x e^{-(x+y)} dy dx}{\int_0^\infty \int_0^{3x} e^{-(x+y)} dy dx}$$

$$= \dfrac{1/2}{3/4} = \dfrac{2}{3}.$$

44-2 $P(X > 2 | Y = 1) = \dfrac{P(X > 2, Y = 1)}{P(Y = 1)}$

$$= \dfrac{\int_2^\infty e^{-(x+1)} dx}{\int_0^\infty e^{-(x+1)} dx}$$

$$= \dfrac{e^{-3}}{e^{-1}} = e^{-2}.$$

44-3 $Z = X + Y$의 누적분포함수를 $G(z)$라 하면
$G(z) = P(Z \leq z)$
$\quad\quad = P(X + Y \leq z)$

$$= \begin{cases} 0 & (z < 0) \\ \int_0^z \int_0^{-x+z} e^{-(x+y)} dy dx = 1 - e^{-z} - ze^{-z} & (z \geq 0) \end{cases}$$

이다. 따라서 $g(z) = G'(z) = \begin{cases} ze^{-z} & (z \geq 0) \\ 0 & (z < 0) \end{cases}$

44-4

(ⅰ) $f(X = x | Y = 2X) = \dfrac{f(x, y)|_{y = 2x}}{\int_{-\infty}^\infty f(x, y)|_{y = 2x} dx}$

$$= \dfrac{e^{-3x}}{\int_0^\infty e^{-3x} dx}$$

$$= \dfrac{e^{-3x}}{\dfrac{1}{3}} = 3e^{-3x} \quad (x \geq 0).$$

(ⅱ) $E(X | Y = 2X) = \int_{-\infty}^\infty x f(X = x | Y = 2X) dx$

$$= \int_0^\infty x \cdot 3e^{-3x} dx = \dfrac{1}{3}.$$

45	평가영역	조건부기댓값
	평가내용요소	조건부기댓값

$f_Y(1) = \sum_{x=1}^2 f(x, 1) = f(1, 1) + f(2, 1)$

$$= \dfrac{1}{12}(2 + 5) = \dfrac{7}{12}$$

이므로 X의 조건부 기댓값 $E(X | Y = 1)$은

$E(X | Y = 1) = \sum_{x=1}^2 x \cdot f(X = x | Y = 1)$

$$= \sum_{x=1}^2 x \cdot \dfrac{f(x, 1)}{f_Y(1)}$$

$$= \dfrac{12}{7}(1 \cdot f(1, 1) + 2 \cdot f(2, 1))$$

$$= \dfrac{12}{7}.$$

46	평가영역	중심극한정리
	평가내용요소	중심극한정리

확률은 0.0062이다.
(∵) 확률변수 X_i에 대하여
$E(X_i) = 500$, $\sigma_{X_i} = 20 \, (i = 1, 2, \cdots, 100)$,
$\overline{X} = \dfrac{1}{100}(X_1 + X_2 + \cdots + X_{100})$이라 할 때,

$E(\overline{X}) = \dfrac{1}{100} \sum_{i=1}^{100} E(X_i) = \dfrac{500 \times 100}{100} = 500.$

$Var(\overline{X}) = \dfrac{1}{100^2} \sum_{i=1}^{100} Var(X_i) = \dfrac{20^2}{100} = 2^2.$

따라서 중심극한정리에 의해
$$\overline{X} \sim N(50, 2^2).$$

그러므로
$P(\overline{X} \leq 495) = P\left(Z = \dfrac{\overline{X} - 500}{\sqrt{2^2}} \leq \dfrac{495 - 500}{2} = -2.5\right)$

$\quad\quad = P(Z \leq -2.5)$
$\quad\quad = 0.5 - 0.4938$
$\quad\quad = 0.0062.$

47	평가영역	중심극한정리
	평가내용요소	중심극한정리

구하는 확률은 0.1587이다.

($\because$) $X_i = A$회사 컴퓨터 모니터의 수명
$\sim$ 평균 12, 표준편차 2인 임의의 분포
($i = 1, 2, \cdots, 1000$).
$Y_i = B$회사 컴퓨터 모니터의 수명
$\sim$ 평균 9.1, 표준편차 $\sqrt{3}$인 임의의 분포
($i = 1, 2, \cdots, 500$).

중심극한정리에 의해
$$\overline{X} = \frac{1}{1000}\sum_{i=1}^{1000} X_i \sim N\left(12, \frac{2^2}{1000}\right),$$
$$\overline{Y} = \frac{1}{500}\sum_{i=1}^{500} Y_i \sim N\left(9.1, \frac{(\sqrt{3})^2}{500}\right).$$

따라서
$E(\overline{X} - \overline{Y}) = E(\overline{X}) + E(-\overline{Y})$
$\qquad\qquad = E(\overline{X}) - E(\overline{Y}) = 12 - 9.1 = 2.9.$
$Var(\overline{X} - \overline{Y}) = Var(\overline{X}) + Var(-\overline{Y})$
$\qquad$ ($\uparrow \overline{X}, \overline{Y}$와 독립이기 때문에)
$\qquad\qquad = Var(\overline{X}) + (-1)^2 Var(\overline{Y})$
$\qquad\qquad = \frac{2^2}{1000} + \frac{3}{500} = \left(\frac{1}{10}\right)^2.$

그러므로
$$\overline{X} - \overline{Y} \sim N\left(2.9, \left(\frac{1}{10}\right)^2\right)$$이고,

구하는 확률은
$P(\overline{X} - \overline{Y} \geq 3)$
$= P\left(Z = \frac{(\overline{X}-\overline{Y})-2.9}{1/10} \geq \frac{3-2.9}{1/10} = 1\right)$
$= 0.5 - 0.3413 = 0.1587.$

48	평가영역	모평균의 구간추정
	평가내용요소	모평균의 구간추정, 표본분산, 오차한계

48-1 신뢰도 95%의 신뢰구간은 $(149.16, 164.84)$이다.

($\because$) $Z = \dfrac{\overline{X} - m}{s/\sqrt{n}} \sim N(0,1)$ ($n = 49 \geq 30$).

$0.95 = P\left(-1.96 \leq Z\left(=\dfrac{\overline{X}-m}{s/\sqrt{n}}\right) \leq 1.96\right)$

$= P\left(\overline{X} - 1.96\dfrac{s}{\sqrt{n}} \leq m \leq \overline{X} + 1.96\dfrac{s}{\sqrt{n}}\right)$

$= P\left(157 - 1.96 \cdot \dfrac{28}{\sqrt{49}} \leq m \leq 157 + 1.96 \cdot \dfrac{28}{\sqrt{49}}\right).$

$\therefore$ 모평균 m의 신뢰도 95%의 신뢰구간은
$(149.16, 164.84).$

48-2 표본크기의 최솟값은 121이다.

($\because$) $0.95 = P\left(|\overline{X}-m| \leq 1.96\dfrac{s}{\sqrt{n}}\right)$이므로

($\ast$ $|\overline{X}-m|$:오차)

$|\overline{X}-m| \leq 1.96\dfrac{s}{\sqrt{n}} \leq e(=$오차한계$).$

$1.96 \cdot \dfrac{28}{\sqrt{n}} \leq 5 \Leftrightarrow \dfrac{1.96 \times 28}{5} = 10.976 \leq \sqrt{n}$

$\qquad\qquad\qquad \Leftrightarrow 120.\text{xxx} \leq n.$

$\therefore n$은 121명 이상이다.

49	평가영역	모평균의 구간추정
	평가내용요소	모평균의 구간추정, 모분산, 오차한계

표본의 크기의 최솟값은 97이다.

($\because$) $0.95 = P\left(|\overline{X}-m| \leq z_{\alpha/2}\dfrac{\sigma}{\sqrt{n}}\right)$이므로

$|\overline{X}-m| \leq 1.96\dfrac{\sigma}{\sqrt{n}} \leq e(=$오차한계$).$

$n \geq \left(\dfrac{z_{\alpha/2} \cdot \sigma}{e}\right)^2 = \left(\dfrac{1.96 \times 200}{40}\right)^2 = 96.04.$

$\therefore n \geq 97.$

50	평가영역	모평균의 구간추정
	평가내용요소	모평균의 구간추정, t-분포

98%의 신뢰구간은 $(197.104, 202.896)$이다.

($\because$) 표본평균 $\overline{X} = \dfrac{1}{9}\sum_{i=1}^{9} X_i = \dfrac{1800}{9} = 200.$

표본표준편차 $s = \sqrt{\dfrac{1}{9-1}\sum_{i=1}^{9}(\overline{X}-X_i)^2}$

$\qquad\qquad\qquad = \sqrt{\dfrac{1}{8} \cdot 72} = 3.$

$90 = 100(1-\alpha)$이므로 $\alpha = 0.1$이고, $9 < 30$이므로 소표본이다.

따라서 모평균 m의 98% 신뢰구간은

연습문제

$$\left(\overline{X}-t_{\alpha/2}(n-1)\frac{s}{\sqrt{n}},\ \overline{X}+t_{\alpha/2}(n-1)\frac{s}{\sqrt{n}}\right)$$
$$=\left(200-2.896\cdot\frac{3}{\sqrt{9}},\ 200+2.896\cdot\frac{3}{\sqrt{9}}\right)$$
$$=(197.104,\ 202.896).$$

51	평가영역	모비율의 구간추정
	평가내용요소	모비율의 구간추정

신뢰도 90%의 신뢰구간은 $(0.00852, 0.03148)$ 이다.
($\because$) $n=400$, $\overline{p}=\frac{8}{400}=\frac{1}{50}$, $\alpha=0.1$이므로
신뢰도 90%에 대한 신뢰구간은
$$\left(\overline{p}-z_{\alpha/2}\sqrt{\frac{\overline{p}(1-\overline{p})}{n}},\ \overline{p}+z_{\alpha/2}\sqrt{\frac{\overline{p}(1-\overline{p})}{n}}\right)$$
$$=\left(\frac{1}{50}-1.64\cdot\frac{7}{1000},\ \frac{1}{50}+1.64\cdot\frac{7}{1000}\right)$$
$$=(0.00852,\ 0.03148).$$

52	평가영역	모비율의 구간추정
	평가내용요소	모비율의 구간추정, 표본크기결정, 오차한계

52-1 적어도 196명을 조사하여야 한다.
($\because$) 기존의 조사결과가 없기 때문에
지지율을 p, 표본비율을 $\overline{p}$, 오차한계를 e라고 할 때,
$$|p-\overline{p}|\le\frac{z_{\alpha/2}\cdot(1/2)}{\sqrt{n}}\le e.$$
따라서, $n\ge\frac{1}{4}\left(\frac{z_{\alpha/2}}{0.07}\right)^2=\frac{1}{4}\left(\frac{z_{0.025}}{0.07}\right)^2$
$$=\frac{1}{4}\left(\frac{1.96}{0.07}\right)^2=\frac{1}{4}(28)^2$$
$=196.$
따라서 n의 최솟값은 196이다.

52-2 적어도 147명을 조사하여야 한다.
($\because$) 기존의 조사결과가 있기 때문에
지지율을 p, 표본비율을 $\overline{p}=\frac{1}{4}$, 오차한계를 e라 할 때,
$$|p-\overline{p}|=z_{\alpha/2}\sqrt{\frac{\overline{p}(1-\overline{p})}{n}}\le e.$$
따라서 $n\ge\overline{p}(1-\overline{p})\left(\frac{z_{\alpha/2}}{e}\right)^2$
$$=\frac{1}{4}\left(1-\frac{1}{4}\right)\left(\frac{1.96}{0.07}\right)^2=147.$$

따라서 n의 최솟값은 147이다.

53	평가영역	모평균의 구간추정
	평가내용요소	모평균의 구간추정, 대표본

최소 점수는 89점이다.
($\because$) (i) 해외 연수의 기회를 제공받을 확률은
$$\frac{36}{300}=0.12=P(X\le Z)=0.5-P(0\le Z\le x)$$
이므로 $0.38=P(0\le Z\le x)$.
$$(\text{즉},\ 0.12=P(1.2\le Z))$$
(ii) 최소점수를 a라 할 때,
$P(1.2\le Z)=0.12=P(a\le X)$
$$=P\left(\frac{a-83}{5}\le\frac{X-81}{5}=Z\right).$$
$\therefore\ 1.2=\frac{a-83}{5}$, $\therefore\ a=89.$

54	평가영역	추정과 가설검정
	평가내용요소	모평균의 구간추정

<1단계> 가설설정
　　　H_0(귀무가설) : $\mu=155.0$(or $\mu\le 155.0$)
　　　H_1(대립가설) : $155.0<\mu$: (가)
<2단계> 유의수준 $\alpha=0.025$에 대한 임계값
　　　　　$\therefore Z=1.96$
<3단계> 귀무가설의 채택영역
　　　　　$Z\le 1.96$
(귀무가설의 기각역은 $1.96\le Z$: (나))
<4단계> 통계량의 계산
$$Z=\frac{\overline{X}-\mu}{S/\sqrt{n}}=\frac{156.8-155.0}{6/\sqrt{64}}$$
$$=2.4\notin(\text{귀무가설의 채택영역})$$
<5단계> 결론 : H_0는 기각되고 H_1는 채택된다.
(즉, 새로운 제품이 주행거리를 개선하였다. : (다))

55	평가영역	가설검정
	평가내용요소	가설검정, 양측, 모평균, 대표본

(i) 가설설정
H_0(귀무가설) : $m=200$.(정상, 변화없다.)
H_1(대립가설) : $m\ne 200$.(비정상, 변화있다.)
(ii) 유의수준 5%에 대한 임계값
　　: $Z=\pm 1.96.$

(iii) 귀무가설의 채택영역
$$-1.96 \leq Z \leq 1.96.$$
$\left(\begin{array}{l}\text{즉, 귀무가설의 기각영역 = 대립가설의 채택영역}\\ : Z<-1.96, 1.96 < Z\end{array}\right)$

(iv) 통계량의 계산
$$Z = \frac{\overline{X}-m}{\sigma/\sqrt{n}} = \frac{195-200}{3/\sqrt{49}} = -\frac{35}{3}$$
$$= -11.\text{xxx} \not\in (\text{귀무가설의 채택영역})$$

(v) 결론
H_0는 기각된다.(따라서 H_1이 채택된다.)
∴ 내용물의 용량표시는 정확하지 않다.

56	평가영역	가설검정
	평가내용요소	가설검정, 좌측단측, 모평균, 대표본

(i) 가설설정
H_0(귀무가설) : $m = 200$.(or $m \geq 200$)(정상, 변화없다.)
H_1(대립가설) : $m < 200$.(비정상, 변화있다.)

(ii) 유의수준 1%에 대한 임계값
: $Z = -2.34$.

(iii) 귀무가설의 채택영역
$$-2.34 \leq Z.$$

(iv) 통계량의 계산
$$Z = \frac{\overline{X}-m}{\sigma/\sqrt{n}} = \frac{196-200}{20/\sqrt{100}}$$
$$= -2 \in (\text{귀무가설의 채택영역})$$

(v) 결론
H_0는 채택된다.
∴ 소비자의 항의는 정당하지 않다.

57	평가영역	가설검정
	평가내용요소	가설검정, 우측단측, 모평균, 소표본

57-1 n의 최솟값은 97이다.
(∵) (i) 가설설정
H_0(귀무가설) : $m \leq 300$.(정상, 변화없다.)
H_1(대립가설) : $m > 300$.(비정상, 변화있다.)

(ii) 유의수준 $\alpha = 0.025$의 우측단측검정 임계값
: $Z = 1.96$.

(iii) 귀무가설의 채택영역
$$Z \leq 1.96.$$

(iv) 통계량의 계산
$$Z = \frac{\overline{X}-m}{\sigma/\sqrt{n}} = \frac{301-300}{5/\sqrt{n}} = \frac{\sqrt{n}}{5}.$$

(v) 결론
$Z = \frac{\sqrt{n}}{5} : \begin{cases} \in (-\infty, 1.96) \Leftrightarrow H_0(\text{변화없다.}) \\ \not\in (-\infty, 1.96) \Leftrightarrow H_1(\text{변화있다.})\end{cases}$

∴ 품질개선이 되었다. $\Leftrightarrow 1.96 \leq \frac{\sqrt{n}}{5}$
$\Leftrightarrow (5 \times 1.96)^2 \leq n$
$\Leftrightarrow 97 \leq n.$

따라서 n의 최솟값은 97이다.

57-2 품질개선이 되었다고 볼 수 있다.
(∵) (i) 가설설정
H_0(귀무가설) : $m \leq 300$.(정상, 변화없다.)
H_1(대립가설) : $m > 300$.(비정상, 변화있다.)

(ii) 유의수준 $\alpha = 0.05$의 우측단측검정 임계값
: $Z = -1.86$.

(iii) 귀무가설의 채택영역
$$t \leq 1.86.$$

(iv) 통계량의 계산
$$t = \frac{\overline{X}-m}{s/\sqrt{n}} = \frac{302-300}{3/\sqrt{9}} = 2 \not\in (\text{귀무가설의 채택영역}).$$
$(s^2 = \frac{1}{n-1}\sum_{i=1}^{n}(X_i - \overline{X})^2 = \frac{1}{8} \cdot 72$이므로 $s = 3)$

(v) 결론
H_1는 채택된다.
따라서 품질개선이 되었다고 볼 수 있다.

58	평가영역	신뢰구간길이, 표본표준편차, 가설검정
	평가내용요소	가설검정, 우측단측, 신뢰구간, t-분포

58-1 l과 가장 가까운 정수는 6이다.
(∵)
$t = \frac{\overline{X}-m}{s/\sqrt{n}} \sim$ 자유도 $n-1$인 t-분포이다. ($n = 9 < 30$)

(cf. $Z = \frac{\overline{X}-m}{\sigma/\sqrt{n}} \sim N(0, 1)$)

$\overline{X} = \frac{1}{9}(0 + 6 + 3 + (-3)$
$\qquad + (-4) + (-1) + (-1) + 0 + 0) + 175$
$= 175.$

연습문제

$$s = \sqrt{\frac{\sum_{i=1}^{9}(X_i - \overline{X})^2}{n-1}}$$

$$= \frac{1}{\sqrt{8}}\sqrt{0^2 + 6^2 + \cdots + 0^2} = 3.$$

98%의 신뢰구간에 대하여
$0.98 = P(-2.896 \leq t \leq 2.896)$

$$= P\left(175 - 2.896 \cdot \frac{3}{\sqrt{9}} \leq m \leq 175 + 2.896 \cdot \frac{3}{\sqrt{9}}\right).$$

따라서 98%($1-\alpha$)의 신뢰구간의 길이는

$$= 2 \times t_{1-\alpha/2}(8)\frac{s}{\sqrt{n}} = 2 \times 2.896 \times \frac{3}{\sqrt{9}}$$

$$= 5.792.$$

∴ l과 가장 가까운 정수는 6이다.

58-2 현재의 평균신장이 커진 것이라고 볼 수 없다.

(∵) (i) 가설설정

H_0(귀무가설) : $m \leq 173$.(정상, 변화없다.)

H_1(대립가설) : $m > 173$.(비정상, 변화있다.)

(ii) 유의수준 $\alpha = 0.01$의 우측단측검정 임계값
 : $Z = 2.896$.

(iii) 귀무가설의 채택영역
$$Z \leq 2.896.$$

(iv) 통계량의 계산

$t = \dfrac{\overline{X} - m}{s/\sqrt{n}} = \dfrac{175 - 173}{3/\sqrt{9}} = 2 \in$ (귀무가설의 채택영역).

(v) 결론

H_1(귀무가설)을 채택한다.

따라서, 현재의 평균신장이 커진 것이라고 볼 수 없다.

<표준정규분포표>

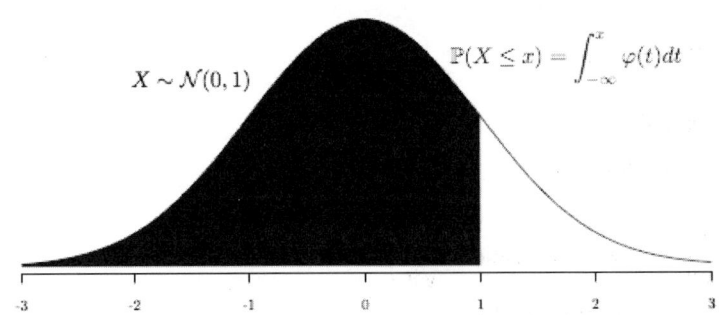

	0.00	0.01	0.02	0.03	0.04	0.05	0.06	0.07	0.08	0.09
0.0	0.5000	0.5040	0.5080	0.5120	0.5160	0.5199	0.5239	0.5279	0.5319	0.5359
0.1	0.5398	0.5438	0.5478	0.5517	0.5557	0.5596	0.5636	0.5675	0.5714	0.5753
0.2	0.5793	0.5832	0.5871	0.5910	0.5948	0.5987	0.6026	0.6064	0.6103	0.6141
0.3	0.6179	0.6217	0.6255	0.6293	0.6331	0.6368	0.6406	0.6443	0.6480	0.6517
0.4	0.6554	0.6591	0.6628	0.6664	0.6700	0.6736	0.6772	0.6808	0.6844	0.6879
0.5	0.6915	0.6950	0.6985	0.7019	0.7054	0.7088	0.7123	0.7157	0.7190	0.7224
0.6	0.7257	0.7291	0.7324	0.7357	0.7389	0.7422	0.7454	0.7486	0.7517	0.7549
0.7	0.7580	0.7611	0.7642	0.7673	0.7704	0.7734	0.7764	0.7794	0.7823	0.7852
0.8	0.7881	0.7910	0.7939	0.7967	0.7995	0.8023	0.8051	0.8078	0.8106	0.8133
0.9	0.8159	0.8186	0.8212	0.8238	0.8264	0.8289	0.8315	0.8340	0.8365	0.8389
1.0	0.8413	0.8438	0.8461	0.8485	0.8508	0.8531	0.8554	0.8577	0.8599	0.8621
1.1	0.8643	0.8665	0.8686	0.8708	0.8729	0.8749	0.8770	0.8790	0.8810	0.8830
1.2	0.8849	0.8869	0.8888	0.8907	0.8925	0.8944	0.8962	0.8980	0.8997	0.9015
1.3	0.9032	0.9049	0.9066	0.9082	0.9099	0.9115	0.9131	0.9147	0.9162	0.9177
1.4	0.9192	0.9207	0.9222	0.9236	0.9251	0.9265	0.9279	0.9292	0.9306	0.9319
1.5	0.9332	0.9345	0.9357	0.9370	0.9382	0.9394	0.9406	0.9418	0.9429	0.9441
1.6	0.9452	0.9463	0.9474	0.9484	0.9495	0.9505	0.9515	0.9525	0.9535	0.9545
1.7	0.9554	0.9564	0.9573	0.9582	0.9591	0.9599	0.9608	0.9616	0.9625	0.9633
1.8	0.9641	0.9649	0.9656	0.9664	0.9671	0.9678	0.9686	0.9693	0.9699	0.9706
1.9	0.9713	0.9719	0.9726	0.9732	0.9738	0.9744	0.9750	0.9756	0.9761	0.9767
2.0	0.9772	0.9778	0.9783	0.9788	0.9793	0.9798	0.9803	0.9808	0.9812	0.9817
2.1	0.9821	0.9826	0.9830	0.9834	0.9838	0.9842	0.9846	0.9850	0.9854	0.9857
2.2	0.9861	0.9864	0.9868	0.9871	0.9875	0.9878	0.9881	0.9884	0.9887	0.9890
2.3	0.9893	0.9896	0.9898	0.9901	0.9904	0.9906	0.9909	0.9911	0.9913	0.9916
2.4	0.9918	0.9920	0.9922	0.9925	0.9927	0.9929	0.9931	0.9932	0.9934	0.9936
2.5	0.9938	0.9940	0.9941	0.9943	0.9945	0.9946	0.9948	0.9949	0.9951	0.9952
2.6	0.9953	0.9955	0.9956	0.9957	0.9959	0.9960	0.9961	0.9962	0.9963	0.9964
2.7	0.9965	0.9966	0.9967	0.9968	0.9969	0.9970	0.9971	0.9972	0.9973	0.9974
2.8	0.9974	0.9975	0.9976	0.9977	0.9977	0.9978	0.9979	0.9979	0.9980	0.9981
2.9	0.9981	0.9982	0.9982	0.9983	0.9984	0.9984	0.9985	0.9985	0.9986	0.9986
3.0	0.9987	0.9987	0.9987	0.9988	0.9988	0.9989	0.9989	0.9989	0.9990	0.9990

<t-분포표>

$$P\{T \geq t_{(q;v)}\} = q$$

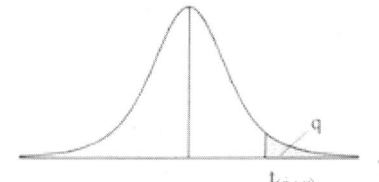

자유도 v	꼬리확률 q									
	0.4	0.25	0.1	0.05	0.025	0.01	0.005	0.0025	0.001	0.0005
1	0.325	1.000	3.078	6.314	12.706	31.821	63.657	127.32	318.31	636.62
2	0.289	0.816	1.886	2.920	4.303	6.965	9.925	14.089	23.326	31.598
3	0.277	0.765	1.638	2.353	3.182	4.541	5.841	7.453	10.213	12.924
4	0.271	0.741	1.533	2.132	2.776	3.747	4.604	5.598	7.173	8.610
5	0.267	0.727	1.476	2.015	2.571	3.365	4.032	4.773	5.893	6.869
6	0.265	0.718	1.440	1.943	2.447	3.143	3.707	4.317	5.208	5.959
7	0.263	0.711	1.415	1.895	2.365	2.998	3.499	4.029	4.785	5.408
8	0.262	0.706	1.397	1.860	2.306	2.896	3.355	3.833	4.501	5.041
9	0.261	0.703	1.383	1.833	2.262	2.821	3.250	3.690	4.297	4.781
10	0.260	0.700	1.372	1.812	2.228	2.764	3.169	3.581	4.144	4.587
11	0.260	0.697	1.363	1.796	2.201	2.718	3.106	3.497	4.025	4.437
12	0.259	0.695	1.356	1.782	2.179	2.681	3.055	3.428	3.930	4.318
13	0.259	0.694	1.350	1.771	2.160	2.650	3.012	3.372	3.852	4.221
14	0.258	0.692	1.345	1.761	2.145	2.624	2.977	3.326	3.787	4.140
15	0.258	0.691	1.341	1.753	2.131	2.602	2.947	3.286	3.733	4.073
16	0.258	0.690	1.337	1.746	2.120	2.583	2.921	3.252	3.686	4.015
17	0.257	0.689	1.333	1.740	2.110	2.567	2.898	3.222	3.646	3.965
18	0.257	0.688	1.330	1.734	2.101	2.552	2.878	3.197	3.610	3.922
19	0.257	0.688	1.328	1.729	2.093	2.539	2.861	3.174	3.579	3.883
20	0.257	0.687	1.325	1.725	2.086	2.528	2.845	3.153	3.552	3.850
21	0.257	0.686	1.323	1.721	2.080	2.518	2.831	3.135	3.527	3.819
22	0.256	0.686	1.321	1.717	2.074	2.508	2.819	3.119	3.505	3.792
23	0.256	0.685	1.319	1.714	2.069	2.500	2.807	3.104	3.485	3.767
24	0.256	0.685	1.318	1.711	2.064	2.492	2.792	3.091	3.467	3.745
25	0.256	0.684	1.316	1.708	2.060	2.485	2.787	3.078	3.450	3.725
26	0.256	0.684	1.315	1.706	2.056	2.479	2.779	3.067	3.435	3.707
27	0.256	0.684	1.314	1.703	2.052	2.473	2.771	3.057	3.421	3.690
28	0.256	0.683	1.313	1.701	2.048	2.467	2.763	3.047	3.408	3.674
29	0.256	0.683	1.311	1.699	2.045	2.462	2.756	3.038	3.396	3.659
30	0.256	0.683	1.310	1.697	2.042	2.457	2.750	3.030	3.385	3.646
40	0.255	0.681	1.303	1.684	2.021	2.423	2.704	2.971	3.307	3.551
60	0.254	0.679	1.296	1.671	2.000	2.390	2.660	2.915	3.232	3.460
120	0.254	0.677	1.289	1.658	1.980	2.358	2.617	2.860	3.160	3.373
∞	0.253	0.674	1.282	1.645	1.960	2.326	2.576	2.807	3.090	3.291

<찾아보기>

(N)

n차 적률	32

(ㄱ)

가산가법성	9
가설검정	103, 104
가설검정의 순서	107
거의 확실히 수렴	88
검정력	106
검정통계량	105
결합누적분포함수	53
결합분포함수	53
결합연속	54
결합확률밀도함수	54
결합확률질량함수	54
고전적 확률모형	5
곱사건	3
곱의 공식	16
공리적 확률	9
공분산	60
공사건	3
구간추정	91
귀무가설	104
균등분포	38, 46
균등확률모형	5
근원사건	3
기각역	105
기대값	32, 59
기하분포	38
기하학적 확률모형	5
기하확률변수	38

(ㄴ)

누적분포함수	25

(ㄷ)

대립가설	104
대수의 강법칙	89
대수의 약법칙	89

(ㅁ)

마르코프 부등식	86
모비율의 구간추정	99
모비율의 분포	99
모비율의 신뢰구간	99
모평균의 구간추정	91
모평균의 분포	91, 92
모평균의 신뢰구간	91, 92

(ㅂ)

베르누이분포	39
베르누이시행	39
베이즈의 공식	17
분산	33
분포함수	25
불의 부등식	10

(ㅅ)

사건	3
사건공간	3
상관계수	60
상대도수모형	5
서로 독립	22, 64
서로 배반	3
수학적 확률모형	5
쌍별독립	22

(ㅇ)

여사건	3
연속균등확률변수	46
연속성보정	48
연속성수정	48
연속확률변수	26
유의수준	106

유한가법성	10	(ㅌ)	
이산균등확률변수	38	통계적 확률모형	5
이산확률변수	26		
이항분포	38	(ㅍ)	
이항분포의 정규근사	48	평균	32
이항분포의 포아송근사	41	평균값	32
이항확률변수	38	포아송분포	38
		포아송확률변수	38
(ㅈ)		포함 배제의 공식	10
적률생성함수	32	표본공간	3
전사건	3	표본분산	70
전확률 공식	17	표본점	3
점추정	91	표본크기의 결정	92, 100
정규분포	46	표본평균	70
정규확률변수	46	표준정규분포	46
제 1 종 오류	106	표준편차	33
제 2 종 오류	106		
조건부기대값	77	(ㅎ)	
조건부누적분포함수	75, 76	합사건	3
조건부분포함수	75, 76	확률 1로 수렴	88
조건부확률	16	확률공간	9
조건부확률밀도함수	76	확률밀도함수	27
조건부확률질량함수	75	확률변수	25
종속	22	확률실험	3
주변누적분포함수	55	확률의 연산법칙	10
주변확률밀도함수	55	확률적으로 독립	22
주변확률질량함수	55	확률적으로 수렴	88
중심극한정리	89	확률질량함수	26
지수분포	46	확률측도	9
지수분포의 무기억성	48	확률측도의 연속성	10
지수확률변수	46		

(ㅊ)	
채택역	105
체비셰프 부등식	86
초기하분포	38
초기하분포의 이항근사	44
초기하확률변수	38

클리닉 전공수학 9 일반통계학 편　　　　　　　　　　　ISBN 979-11-94613-05-3

발행일 · 2021년 4월 14일 초 판 1쇄
　　　　 2025년 1월 24일 개정판 1쇄
저　자 · 김현웅　｜　발행인 · 이용중
발행처 · 도서출판 배움　｜　주소 · 서울시 영등포구 영등포로 400 신성빌딩 2층 (신길동)
주문 및 배본처　｜　Tel · 02) 813-5334　｜　Fax · 02) 814-5334

본서는 저작권법 보호대상으로 무단복제(복사, 스캔), 배포, 2차 저작물 작성에 의한 저작권 침해를 금합니다. 또한 저작권법 제136조에 따라 5년 이하의 징역 또는 5천만 원 이하의 벌금에 처하거나 이를 병과할 수 있으며, 저작권법 제125조에 따라 1억 원 이상의 손해배상책임이 발생할 수 있습니다.

저작권 침해 제보 · 이메일 : baeoom1@hanmail.net　｜　전화 : 02) 813-5334

정가 **7,000원**